現場の視点で学ぶ

保育原理

上野恭裕・大橋喜美子　編

教育出版

はじめに

　「保育原理」は従来から保育者養成において，最低限必要不可欠な基本的な知識・理論について理解を深める内容を中心に構成されてきました。

　平成27年4月からの保育新制度実施，認定こども園への移行促進などもあり，保育現場や子どもを取り巻く環境は大変革をむかえています。

　保育者をめざす学生は，保育現場ですぐに役立つ小手先の技術習得に走る傾向があります。保育技術の習得は大切なことです。しかしそれは，保育者自身が「子どもを私はこのように育てたい，そのためにこのような保育実践をしたい」という保育哲学を有していればこそ生きるものです。

　木々が太い幹や大きく開いた枝，豊富な葉でおおわれ，大輪の花を咲かせるためには，その栄養素や水分を吸収するための「根っこ」が大切です。保育実践や活動を遂行していくうえでの「根っこ」が「ねらい」と呼ばれているものです。具体的には保育実践後，子どもたちは「何がどう変わったか」という視点です。「何のためにその活動をするのか」という目的が保育者において明確でなければ，子どもたちはその活動を単にやらされているだけになります。

　「保育原理」の授業も学び手が「目的意識」「当事者意識」をもたなければ，机上の空論で終わってしまいます。そのためにも教授側は，できるだけ保育現場とリンクするかたちで，その内容を平易にかみ砕いて語る必要があります。

　よって本書は現場から見た考察，専門用語，人名解説などを別項に設け，学生諸君が内容をできるだけ体系化できるように工夫して構成しました。

　このテキストを最大限活用して幼稚園・保育所等で働き，未来に羽ばたく子どもの成長・発達を援助していく実践力がある学生が育つことを期待しております。

　末筆ながら本書の編集・執筆にあたりまして，教育出版の方々の多大なる協力とアドバイスに深甚なる感謝の気持ちを表したいと思います。

　　平成28年2月

　　　　　　　　　　　　　　　　　　　　　　　　　　　　　　　　　　　　　　上野　恭裕

〈本書の構成〉

　このテキストは，できるだけ最新の資料に基づいて，多角的に記述されています。章-節の構成どおりに学ぶ必要性はありません。科目担当者は，自己判断で，内容の重要度・優先度を決定して，そこから授業展開を行ってもいいかもしれません。

　できるだけバランスよく図表・資料を引用して，視覚的に読みやすいテキストとして編集しました。また，側注欄を設けて，キーワード，重要語句，人名などについては，より詳しい解説を加えています。さらに，長年，保育現場で保育者として従事してきた方に，コラム「現場から見た保育原理」を執筆していただいています。なお，文献等からの引用箇所には (1)，(2) などの番号を小さく付し，対応する文献を巻末に表示しています。

　本書を活用されて，自分の目標である「保育者になる」という夢を自己実現していただきたいと思います。

目　次

はじめに

1章　保育施策の動向から見た日本の乳幼児教育
1節　日本における保育・教育の原理から学ぶ …………………………………………… 2
　1．保育・教育の原理とは何か　2
　2．子どもの環境と安全　4
　3．幼保一体化と幼稚園・保育所の歴史　4
　4．子ども・子育て支援新制度にみる保育・教育　7
2節　「幼稚園教育要領」「保育所保育指針」「幼保連携型認定こども園教育・保育要領」の理解 …… 9
　1．「幼稚園教育要領」「保育所保育指針」「幼保連携型認定こども園教育・保育要領」とは何か　9
　2．保育の内容の構成について　11
　3．環境を基本とした保育の方法　13
　　　コラム　現場から見た保育原理①　子ども，子育て支援　16

2章　乳幼児の発達
1節　「発達」のとらえ方 ……………………………………………………………………… 18
　1．「発達」の意味　18
　2．「発達」の類義概念　18
　3．発達の規定因　19
　4．発達の主体を考える　19
2節　保育のために発達を学ぶ ……………………………………………………………… 20
　1．なぜ発達を学ぶのか　20
　2．子どもの行動の意味をとらえる　21
　3．保育所保育指針における発達のとらえ方　22
　4．発達段階と発達過程　23
3節　乳幼児期の発達的特徴 ………………………………………………………………… 24
　1．保育所保育指針における年齢区分　24
　2．各年齢区分における発達的特徴　24
　　　コラム　現場から見た保育原理②　子どもの環境と保育　30

3章　子どもの環境と保育
　1．子どもの健康と安全を守る環境　32
　2．健康状態の把握と子どもに出現しやすい症状　32
　3．集団生活で起こりやすい感染症　33

4．保育室内の衛生管理　*34*
　　5．職員の衛生管理　*36*
　　6．子どもの事故の現状　*36*
　　7．事故防止のための安全管理　*39*

4章　保育内容の理解
　　1．保育内容とは何か　*42*
　　2．保育内容の基準　*44*
　　3．保育内容としての「領域」　*45*
　　4．保育内容としての経験や活動　*47*
　　5．保育内容としての環境　*48*
　　　　コラム　現場から見た保育原理 ③　保育内容の理解　*50*

5章　幼稚園と保育所のカリキュラム
1節　カリキュラムとは ……………………………………………………………… 52
　　1．カリキュラムの歴史　*52*
　　2．カリキュラムの意義　*53*
2節　教育・保育課程と長期指導計画 ……………………………………………… 54
　　1．教育課程・保育課程の違いと意義　*54*
　　2．教育課程・保育課程の編成　*55*
　　3．教育・保育指導計画の作成　*58*
　　4．年間指導計画の作成　*61*
　　5．月間指導計画の作成　*64*
3節　短期指導計画と保育の実際 …………………………………………………… 67
　　1．週・日案の作成　*67*
　　2．デイリープログラムの作成　*69*
　　　　コラム　現場から見た保育原理 ④　幼稚園と保育所のカリキュラム　*72*

6章　保育における評価
1節　保育評価は，なぜ必要なのか ………………………………………………… 74
　　1．評価という言葉の意味を上書き保存　*74*
　　2．評価は何のために必要なのか　*75*
　　3．子ども理解が保育評価の原点　*77*
　　4．子どもに対する評価と保育者自身の評価　*79*
　　5．保育評価と PDCA サイクル　*80*
2節　実際の評価の方法は，どのようになっているか …………………………… 82
　　1．評価に関連ある諸表簿より　*82*

3節　記録を保育にどのように生かすか ･･･ 87
　　1．記録を使う　*87*
　　2．小学校への連携と記録　*90*
　　3．特別な援助が必要な保育の記録　*93*
　　4．「安全保育と危機管理」に関する記録　*95*
　　　　コラム　現場から見た保育原理 ⑤　保育評価と PDCA サイクル　*98*

7章　子ども・子育て支援
　1節　子育て支援とは ･･･ 100
　　1．子育て支援の歴史　*100*
　　2．子育て支援の"いま"　*102*
　2節　子どもを取り巻く環境の変貌 ･･･ 105
　　1．少子化の背景と対策　*105*
　　2．核家族化と保育　*107*
　　3．女性の社会進出と保育　*109*
　3節　社会の変容と子育ての変化 ･･･ 110
　　1．あそび場の減少とあそびの変化　*110*
　　2．子どもは誰とあそんで過ごしているのか　*111*
　　3．メディアの普及と子どものあそび　*112*
　4節　子育て支援とあそび ･･･ 113

8章　「保育者」に求められるもの
　1節　「保育者」になるために必要なこと ･･ 116
　　1．子どもに学ぶ保育　*116*
　　2．真のやさしさとは何か　*117*
　　3．一人ひとりを大切にする保育は保育者も大切にされる　*118*
　　4．コミュニケーション能力と保育に求められる人材　*119*
　2節　保育の専門機関に求められること ･･･ 120
　　1．子どもの保育と家庭支援のニーズの増大　*120*
　　2．子どもが育つ場としての専門機関に求められること　*121*

9章　未来に向かう保育の展望と課題
　1節　小学校教育への連続性 ･･ 124
　2節　子育て支援の理念 ･･ 125
　　1．子育て責任の所在　*125*
　　2．子育て支援が必要になってきた背景　*126*
　　3．近年の子育て支援の変遷　*128*

4．子育て支援対策の実際　*130*

　3節　国際化・情報化に対応する保育のあり方 ……………………………………………… *131*

　　1．国際化と保育　*131*

　　2．情報化と保育　*132*

　　3．国際化と情報化　*134*

10章　これまでの保育思潮

　1．コメニウス（Comenius, J.A.） …………………………………………………………… *138*

　2．ルソー（Jean-Jacques Rousseau） ……………………………………………………… *139*

　3．ペスタロッチ（Johann Heinrich Pestalozzi） ………………………………………… *140*

　4．フレーベル（Friedrich Wilhelm August Fröbel） …………………………………… *141*

　5．コンディヤック（E. B. Condillac） …………………………………………………… *142*

　6．イタール（Jean Marc Gaspard Itard） ………………………………………………… *142*

　7．セガン（Edouard O. Seguin） …………………………………………………………… *143*

　8．石井亮一 …………………………………………………………………………………… *144*

　9．モンテッソーリ（Maria Montessori） ………………………………………………… *145*

　10．デューイ（John Dewey） ………………………………………………………………… *146*

　11．キルパトリック（William Heard Kilpatrick） ……………………………………… *147*

　12．関信三 ……………………………………………………………………………………… *147*

　13．倉橋惣三 …………………………………………………………………………………… *148*

　14．橋詰良一 …………………………………………………………………………………… *149*

　15．ディック・ブルーナ（Hendric Magdalenus Bruna） ……………………………… *149*

　16．ジェローム・シーモア・ブルーナー（Jerome Seymour Bruner） ………………… *150*

　17．レフ・セミョノヴィチ・ヴィゴツキー（Lev Semenovich Vygotsky） …………… *151*

　18．セレスタン・フレネ（Celestin Freinet） ……………………………………………… *152*

資料編

　・子ども・子育て支援新制度　*154*

　・幼保連携型認定こども園教育・保育要領〈抄〉　*156*

　・幼稚園教育要領〈抄〉　*163*

　・保育所保育指針〈抄〉　*167*

引用・参考文献　*173*

INDEX　*179*

あとがき―保育現場で『保育原理』をどう生かすか　*181*

編者・執筆者一覧　*182*

1章
保育施策の動向から見た日本の乳幼児教育

―― この章で考えましょう ――

　原理とは，その専門分野において根幹となる事柄を理論的・科学的に導き出す基本となるものととらえ，本章では，子どもの環境を整えて保育指導計画や保育実践へと結ぶ基本を保育・教育の原理と考えています。また，保育の歴史を学び，これまでの幼稚園と保育所・保育園（以下，保育所保育園ともに保育所と記す）の歩んできた経緯と，近年の少子化による子育ての課題，待機児童ゼロとするための施策の課題なども考えながら，保育の社会的役割について理解しましょう。そして，"今"なぜ"幼保一体化"なのかを考えてみましょう。

　学生自身が考えて創る多くの引き出しの中には，子どもの願いや保育者の願い，一人ひとりの発達や個人差，集団の質などについても入ります。

　何よりも，子どもが置き去りにされない，子どもがよりよく育つ環境の視点から，保育・教育の原理について考察を深めていきたいものです。

(大橋)

1節 日本における保育・教育の原理から学ぶ

1．保育・教育の原理とは何か

(1) 保育と教育と原理

　保育所保育指針（以下，指針）には「保育の原理」の言葉が使用されています。また，幼稚園教育要領（以下，要領）には，「幼稚園教育の基本」に，原理としての意味が述べられています。幼保連携型認定こども園教育・保育要領（以下，教保要領）では，「教育及び保育の基本」に保育の原理ともいうべき内容が含まれていますが，それら三つの，指針，要領，教保要領では，子どもの発達が基盤であること，生涯にわたる人格形成の基礎を培う場であること，そのためには保育者（ここでは保育士・幼稚園教諭・保育教諭すべてを保育者とする）との信頼関係を基盤として，子ども自らが安心してかかわれる環境を整え，豊かなあそびが展開されることの重要性が述べられています。

　このように見ると，乳幼児を対象とした，保育と教育の原理は大きく変わりません。

　本来，保育はChildcare，保育所はNursery schoolであり，教育はEducation，幼稚園は Kindergartenであることから，「乳幼児を対象とした，保育と教育の原理は大きく変わらない」とするには厳密性に欠けるかもしれません。

　しかし，近年は，保育所，幼稚園ともに幼保一体化へ移行する方向で施策が進み，幼保連携型認定こども園や地域型保育事業としての小規模保育，家庭的保育，居宅訪問型保育など多肢多様な施策の中で，保育や教育の基本となる原理が根づいていかなければなりません。

　そうしたことから，本節では，幼保一体化における保育の質としての Early Childhood Care Quality in the Integration としたいと考えます。保育や教育の原理を理解することは，保育の専門性の質を向上させるひとつであると考えたいものです。そのため，本節では，保育指針において保育とは教育と養護の一体化であると述べている点に着目して，教育は保育の中に存在するとして述べていきます。

　保育の中に教育が存在する，あるいは子どものあそび行為の視点では，子どもはあそびの中に自ら発達する力が自ら育ち，心地よい環境から情緒を安定させ，教育を取り込む力を備えているとしています。

　子どもの発達を理論的に学び，そして，子どもの実際の姿から，その時期に適切な保育の方法を想像していくことが大切です。

幼保一元化

　幼保一元化は幼保一体化とほぼ同様の意味をもっているが，民主党政権では，2010（平成22）年には「すべての子どもがどこに生まれても質の確保された幼児教育や保育が受けられるよう，幼児教育，保育の総合的な提供（幼保一体化）を含めて，子どもや子育て家庭の視点に立った制度改革を進め…（略）…」とし，2011（平成23）年には，「子ども・子育て新システムの基本制度要綱」が出され，三つの柱の一つに「幼保一体化」が盛り込まれていた。その後，自民党に政権交代をしたが，引き続いて幼保一体化と表記されている。
　以下，2010年以前を記述する際には一元化，二元化と記す箇所がある。

保育の質

　行政の支援や公的資金，職員の研究や研修の保障，資格，子どもと職員の比率，クラスの規模，保育内容など子どもの発達保障，保育者の保育観につながるすべての要因をいう。

保育を展開するにあたり，最も重要であると考えられる生活やあそびの中に見る教育の視点，次に子どもの安全を守る環境の重要性について，数の概念を中心に，以下（2）の事例から保育・教育の原理について考えていきましょう。

（2）生活やあそびの中に見る保育・教育の原理
①　事例から考えるあそびの中に存在する教育

　数や量の概念は，子どものあそび場面においてしばしば見られる行為です。例えば砂場あそびや粘土あそびなどでは，量の加減によってあそびが成立します。

　砂山を作ってトンネルを掘る行為は，砂を数で数えることはできません。砂と水を量の関係で，その加減によって山ができること，崩れないトンネルを掘る技術の方法を学んでいくのです。

　しかし，こうした量の概念について，水と砂の加減がわかってあそびが成立するのは，5歳から6歳の発達を獲得する時期であろうと考えられます。ピアジェによると，数や量の概念が保存されるのは，7歳から12歳頃の具体的操作段階の時期に成立するとされていますが，前述の砂場あそびの事例では，量の加減と素材の質が子どもの砂場でのあそび経験や一緒にあそぶ子どもの年齢などによって，具体的操作段階より以前に成立することが考えられます。

　また，砂場あそびに興味をもった時から，子どもは何を考えて砂を触っているのでしょうか？　1歳から2歳頃の子どもはサラサラの砂を握っては放る行為を繰り返すことでしょう。2歳から3歳頃になると，見立てあそびやごっこあそびを楽しみます。つまり，感覚運動期の終わり頃になると象徴機能が発達するため，思考して表現する力へと変化します。そのことは，5歳児では多くの子どもが砂場あそびの体験を繰り返し経験することで，量の加減といった抽象的な概念を獲得していくことが，保育実践の場からも報告がされています。

　このように砂場あそびひとつとってみても，保育の中に教育が存在しているのです。

②　事例から考える生活の中に見る教育

　生活場面における"数"は子どもの発達を見るための指標となることがあります。トイレのスリッパを例にあげるならば，スリッパには，"ふたつ"という対の世界があります。スリッパでの対の世界は，縦と横の関係から左右の関係まで存在し，揃える際には，子どもは複数の対の世界を思考し，揃えるといった体験をすることになります。

　対の関係は，描画場面でも見られます。体の部位である目や眉毛，手，腕，足などの関係がわかり，3歳頃に幼さを残しながら対の世界を描くようになり

感覚運動期
　ピアジェ（J. Piaget）による認知的発達理論である。0歳から2歳の見て聞いて触れて感じる感覚で，手で触ったり落としたりつかんだりなど，外的な運動によって外の世界を知る時期。ピアジェ知的発達の最初の段階とも述べている。

象徴機能
　感覚運動期の終わり頃に出現する。現実の世界とそうでない「〇〇になったつもり」など，ごっこあそびにつながる二重の世界を楽しむ機能。

対の世界
　2歳前後には大小，長短，女の子と男の子など2つの対の世界がわかるようになる。それまでは，人の姿を見て最初に「ママ」と覚えたらしばらくの間は人は全部ママと呼ぶことがある。対の世界を獲得する頃には，「パパ」「ママ」と使い分けて表現できるようになる。

ます。

　こうした時期に，子どもの姿をじっくり観察したうえで，大人がスリッパの縦横，左右，上下の関係を言葉によって表現し，子どもの姿に寄り添うことによって，子どもは，縦という言葉，横という言葉など，言葉と対の関係を認識していきます。それは，生活やあそびの中で対の関係を認識していくのです。

　ここに，しっかりと保育の中に教育の存在があることを改めて認識していきたいものです。

2．子どもの環境と安全

　保育の環境には，人的環境と物的環境があり，子どもは環境に働きかけて日々成長していきます。人的環境では，保育者が構成する集団の構成，例えば異年齢集団や同年齢集団などによって子どもの体験の質が異なってきます。また，物的環境では，室内室外ともに環境構成によってあそびへの意欲や想像性，創造性の発達などの質が異なってきます。施設の立地環境も子どものあそびや生活にとって大きな影響を与えていきます。施設を取り巻く地域の環境を保育の中にどのように取り入れていくか，一方で，地域の人たちに保育を理解してもらい，子どもが地域の中で育っていく環境についても，保育指導計画に位置づけていく必要があります。

　また，子どもの安全には，どのような場所であっても注意と配慮の心や体のアンテナを張りめぐらしましょう。そして遊具などのすべての環境において定期的な点検が必要です。生活場面では特に食生活と清潔，あそびの場面では遊具の配置や子どもの動きを予測しながらの配慮が必要です。

　十分な気遣いと配慮をすることで，事故が未然に防げる場合もあります。2013（平成25）年の施設内での死亡は19件でした。そのうち認可外保育所における事故が15件と報告されています。また，そこには，夜間保育所での事故が4件存在しています。2014（平成26）年の保育施設における子どもの死亡事故は17件でしたが，0歳8名，1歳5名と大半が乳児でした。この中には，劣悪な保育による死亡事故も報告されています。子どもの命を第一に守らなければならない場所での死亡事故は許されるものではありません。

　保育の場では，保育者が子どもが心地よく生きる場である環境を整えて事故を未然に防がなくてはなりません。

3．幼保一体化と幼稚園・保育所の歴史

(1)「幼稚園は教育」「保育所（園）は託児」からはじまった乳幼児の保育

　幼稚園は教育・保育所は託児から始まったのが日本の保育制度の歴史の始ま

異年齢集団

少子化が進み，地域では縦での仲間関係によるあそびが減少してきた。その為，保育所や幼稚園などにおいて年齢が異なる集団を意図的に組織して，多くの人と触れ合い人間関係を豊かにしながら，さまざまな体験ができるようにする目的で作る集団のこと。

夜間保育所

夜間保育所は，生活面への対応や個別的な援助がより一層求められることから，児童の保育に関し，長年の経験を有し，良好な成果をおさめているものであること。入所定員は，20名以上とすること。対象は夜間に保護者の就労等により保育に欠ける児童に限る。施設長は，保育士の資格を有し，直接児童の保育に従事することができるものを配置するよう努めるように，また，開所時間は原則として概ね11時間とし，おおよそ午後10時までとすること。
（「夜間保育所の設置認可等について」平成12年3月30日　児発第298号）

りです。

　日本の学校教育制度は1872（明治5）年の学制に始まり，そこでは幼児教育について「幼稚小学」と記され，幼稚園教育の始まりは1876（明治9）年に開設された東京女子師範学校の附属幼稚園でした。現在のお茶ノ水女子大学の附属幼稚園にあたりますが，当時は上層階級の子女が通う幼稚園で，保育の内容はフレーベルの恩物が中心でした。当時の保育者の呼称は，先生ではなく保姆といわれていました。そして，幼稚園に関する総合的な法令は当時の文部省によるもので1899（明治32）年の「幼稚園保育及設備規定」に定められており，幼稚園保育と記述されています。

　大正期に入り，1926（大正15）年4月22日には勅令「幼稚園令」が出され，「幼児ヲ保育シテ其ノ心身ヲ健全ニ発達セシメ善良ナル性情ヲ涵養シ家庭教育ヲ補フ」とあります。この日には「幼稚園令施行規則」も同時に公布され，1945（昭和20）年まで適用されていました。

　庶民の暮らしでは，明治期まで堕胎や間引き（新生児殺し）が行なわれていました。当時子殺しは「7歳までは神のうち」とした考え方で，7歳までの子殺しはその魂を神にお返しするといったものでした。そのように貧しい庶民の子殺しの状況は明治政府によって子殺しを禁じる産婆取締り規則（1868〈明治元〉年）が布告され，わずかながらですが，子どもの命が法律として守られるようになってきたのでした。

　1879（明治12）年，東京本所に育児施設の本所孤独学校，長崎県外海町に授産施設，孤児院，託児所を持つ出津救助院が設立され，1880（明治13）年には京都の童貞修院（キリスト教の養育所）に収容中の乳幼児が里子に出されるなどの救済が始まり，1890（明治23）年には赤沢鐘美，仲子夫妻によって新潟静修学校が家塾として設立され，託児所が附設されたのが始まりといわれています。

　1902（明治35）年には，そこで働く女工の乳幼児を対象とした鐘紡社内に乳児保育所が開設されました。

　大正期に入っては，1921年（大正10）年，婦人共立育児会病院が東京深川下谷に日本初の乳児預かり所，大阪では，1925（大正14）年に露天保育所が開設されたり，キリスト教会などを中心とした民間が経営する保育者の養成施設や子どもの保育施設が設立されていったりしました。

　昭和10年頃からは，お寺の境内を借りるなどして，農村部において働き手となる女性の子どもを預かる季節保育所ができました。1941（昭和16）年に第二次世界大戦が開戦されると，男性は戦地に向かい，女性は富国強兵を支えるために工場で働くなどするために，戦時託児所が開かれました。

　こうした歴史的経緯を見ても幼稚園は上層階級に生まれた子どもの教育，保

幼稚園保育及設備規定

　幼稚園の増加と共にそれまで整備されてこなかった幼稚園の運営等について制度化が求められるようになってきた。そこで，国は幼稚園の組織やクラス編成，保育の内容などの規定を示した。

幼稚園令施行規則

第1条　幼稚園ニ於テハ幼稚園令第1条ノ旨趣ヲ遵守シテ幼児ヲ保育スヘシ
　幼児ノ保育ハ其ノ心身発達ノ程度ニ副ハシムヘク其ノ会得シ難キ事項ヲ授ケ又ハ過度ノ業ヲ為サシムルコトヲ得ス
　常ニ幼児ノ心情及行儀ニ注意シテ之ヲ正シクセシメ又常ニ善良ナル事例ヲ示シテ之ニ倣ハシメムコトヲ務ムヘシ

第2条　幼稚園ノ保育項目ハ遊戯，唱歌，観察，談話，手技等トス

第3条　幼稚園ノ幼児数ハ百二十人以下トス但シ特別ノ事情アルトキハ二百人マテニ増スコトヲ得

第4条　保姆一人ノ保育スル幼児数ハ約四十人以下トス

第5条　幼稚園ニ於テハ年齢別ニ依リ組ノ編制ヲ為スヲ以テ常例トス
　庶民の子どもは命さえ守られなかった時代において，幼稚園では，入園定員（第3条）や保育者が受け持つ子どもの人数（第4条），クラスの編成（第5条）保育の内容（第2条）や心情・態度（第1条）に関することまで記述されている。

戦時託児所

　1943（昭和18）年に「戦時託児所令」が制定され，太平洋戦争に国家総動員体制が敷かれ，女性も国力増大のために駆出された。こうした戦時力強化のために家庭で

子どもを育児できない場合の保育の場が戦時託児所である。また、幼稚園もこの時代には戦時託児所へと転換せざるを得ない時があった。

季節託児所
　春の田植えの時期や、秋に行われるお米の収穫時は子どもを育てる女性が農業に従事してきた。その農繁期などにお寺や神社の境内を借りて実施する保育のこと。

PDCAサイクル
　計画(plan)－実践(do)－評価(check)－act(改善)の意味。PDCA cycleを恒常的に循環させる中で、保育者自身が成長し、豊かな保育内容を創造して子どもの発達に必要とされる保育の質を向上させ展開していくこと。

育所は、働かざるを得ない事情をもった子どもを預かる託児とされた機能の違いは、後の日本の保育に大きな影響を与え続けることになったのです。

(2) 保育の施策として迎えた教育と福祉の二元化

　教育と福祉の二元化が法的に大きく変化したのは1947（昭和22）年です。この時期に教育基本法と学校教育法が制定され、幼稚園教育は、学校教育の一部として位置づけられました。一方保育所教育も同年制定された児童福祉法に位置づけられたのです。日本の保育は法律として二元化が明らかにされたのでした。

　昭和30年代に入り、乳幼児の保育の益々需要が増え、保育所の普及と共に季節託児所は消失していきました。

　児童福祉法において保育所は「保育所は、日々保護者の委託を受けて、保育に欠ける乳児または幼児を保育する施設とする」と、その機能や役割が明らかにされたのです。保育の指針は1948（昭和23）年に「保育要領」が出され、当時の保育要領は、幼稚園と保育所の保育者両者の手引書であり、1952（昭和27）年には「保育指針」が策定されました。

　幼稚園教育要領は保育要領を基に1956（昭和31）年に作成され1989（平成元）年、1998（平成10）年、2008（平成20）年に改訂がされてきました。

　保育所は児童福祉法において1952（昭和27）年に「保育指針」が、昭和40年代では、1965（昭和40）年に「保育所保育指針」が策定され保育所の充実が図られてきました。そして、1999（平成11）年保育所保育指針改訂、2000（平成12）年児童福祉法一部改正が行われ、2009（平成21）年には保育所保育指針の大幅な改定がありました。それまでの保育所保育指針は、厚生労働省より各施設へ通知として提示されてきただけでしたが。この改定により保育所保育指針は初めて法定化されたのです。

　この大幅な改定は、法定化されたことにより、施設長や保育者に対してより一層質の高い責務が求められるようになり、子どもの発達を基本とした保育課程の充実、小学校との連携、家庭との連続性、PDCAサイクルの実施、研修義務、園長の責務などが明確に位置づけられました。そして「乳幼児期は、子どもが生涯にわたる人間形成の基礎を培う極めて重要な時期であり、少子化が進み、家庭や地域の子育て力の低下が指摘される中で、保育所における質の高い養護と教育の機能が強く求められている」とされ、養護と教育の機能が強調されたのです。

　こうして改定された保育所保育指針は、幼稚園教育要領の制定が始まった1956（昭和31）年に遅れること53年の歳月が流れて法定化されたことになります。

しかし，この流れの中で，保育制度としての二元化の流れは，一体化されることはありませんでした。

しかし，制度としては一元化されることはありませんでしたが，この間，保育実践の場では，10章に記載されているように関信三や倉橋惣三などが，愛情あふれる保育思想の道筋を創造していきました。

(3) 子育て支援と幼保一体化

1990年代に入り女性の目覚ましい社会進出によって共働き家庭と保育所の待機児童数が増加し，ますます保育所の需要が増してきました。また，地域における子育て力の低下，少子化高齢化社会に向かう子育て中の親の生きづらさ，虐待の連鎖など，子育てをめぐるさまざまな問題が浮上するようになってきました。

そのため，国は1994（平成6）年に子育て支援に関する10カ年計画として，文部・厚生・労働・建設の4省合議のもとにエンゼルプランとして「今後の子育て支援施策の基本方向について」を策定しました。同年，大蔵・自治・厚生の3大臣合議のもと「緊急保育対策等5カ年事業」によって，当面の保育施策に対する基本的な考え方を打ち出しました。

その後，子育て支援に関するさまざまなプランが出されて，2012（平成24）年「子ども・子育て関連3法案」が内閣府・文部科学省・厚生労働省によって出されました。そこでは，少子化，結婚・出産・子育て，子育て支援，保育所や学童保育の待機児童解消などの子育てをめぐる現状を明らかにしつつ，「質の高い幼児期の学校教育，保育の総合的な提供」「保育の量的拡大・確保（待機児童の解消・地域の保育を支援）」「地域の子ども・子育て支援の充実」が課題とされてきました。2015（平成27）年を目途に幼保一体化をめざす総合子ども園の設立が実現するかのように見えたのですが，保育所は保育，幼稚園は教育としてきた二元化の歴史は，関係者の保育と教育の概念をめぐって立場の違いから同意するには至りませんでした。

幼保一体化どころか教育と保育の両方を保障するとした幼保連携型認定こども園や小規模保育など多様化され，保育所，幼稚園，認定こども園にとっての指針，要領，教保要領はそれぞれの立場で明らかにされたものの，保育と教育の概念は曖昧になっています。

4．子ども・子育て支援新制度にみる保育・教育

2015（平成27）年4月，「質の高い幼児期の学校教育・保育を総合的に提供」すること，「地域の子育てのニーズに合わせる」ことなどを目的とした子ど

虐待の連鎖
親に虐待を受けた子どもがトラウマから抜け出すことができないまま，自分の子どもに親から受けた経験をそのまま実行してしまう行為

も・子育て支援新制度がスタートしました。この制度がすべての家庭を対象としている点，そして教育と保育を総合的に提供することをめざしている点は，日本の保育制度の大きな変革として注目されます。

保育所保育指針では保育について「養護と教育の一体化」と述べています。乳幼児を対象とした施設においては，前述した事例でもわかるように，保育の中に生活とあそびがあり，そこに教育が必ず存在しています。その教育は子どもの内的誘発性を高めていくための保育技術や保育観といった保育者の専門性が求められます。

つまり，生活やあそびの中で，子どもは自然に教育を受けているのです。

日本の教育や保育を行っている人たちの中で，乳幼児の教育は保育の中に存在しているとした概念をもたない保育者がいます。つまり教育と保育を異なったものとして考えているのです。つまり，極端な例をあげるとしたら，ドリルなどを導入して文字や数字の計算を学ぶことが教育とした考え方の場合です。

これでは，子ども自らが楽しさの中で学ぼうとする内的誘発性を高めることにはなりません。

幼稚園教育要領や保育所保育指針，認定こども園教育・保育要領などで，一貫して記述されているのは，「環境を通して子どもの保育を総合的に実施する役割を担う」「子どもが自ら環境に働きかける」です。こうした意味は，保育の場が環境を整え，子どもの育ちにすべて責任をもたなければならない役割があるということなのです。

日本の保育は，多様化された保育制度の中でも，子どもの育ちをよりよきものとするように，教育と保育の概念について一貫した理解が求められています。

また，新制度では，子ども・子育て会議において検討されてきた，保育の量や質の確保については，子ども・子育て関連3法案にもあるように，地域型保育事業の推進によって待機児童の解消がされようとしていますが，子どもの育ちにとっても保育者にとっても望ましい条件には遠いものが感じられます。

待機児童解消のための保育の量の確保は，子どもの育ちを大切にした保育者の資質向上による保育の質の充実が図られなければ，本当の意味の待機児童解消とはなりません。また，子育て中の父母が就労を希望した時，信頼して子どもを託し，安心して働き続けられる環境づくりが必要です。新制度はスタートしたばかりです。PDCAサイクルの中で，しっかりと検証して保育者の専門性と保育の質の向上，親の子育てへの支援などさまざまな問題に向き合う課題が残されています。

（大橋喜美子）

保育の量と質の確保

2015（平成27）年度からスタートした「子ども・子育て支援新制度」に盛り込まれている。保育の量とは，認定こども園や幼稚園，保育所，地域型保育，子育て支援事業などを増やしていくこと。質の確保は子どもの人数に対して職員の数を増やすなど，保育内容の質の確保につながることをさしている。

子ども・子育て関連3法

待機児童解消のためなどの理由で，すべての子どもが健やかに育つように良質な保育の提供を行い，社会全体で子どもを見守り育てようとする目的で，2012（平成24）年8月に成立した法律。

待機児童

待機児童とは，保育所等に入所希望があっても定員過剰となって入れない状態をいう。2014（平成26）年10月1日現在では，東京都の待機児童は8,672名，続いて沖縄県1,721名となっており，全国では16,545名となっている。
（厚生労働省「保育所入所待機児童数（平成26年10月）」2015（平成27）年3月20日調べ）

2節 「幼稚園教育要領」「保育所保育指針」「幼保連携型認定こども園教育・保育要領」の理解

1．「幼稚園教育要領」「保育所保育指針」「幼保連携型認定こども園教育・保育要領」とは何か

　上記の三つはそれぞれの施設において子ども一人ひとりの発達に応じた幼児教育・保育をめざすための基準となるものです。各概要を見ていきましょう。

(1) 幼稚園教育要領とは

　幼稚園教育要領とは学校教育法施行規則を根拠として，学校のスタートである幼稚園の教育課程および教育内容について定めたものです。1956（昭和31）年に幼稚園教育要領として作成され，2008（平成20）年3月に4次の改訂をして現行の幼稚園教育要領として告示されました。表1-1に示すように，全体は3章から構成されています。

表1-1　幼稚園教育要領の構成

第1章	総則	第1　幼稚園教育の基本 第2　教育課程の編成 第3　教育課程に係る教育時間の終了後等に行う教育活動など
第2章	ねらい及び内容	健康 人間関係 環境 言葉 表現
第3章	指導計画及び教育課程に係る教育時間の終了後等に行う教育活動などの留意事項	第1　指導計画の作成に当たっての留意事項 第2　教育課程に係る教育時間の終了後等に行う教育活動などの留意事項

(2) 保育所保育指針とは

　保育所保育指針は児童福祉施設最低基準第35条の規定に基づき，保育所における保育の内容に関する事項およびこれに関連する運営に関する事項を定めたもので，1965（昭和40）年制定されました。2008（平成20）年の第3次改定で現行の保育所保育指針として告示されました。構成を表1-2に記しています。

(3) 幼保連携型認定こども園教育・保育要領とは

　幼保連携型認定こども園教育・保育要領は「就学前の子どもに関する教育，保育等の総合的な提供の推進に関する法律」（以下「認定こども園法」という。）の規定

学校教育法施行規則第3章　幼稚園
〔幼稚園設置基準〕第36条
〔教育週数〕第37条
〔教育課程・教育内容の基準〕第38条
　幼稚園の教育課程その他の保育内容については，この章に定めるもののほか，教育課程その他の保育内容の基準として文部科学大臣が別に公示する幼稚園教育要領によるものとする。

幼稚園教育要領の改訂
　1948（昭和23）年「保育要領-幼児教育の手引き」として発刊，1956（昭和31）年に「保育要領」から「幼稚園教育要領」になり，1964（昭和39）年・1989（平成元）年・1998（平成10）年・2008（平成20）年と第4次の改訂をしてきた。10年ごとに改訂されるのは，小学校学習指導要領と同じである。

児童福祉施設最低基準第35条
（保育の内容）
　保育所における保育は，養護及び教育を一体的に行うことをその特性とし，その内容については，厚生労働大臣が定める指針に従う。

保育所保育指針の改定
　1952（昭和27）年「保育指針」として作成され，1965（昭和40）年「保育所保育指針」が初めて制定された。その後1990（平成2）年・1999（平成11）年・2008（平成20）年と第3次改定をしてきた。

「就学前の子どもに関する教育，保育等の総合的な提供の推進に関する法律」
　2006（平成18年）に制定され，2012（平成24）年に改定された。

1章　保育施策の動向から見た日本の乳幼児教育

に基づき，2014（平成26）年4月に内閣府，文部科学省，厚生労働省により告示されました。表1－3に構成を示しました。

表1－2　保育所保育指針の構成

第1章	総則	1　趣旨 2　保育所の役割 3　保育の原理 4　保育所の社会的責任
第2章	子どもの発達	1　乳幼児期の発達の特性 2　発達過程
第3章	保育の内容	1　保育のねらい及び内容 2　保育の実施上の配慮事項
第4章	保育の計画及び評価	1　保育の計画 2　保育の内容等の自己評価
第5章	健康及び安全	1　子どもの健康支援 2　環境及び衛生管理並びに安全管理 3　食育の推進 4　健康及び安全の実施体制等
第6章	保護者に対する支援	1　保育所における保護者に対する支援の基本 2　保育所に入所している子どもの保護者に対する支援 3　地域における子育て支援
第7章	職員の資質向上	1　職員の資質向上に関する基本的事項 2　施設長の責務 3　職員の研修等

表1－3　幼保連携型認定こども園教育・保育要領の構成

第1章	総則	第1　幼保連携型認定こども園における教育及び保育の基本及び目標 第2　教育及び保育の内容に関する全体的な計画の作成 第3　幼保連携型認定こども園として特に配慮すべき事項
第2章	ねらい及び内容並びに配慮事項	第1　ねらい及び内容 　健康 　人間関係 　環境 　言葉 　表現 第2　保育の実施上の配慮事項
第3章	指導計画作成に当たって配慮すべき事項	第1　一般的な配慮事項 第2　特に配慮すべき事項

2．保育の内容の構成について

(1) 保育の内容の構成

保育の内容がどのように構成されているのかを，保育所保育指針を例に図1－1に示しました。

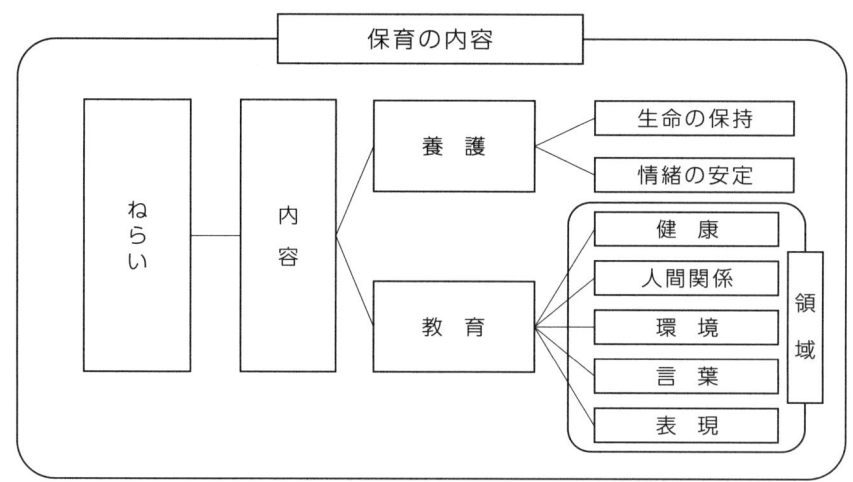

図1－1　保育所保育指針における保育の内容の構成

(保育所保育指針をもとに筆者作成)

(2) 保育の内容とは

保育の内容とは，「ねらい」及び「内容」で構成されています。

「ねらい」は保育所保育指針の第1章　総則　3保育の原理　に示されている「保育の目標」のそれぞれをより具体化したものであり，図1－1のように考えられます。これらは子どもが保育所や幼稚園で安定した生活を送り，充実した活動ができるように，保育者が行わなければならないことや配慮する事項と子どもが身につけることが望まれる事項が記されています。

「内容」は「ねらい」を達成するために，子どもの生活やその状況に応じて保育者が適切に行うべき事項と保育者が援助して子どもが環境にかかわって経験する事項を示したものです。具体的に把握する視点として，「養護」と「教育」の二つの側面から提示されています。

(3) 「養護」とは，「教育」とは

図1－2に記したように，「養護」とは，子どもの生命の保持および情緒の安定のために保育者が行う援助やかかわりの視点から示されています。また「教育」は，子どもが健やかに成長し，その活動や経験が豊かに展開されるための援助のことで，5領域から構成されています。

保育の目標

保育所保育指針第1章総則3保育の原理に示されている。

ア　保育所は，子どもが生涯にわたる人間関係にとって極めて重要な時期に，その生活時間の大半を過ごす場である。このため，保育所の保育は，子どもが現在を最も良く生き，望ましい未来をつくり出す力の基礎を培うために，次の目標を目指して行わなければならない。

(ア)～(カ)は図1－1を参照

イ　保育所は，入所する子どもの保護者に対し，その意向を受け止め，子どもと保護者の安定した関係に配慮し，保育所の特性や保育士等の専門性を生かして，その援助に当たらなければならない。

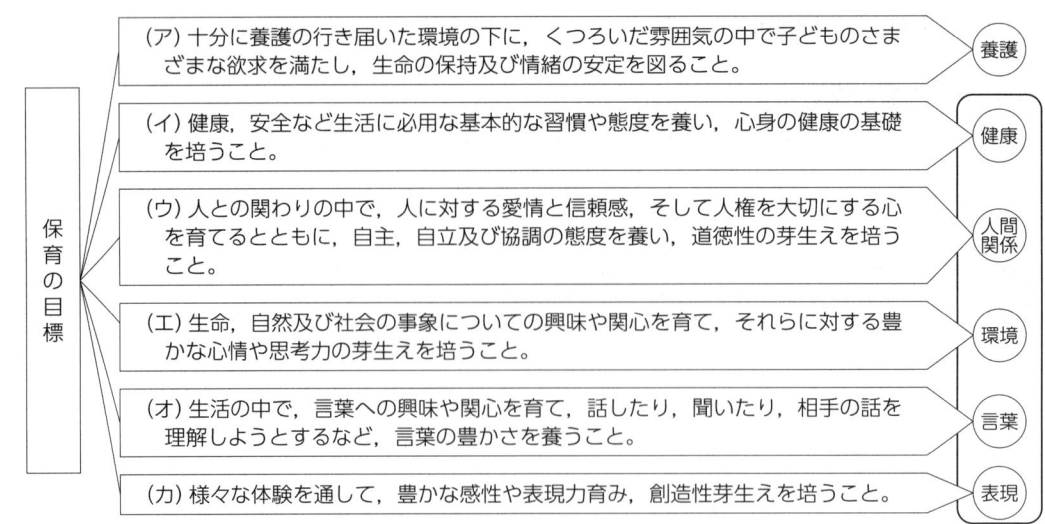

図1-2　保育所保育指針における保育の目標と領域

（出典：保育所保育指針をもとに筆者作成）

保育所の特性

保育所保育指針第1章総則2保育所の役割に示されている。

(2) 保育所は，その目的を達成するために，保育に関する専門性を有する職員が，家庭との緊密な連携の下に，子どもの状況や発達過程を踏まえ，保育所における環境を通して，養護及び教育を一体的に行うことを特性としている。

　養護も教育もそれぞれに「ねらい」と「内容」が記されています。

　また，保育所保育指針第1章総則2の(2)保育所の特性の項目では，保育の内容である「養護」と「教育」について，「養護と教育を一体的に行うこと」と示されており，養護と教育を切り離して考えるものではないことを述べています。

　ホールで，園庭で，砂場で…子どものあそびや活動を見ていると，じっくり取り組んだり，あそびに熱中できるのは大好きな保育者に見守られ，安心しているからこその姿です。友だちとかかわり，のびのび，生き生きとあそびを楽しみ，発展させていきます。小さなトラブルが起こった時，不安な時，友だち同士で解決できなかった時も保育者を頼ってくるのは，保育者との間にしっかり信頼関係が築かれているからの行動です。

　このように子どものさまざまな活動を支える基礎となっているのが養護の側面であり，そこに教育の側面が展開されるのです。そして子どもが自ら環境に働きかけ，健やかに成長する姿が保障されるのです。

　保育所保育指針の第3章を中心に見てきましたが，幼稚園教育要領には「養護」に関しての項目は明示されていません。しかし，養護に関する「ねらい」や「内容」を見ていくと，幼稚園教諭等が実際に行っていることや配慮している項目がたくさん見られます。その点では保育所も幼稚園も同じように取り組んでいることがうかがえます。

3. 環境を基本とした保育の方法

保育の目標を達成するために保育の内容が設定されていることがわかったと思います。保育の内容を、具体的にどのような活動や体験として実践していくかが保育の方法です。保育所保育指針には保育の実践に当たり、子どもと保護者に対する留意事項が6点で示されています（表1-4）。ア～オは保育者の子どもの保育に関する事項、カは保護者への援助に関する事項です。読み進めると、イとオには環境についても触れています。

「保育の方法」については、幼稚園教育要領では領域それぞれに内容の取り扱いとして留意すること等が記されている。

表1-4　保育所保育指針第1章　保育の方法

(2) 保育の方法
保育の目標を達成するために、保育士等は、次の事項に留意して保育しなければならない。

ア　一人一人の子どもの状況や家庭及び地域社会での生活の実態を把握するとともに、子どもが安心感と信頼感を持って活動できるよう、子どもの主体としての思いや願いを受け止めること。

イ　子どもの生活リズムを大切にし、健康、安全で情緒の安定した生活ができる環境や、自己を十分に発揮できる環境を整えること。

ウ　子どもの発達について理解し、一人一人の発達過程に応じて保育すること。その際、子どもの個人差に十分配慮すること。

エ　子ども相互の関係作りや互いに尊重する心を大切にし、集団における活動を効果あるものにするよう援助すること。

オ　子どもが自発的、意欲的に関われるような環境を構成し、子どもの主体的な活動や子ども相互の関わりを大切にすること。特に、乳幼児期にふさわしい体験が得られるように、生活や遊びを通して総合的に保育すること。

カ　一人一人の保護者の状況やその意向を理解、受容し、それぞれの親子関係や家庭生活等に配慮しながら、様々な機会をとらえ、適切に援助すること。

（下線は筆者加筆）

　子どもが安心・安定して活動し、育つための保育の環境や生き生き活動できる環境を整えることの重要性が記されており、それらを適切かつ豊かに構成することも記されています。子どもはあそびの中で、さまざまな力が連動し関連し合って総合的に発達していきます。子どもの生活やあそびが豊かになるためには保育と環境を切り離して考えることはできません。

　保育所保育指針第1章(3)「保育の環境」では、保育の環境には、保育士等や子どもなどの人的環境、施設や遊具などの物的環境、さらには自然や社会の事象などがあるとしています。人、物、場などの環境が相互に関連し合い、子どもの生活が豊かなものとなるよう、計画的に環境を構成し工夫して保育をすることを記しています。

　また、幼稚園教育要領では生活の中で自分の興味や欲求に基づいた直接的・間接的な体験を通して、人格形成の基礎となる豊かな心情、物事に自分からか

「保育の環境」について
　幼稚園教育要領解説第2章第3節　環境の構成と保育の展開に詳細に説明されている。

1章 保育施策の動向から見た日本の乳幼児教育　13

環境を通して行う教育

本来，人間の生活や発達は，周囲の環境との相互作用によるものである。幼児期は心身の発達の著しい時期であり，環境からの影響は大きい。教育・保育内容に基づいた計画的な環境をつくり出し，幼児が主体的にその環境にかかわり生活を展開することが，発達を促すといえる。

かわろうとする意欲や健全な生活を営むために必要な態度などが培われる時期である幼児の特性をおさえ，生活を通して幼児が周囲に存在するあらゆる環境からの刺激を受け止め，自分から興味をもって環境にかかわることによってさまざまな活動を展開し，充実感や満足感を味わうために環境を通して行う教育の意義を強調しています。

子どもが環境との相互作用によって成長・発達するということは，保育者は子ども一人ひとりの状況を把握し，行動の理解と予想に基づき，子どもの日々の変化を捉えて対応する環境構成＝ふさわしい保育環境の構成をすることが重要となるのです。留意点として，保育所保育指針解説では「子どもが自ら関わる環境」，「安全で保健的な環境」，「温かな雰囲気と生き生きとした活動の場」，「人との関わりを育む環境」の4点を設けています。

- 「子どもが自ら関わる環境」

 子どもが思わず触りたくなるような，動かしてみたくなるような，関わりたくなるような環境や子どもの興味・関心などが触発され，それまでの経験で得たいろいろな力が十分に発揮できるような環境構成，つまり魅力ある環境を構成すること

- 「安全で保健的な環境」

 子どもの健康と安全を守ることができ，過ごすことのできる施設設備の整備，つまり安心，安全な環境を構成すること

- 「温かな雰囲気と生き生きとした活動の場」

 子どもが遊びに集中し，友だちと一緒に十分に体を動かして遊ぶような生き生きと活動できる場や落ち着いて絵本や積み木などで遊ぶようなくつろぎの場などのバランスがとれる環境，つまり時間と空間が保障される環境を構成すること

- 「人との関わりを育む環境」

 子どもが遊びや生活でさまざまな人と関わる状況をつくり出すことが大切になります。例えばクラスの子どもなど同年齢の子どもの関わりや自由遊びや縦割り保育などに見られる異年齢の子どもとの関わり，園の保育者や職員など，大人との関わり，地域のさまざまな人々との関わりなど，子どもが人とのやりとりを楽しみながら，周囲へ関わることが促されるような環境，つまり人と関わる力を育むことができるような環境を構成すること

子ども自身が自ら環境にかかわっていくことは保育・教育の重要な視点であることから，保育者は自身も含めた環境を整える大きな役割があるのです。このように，日々の保育は環境を基本になされているのです。 　　　（原子はるみ）

考え深め話し合おう

1. 子どもの日々の生活の場に見る"教育"とは何か，その意義について考えてみましょう。
2. 「幼稚園教育要領」「保育所保育指針」「幼保連携型認定こども園教育・保育要領」を比較しながら，それぞれの共通性と独自性を整理してみましょう。
3. 保育観察の時に，子どもにとってふさわしい保育環境を構成するとはどのようなことか，記録してみましょう。

Note

コラム　現場から見た保育原理 ①

子ども，子育て支援

　少子高齢化にともない地域では子どもの数が激減しています。家庭内でも一人っ子の環境が増え，同年齢のお友だちを求めて公園へ出かける，サークルに積極的に参加するなどしています。

　お母さんにとって初めての子育ては，うれしさや楽しさと同時に不安や戸惑いも多いものです。自我の芽生えた子どもはイヤイヤ期に入り，親を悩ませます。

　自我は，子どもが確かに育っている証でもあると理解できる半面，対処の仕方がわからないなど，育てる側のストレスにもなります。

　身近に相談できる祖父母がいる場合もありますし，誰に相談していいかわからず一人で悩むお母さんもいます。家族間で子育ての価値観が食い違い悩んでいる人もいます。そんな時代の変化に合わせて幼児教育現場に子育て支援の重要性が出てきました。

　地域の子どもが集まれる定期的な集いの場を幼稚園や保育所内に設ける。自治会や市が主催となってサークル活動を呼びかける。園庭開放をする。一時預かりを受け入れる。時間外保育の延長など，保護者をサポートする体制が欠かせなくなってきました。

　子どものあそびは空気汚染や原発事故の影響で屋外から屋内へ，休日や放課後も子どもを公園であそばせることが安全ではなくなってきています。外を走り回るあそびよりも，家庭内でゲーム対戦する子どもの姿があるなど，同じ空間にいても子ども同士の心と心のかかわりをもつ時間，あそび，交流が極端に減少しているのも事実です。

　そこには，安全にあそべる環境がどんどん縮小されてきているという環境の変化も影響しています。お稽古教室で時間を埋める保護者も多く，子どもも仲よしのお友だちと同じ教室に通うなどがコミュニケーションの場を補うものにもなっています。

　子どもに寄り添う保護者に対しては，子育ての悩みを打ち明ける場所の設定や仲間づくりの場面設定，的確なアドバイスを与えてくれる保育者や園長先生などが悩みを解決する心の拠りどころのひとつとなる場合もあります。

　母親は出産後も社会復帰を希望する人が多く，乳児期から長時間保育を希望する世帯が増えています。本来，家庭でなされるはずの細やかなしつけも，教育機関内で保育者が子どもに伝えるというかたちが求められるようになってきました。子どもたちが集団で過ごす場所がより家庭に近くなってきたともいえるでしょう。

　担任の役割としては，保護者が見られない時間帯を過ごす子どもの姿を伝える，小さな変化や成長を伝える，家庭内の様子を報告してもらうということで保護者との連携を図りながら，不安や喜び，安心を共有し，ともに育てていくという視点で保護者とかかわることが重要になってくるでしょう。

（塩田寿美江）

2 章

乳幼児の発達

── この章で考えましょう ──

　発達はどの子どもも同じような道筋をたどります。その道筋の中で，時間を要する子どももいます。保育者は子どもの育とうとする力を信じて，見守り，保育実践を通して子どもの内的な育ちを豊かにすることができるのです。

　一方で，子どもの発達に見通しをもって保育をすることにより，育ちに弱さが感じられた子どもには，早い時期にその子どもに合った教育的手段を見いだすことができます。弱さが見られた子どもについて，保育の中で援助することで改善できるのか，家庭との相談が必要なのか，あるいは専門機関との連携が必要なのかなどを見きわめる力が保育者には求められます。

　また，保育と子どもの発達を融合させて創造する保育の中で，保育者は子どもが求めていることに気づきあそびを豊かにしていきます。

　子どもの発達を学ぶことは保育の基本であると同時に，子どもの生涯の基盤となる育ちを保障するのが保育であり，保育者は大切な役割を担っていることを自覚して学んでいきましょう。

(大橋)

1節 「発達」のとらえ方

1.「発達」の意味

　私たちは日常，どのような場面で発達という言葉を使うでしょうか。天気予報やニュースなどで，「発達した雨雲が西日本にかかって大雨となる恐れがあります」という表現や，「都市交通網の発達により渋滞が解消されました」という表現を耳にしたことがあるでしょう。広義では発達は，「あるシステムの時間的変化」を意味しています。

　心理学の分野では，「人間の誕生（受精）から死に至るまでの心身の変化」を示す用語として発達(development)が用いられます。ここでいう変化とは，生まれてから大人になるまでに新しい能力を獲得して"できること"が増えていくというような，上昇方向の変化のみを指しているのではありません。例えば，子どもが年齢を重ねていくプロセスにおいては，一見"できなくなること（やらないこと）"の中に重要な育ちの芽が隠されていることがあります。また近年では，生涯発達という視点が重視され，大人になってからの変化や老化の問題も含めた人間の生涯にかかわる諸問題が取り扱われるようになりました。人間の発達が変化に応じて柔軟に対応していく可塑性や，困難な事態からの回復力であるレジリエンスなどにも注目されています。一般にネガティブな印象を抱かれがちな老化についても，単に心身の機能の衰退からだけではなく，サクセスフル・エイジングなどのポジティブな観点から考察されるようになっています[1]。

2.「発達」の類義概念

　ここでは，発達と意味の類似した用語として一般的に用いられるものを整理しておきましょう。

(1)「成長」と「生長」

　成長(growth)という用語は，ヒトも含めた生物について，身長・体重の増加のような量的側面の増大や，認識能力・感情表現などの心理的・内面的な変化を表すときに用いられます。発達とほぼ同じ意味で使用されますが，発達は質的な変化に注目するのに対し，成長は量的な変化の側面を強調することが多いようです。同様の量的な変化を表すにも，植物の場合は原理的に量的増大に限界がないことから，区別のために生長(growth)とされます[4]。

レジリエンス（resilience）

　人間の適応システムがもつストレスや逆境に対する頑健さや回復力のことである。より狭義には，適応や発達に対する深刻な脅威があるにもかかわらずよい発達的結果が生み出されるような現象をいう[2]。

　災害にあった子どもたちの発達支援においても，子ども一人ひとりがもっている発達する力，心の傷を修復する力の存在を認めることが重視されている[3]。

(2)「成熟」と「学習」

　成熟（maturation）とは，生物に遺伝的に備わっている多様な素質が経験や環境とは無関係に発現して，身体的・精神的な変化が生じることをいいます。一方，学習（learning）は環境条件や経験（練習，訓練）による変化を指し，成熟とは対比的に用いられます[1]。成熟と学習は心理学において古くから論争されてきているテーマですが，ヒトに生じた変化をとらえる場合に，どこまでが成熟によるものでどこからが学習によるものであるのかを明確に区別することは，困難な場合がほとんどです。

3. 発達の規定因

　発達に先立ってそれに影響を及ぼす要因のことを発達の規定因といいます。これまでの発達心理学の研究によれば，発達には表2-1のような規定因があると考えられています[5]。

表2-1　発達の規定因

規定因の種類	規定因の例
環境規定因	胎児の子宮内環境，親子関係，家庭環境，交友関係，師弟関係，保育・学校教育のあり方，社会文化的環境，など
生物学的規定因	進化の歴史（系統発生），遺伝，遺伝決定説で説明可能な病気，など
自己規定因	自己概念，自尊感情，自己制御，防衛機制，メタ認知，など

（出典：秋山，2012.をもとに筆者作成）

　これらの規定因のうち遺伝と環境については，「氏（遺伝）か育ち（環境）か」の問題として，発達心理学のさまざまな領域で古くから取り上げられてきました。実証的研究が蓄積される過程において，遺伝論優勢の時代，環境論優勢の時代というように，いずれかをより重視する傾向が繰り返されてきました。しかし現在では，「氏か育ちか」ではなく「氏も育ちも」と規定因間の相互作用の存在を前提として，両者がどのように相互作用して発達が起こるのか，その具体的な様相を明らかにすることがめざされています[6]。

4. 発達の主体を考える

　表2-1に示されるように発達には数多くの規定因がありますが，特に子どもの発達と保育について考える場合には，自己規定因の果たす役割を軽視することはできません。

　保育所の園庭に足を踏み入れると，「見て！」と得意そうにうんていをしてくれる5歳児や，大きな入れ物にたっぷりと作ったさら粉（細かな土）と泥だんごを自慢げに見せてくれる4歳児に出会うことがあります。そんな子どもた

「氏か育ちか」
人間の発達について，分子生物学，進化生物学，行動遺伝学，神経科学等の分野の研究者による知見が注目されるようになっている。現在は，これまでになく「氏」を重視する傾向が強まっているとの指摘もある[6]。

「光る泥だんご」
　加用文男は，古今東西の子どもたちが大好きな泥だんごづくりをきわめ，表面を鏡のように光らせる技を紹介している[7][8]。

図2-2　加用文男作「大宇宙の神秘」
(加用文男監修『光れ！泥だんご』講談社，p.21, 2001.)

ちの姿には，自分なりに時間も思いも注ぎ込んで取り組んできたことへの手応えと充実感が詰まっているように感じられます。すいすいとうんていを渡れるようになるまでには，手のひらに何度まめができたことでしょう。表面が光る泥だんごができるまでには，途中でひび割れて悲しい思いを重ねることもあったのではないでしょうか。しかし，そんな経験をしてきたからこそ，"この喜びを誰かに伝えたい！"という気持ちも強く生じてくるのだと思われます。

　うんていをするための運動能力や泥だんごを作るための手指操作能力は，ヒトに備わる生物学的な要因を基盤としています。また，園庭にうんていや土がある，先にその活動をしている仲間がいるといった環境的な要因も関与しています。発達は多くの要因によって規定されるものですが，保育においては，そのプロセスを築き上げる主体は子ども自身であるという点が重視されます。子ども自身が主体的に環境に働きかけ，自らの行動や環境を変えることを通して，自らの内面をも豊かにしていく——保育の中ではそのような発達の営みが日々紡ぎ出されているといえるでしょう。

　2節　保育のために発達を学ぶ　

1．なぜ発達を学ぶのか

　保育者をめざして学び始めると，さまざまな授業で「〇歳頃には△△ができるようになる」という説明を聞くことになります。ある能力がいつ頃獲得されるのかというおおよその目安を知ることは，保育を行ううえで必要不可欠な知識だからです。それぞれの年齢の発達の特徴を理解することによって，見通しをもった保育の計画を立て，子どもがやってみたいと思える活動を準備することができます。また，それぞれの時期に大切にしたいことを念頭に置き，必要な部分についてより適切に丁寧に子どもにかかわることができるのです。

　次のエピソード1は，発達に全般的な遅れが見られるAちゃん（生活年齢3歳，発達年齢1歳半頃）が通う保育所での一場面です。

エピソード1

階段を下りられたよ！

　階段を下りるのが苦手なAちゃんは，帰る時にはいつもお母さんに抱っこを求めています。今日も階段の上でお母さんと手をつないでいるのですが，立ち止まってしまい，足を進めることができません。けれどもこの日のAちゃんは，階段

> の上でトントンと足踏みを繰り返していました。それを見て"こわいけれども自分で下りたいと思っているのだ"と感じたＰ先生（保育者）は，Ａちゃんの隣に行ってもう一方の手をとり「一緒に行こうか？」と声をかけました。Ａちゃんは心を決めたように，Ｐ先生の１歩に続いて１段下りました。
> 　「わあ！　下りられたね！」とお母さんに認められたＡちゃんは，気持ちをため込むようにトントンと足踏みをして，また１段下りました。１歩進んでは「もう１回？」と尋ね，そのたびにお母さんとＰ先生に認められて，初めて階段を下りきることができました。階段の下で振り返って"あんなに高い所から下りたんだ"と確認するように階段を見上げる，笑顔いっぱいのＡちゃんの姿が見られました。

　エピソード１では，Ａちゃんの足踏みという行動から，Ｐ先生が"こわいけれども自分で下りたい"という発達へのねがいを読み取ったことが示されています。そしてＰ先生は，Ａちゃんのねがいをかなえるために，Ａちゃんの隣に行って「一緒に行こうか？」と促し，１段下りるたびにＡちゃんを認めて励ますという行動をとりました。このようなＰ先生の行動の背景には，Ａちゃんの発達状況についての的確な把握があり，"今のＡちゃんにはこのようにかかわるのがよいだろう"という発達的理解に基づく判断があったものと考えられます。

　「〇歳になったら△△ができなければならない」という固定的な枠組みをつくるためではなく，目の前にいる一人ひとりの子どもをより深く理解し，子どもの発達へのねがいに寄り添いながらよりよい保育をつくっていくためにこそ，発達について学ぶことが求められています。

２．子どもの行動の意味をとらえる

　次に示すエピソード２は，保育所の４歳児クラスでの出来事です。

> **エピソード２**　　　　**Ｙちゃんのいたずら**
>
> 　この保育所の子どもたちは，夏になると外あそびの時にぞうり（ビーチサンダル）を履いて過ごしています。今日は園庭で，Ｙちゃん，Ｒちゃん，Ｍちゃんがぞうりを交換してあそんでいました。そのうちＭちゃんが「Ｍのぞうり返して」と言ったのですが，ＹちゃんとＲちゃんは「いや〜」と言って返さず，２人で倉庫の裏に隠れてしまいました。Ｍちゃんが「返して〜返して〜」と泣いていたので，Ｑ先生（保育者）が倉庫の裏へ様子を見に行くと，ＹちゃんとＲちゃんは「返さないもんね〜」と顔を見合わせて笑っていました。Ｑ先生が「そんなことをしたら，お友だちはどんな気持ちになるかな？」と言うと，二人は"悪いことをしてしまった"というような表情で下を向きました。

> 　その時Q先生は，Yちゃんにこんな注意をするのは初めてだと気づきました。3月生まれのYちゃんは，友だちの様子を少し離れた場所から眺めていることが多く，これまで自分から友だちにいたずらをすることはなかったのです。けれども最近のYちゃんは，先月の山登りでがんばって以来，苦手だった虫やカエルを触ったり，午睡後の着替えを自分からしたりというように，保育所での活動に前向きに取り組むようになってきていました。そんなYちゃんがRちゃんと一緒にいたずらをすることができたのは，毎日の生活の中で自信をつけてきたことの表れかもしれないと思い，Q先生はYちゃんのいたずらをうれしく思いました。

　友だちの持ち物を返さなかったり，笑いながら友だちの嫌がることをしたりすることは，通常，望ましい子どもの姿とはいえないでしょう。けれども，保育者が「子どもの行動には必ず意味がある」と考え，子どもの内面を共感的に理解しようとする姿勢をもつならば，一見問題があると思われる行動の中にも発達的にプラスの意味を見いだせる場合があるのです。

　「発達を見る大人の目の発達に応じて，子どもの発達はより見えてくる」ともいわれます[1]。保育者をめざして子どもの発達を学ぶことは，子どもの行動の意味をとらえるために自分の目を発達させることにつながります。

3．保育所保育指針における発達のとらえ方

　保育所保育指針では，子どもの発達について以下のように述べられています。

> 　子どもは，様々な環境との相互作用により発達していく。すなわち，子どもの発達は，子どもがそれまでの体験を基にして，環境に働きかけ，環境との相互作用を通して，豊かな心情，意欲及び態度を身に付け，新たな能力を獲得していく過程である。特に大切なのは，人との関わりであり，愛情豊かで思慮深い大人による保護や世話などを通して，大人と子どもの相互の関わりが十分に行われることが重要である。この関係を起点として，次第に他の子どもとの間でも相互に働きかけ，関わりを深め，人への信頼感と自己の主体性を形成していくのである。
>
> （第2章　子どもの発達）

　ここで示されている「様々な環境との相互作用」について，『保育所保育指針解説書』では，子ども自らが環境に働きかける自発的な活動であること，五感など身体感覚をともなう直接的な体験であることが大切であると述べられています。そして，特定の大人との親密なかかわりにおいて育まれる子どもと大人との信頼関係が，子どもが主体的に環境にかかわる基盤となることが指摘されています。豊かで多様な環境との出会いの中で，子どもが行きつ戻りつしな

保育所保育指針では，乳幼児期の発達の特性として以下の6点があげられている。
(1) 人への信頼感の育ちと自我の芽生え
(2) 環境への主体的な関わり
(3) 大人との信頼関係を基にした子ども同士の関わり
(4) 発達の個人差
(5) 遊びを通して育つ
(6) 生きる力の基礎を培う

がらさまざまな能力を獲得していく過程そのものが、子どもの発達であるとされています[2]。1節でも述べたように、現在の日本の保育においては、大人との信頼関係に根ざして子どもの主体性を尊重することの重要性が強調されているのです。

4. 発達段階と発達過程

(1) 発達段階とは

　子どもの発達のプロセスを見ていくと、さまざまな面で大きな変化が生じる時期があることや、子どもが物や人にかかわる際の枠組みが変化していくことに気づきます。1節で述べたように、発達は時間の経過にともなう心身の変化を意味し、そのプロセスは本来連続的なものです。しかし、なだらかな連続的変化だけでなく、飛躍的に進行する非連続的な変化に注目して相互に質が異なる一定の時期的なまとまりを想定する場合に、そのまとまりを発達段階といいます。発達段階を想定して提唱されている発達理論においては、発達段階ごとの質的な違いだけではなく、ある段階から次の段階に移行する仕組みについての理論化も試みられています。また、多くの場合、絶対的なものではないとしても、発達段階とおおよその年齢との対応が示されています。発達段階は、発達のプロセスで生じるさまざまな変化を予測し説明するものであるため、そこで示される発達の順序性は、見通しをもって教育的なかかわりを構成するうえで参考にすることができるでしょう。

> 発達段階を設定した発達理論の例としては、以下のようなものが挙げられる[1]。
> - ピアジェ (Piaget, J., 1896-1980)：認知発達の側面に着目
> - ワロン (Wallon, H., 1879-1962)：他者との社会的関係における人格形成の側面に着目
> - エリクソン (Erikson, E.H., 1902-1994)：文化・社会的観点から自我の発達に着目

(2) 保育所保育指針における発達過程

　2008（平成20）年改定の保育所保育指針では、子どもの発達のみちすじを説明するために発達過程という用語が使用されるようになりました。保育所保育指針によれば、保育士等は子どもの発達の特性や発達過程を理解し、発達および生活の連続性に配慮して保育しなければならないとされています。

　3節で述べるように、就学前の子どもの発達過程として8つの区分が設けられていますが、その内容は、各年齢の発達の目安として設定されているのではありません。発達のみちすじやその順序性には共通のものがあると認めたうえで、子どもの発達を年齢によって画一的にとらえることは避けることとされています。一人ひとりの心身の状態や家庭生活の状況などを踏まえ、個人差に留意しながら、0歳から6歳までの連続的な発達のプロセスの中で一人ひとりへの理解を深め、丁寧に対応していくことが求められています。また、発達には一定の順序性とともに一定の方向性が認められること、そして、さまざまな発達の側面が相互に関連しながら総合的に発達していくという発達の連関性につ

いても留意することが求められています。

3節　乳幼児期の発達的特徴

1．保育所保育指針における年齢区分

　保育所保育指針では，誕生から就学までの長期的視野をもって子どもを理解するため，第2章「子どもの発達」において，発達過程区分に沿った子どもの発達の道筋を明記しています。そして，第3章「保育の内容」においては，乳幼児期に育ち経験することが望まれる基本的事項を示すとともに，発達過程に応じた配慮事項を示しています。

　保育所保育指針では，就学前の子どもの発達過程を「おおむね6か月未満」「おおむね6か月から1歳3か月未満」「おおむね1歳3か月から2歳未満」「おおむね2歳」「おおむね3歳」「おおむね4歳」「おおむね5歳」「おおむね6歳」の8つに区分して，それぞれどのような特徴があるのかを述べています。2節でも述べたように，この区分は，同年齢の子どもの均一的な発達の基準ではありません。保育士は，子どもの発達の順序性や連続性を踏まえ，長期的な視野をもって見通し，子どもが，今，楽しんでいることをともに喜び，それを繰り返しながら子どもの発達を援助することが大切であるとされています[1]。

　現在，多くの幼稚園・保育所・認定こども園において，学年に従ったクラス編成が行われています。例えば3歳児クラスでは，年度初めに3歳である子どもたちが，1年の間に次々に4歳の誕生日を迎えていくことになります。したがって，3歳児クラスの保育では，一人ひとりの子どもについて，「おおむね3歳」から「おおむね4歳」の年齢区分を見通しながら保育を進めていくことになるでしょう。

2．各年齢区分における発達的特徴

　ここでは，保育所保育指針および『保育所保育指針解説書』の記述に沿いながら，各年齢区分の発達的特徴をまとめていきます。

(1) おおむね6か月未満

　母体内から外界への急激な環境の変化に適応し，著しい発達が見られる時期です。家庭での生活状況や子どもの体調，授乳のタイミングなどに合わせて心地よい眠りと目覚めの時間をつくっていくと，次第に午前・午後・夕方に各1

回の午睡を含む生活リズムが整っていきます。

　首がすわり正面を向くことができるようになると，手と手，足と足を触れ合わせてあそぶ姿が見られるようになり，その後，寝返り，腹ばいなどの姿勢変化が見られるようになります。

　視覚や聴覚などの感覚の発達にともなって，音の鳴る玩具などへの関心が強くなり，目の前の玩具をつかもうとしたり，手にした玩具を口に入れたりするようになります。周りで物音がしたり，大人が話している声がしたりすると，その音や声がする方に視線を向けるようになります。

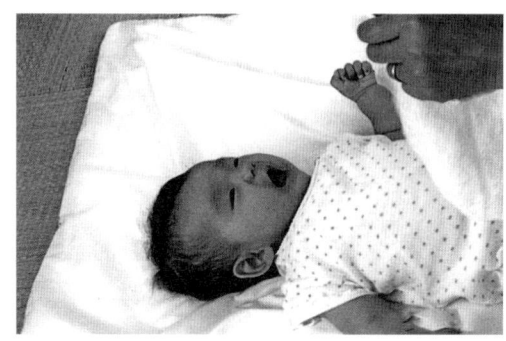
図2-3　向かい合って，いないいないばあそび

　身体内部の快の感覚に基づく生理的微笑からあやしかけに反応して笑う社会的微笑へ，単調な泣き方から抑揚のある感情を訴える泣き方へというように，生得的に備わっていた能力が，社会的・心理的な意味をもつものへと変化していきます。子どもの期待に応える適切なかかわりが行われることによって，自分を心地よい状態にしてくれる特定の大人が認識されるようになります。そこで形成される情緒的な絆が愛着関係へと発展していきます。友だちに対しては大人とは違う魅力をもった存在として注目し，一緒に過ごすことの心地よさを味わっていきます。

(2) おおむね6か月から1歳3か月未満

　日中に目覚めている時間が次第に長くなり，午前・午後に各1回の午睡を含む生活リズムが安定します。食事は，離乳食から幼児食へ徐々に移行していきます。

　はう，立つ，そして，つたい歩きを経て一人歩きをするというように，目標をとらえて自ら姿勢転換をし，移動するようになります。こうした姿勢・運動面の発達によって子どもの視界が広がり，探索意欲の高まりとともに活動範囲も拡大していきます。

　一人で座れるようになることによって，手指で物を操作する能力も高まります。手に持っている物を意図的に手放せるようになり，合わせる，出す，入れるなど複数の物を関係づける操作を行うようになります。

　日々の応答的なかかわりによって特定の大人との間に愛着が形成されると，見知らぬ大人に対しては不安を示し人見知りをするようになります。特定の大人との間では，言葉の前提となるコミュニケーション行動が豊かに発揮されます。発見したものを指さ

図2-4　大好きな先生のところまではっていく

2章　乳幼児の発達　25

したり，大人の動作の模倣をしたりというように，人や物に対する注意を大人と共有してやりとりする姿が見られるようになります。友だちと同じ活動に参加することを通して，大人の援助を受けながらやりとりすることの楽しさを経験していきます。

(3) おおむね1歳3か月から2歳未満

1歳半ば頃までに，日中の午睡は午後1回になっていきます。

図2-5 道具を使ってごちそうづくり

歩行が開始され，活動範囲が大きく広がるとともに，周りの世界にかかわろうとする意欲を高めていきます。日常生活で繰り返し経験することであれば，大人の言葉かけによって場面の見通しをもち自ら行動することができ始めます。

大人が使う物に興味をもち，同じように扱ってみたい気持ちがふくらみます。手首の制御が巧みになることによって，物と物とを関係づける手指操作に発展が見られ，スプーンやスコップなどの道具を目的に合わせて使うようになっていきます。

子どもの語彙は，二語文を話し始める1歳後半ごろから急激に増える。図2-6は，この時期の語彙の爆発的増加の一例である。

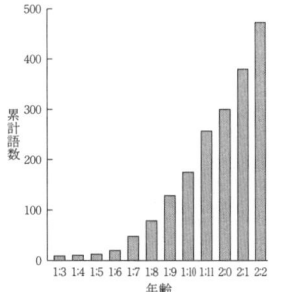

図2-6 語彙の爆発的増加の一事例
(荻野美佐子・小林春美「語彙獲得の初期発達」桐谷滋編『ことばの獲得』ミネルヴァ書房，1999.)

実際に目の前にはない場面や事物を頭の中でイメージする象徴機能の発達により，見立てやふりを含んだやりとりを楽しむようになります。象徴機能の発達は，言葉の習得とも重要なかかわりがあります。子どもが関心を向けている物事に大人が気持ちを寄せて語りかけることを通して，行動と言葉，ものごとと言葉の結びつきが理解されていきます。身振り，指さし，一語文などによって自分の意思を伝えようとするようになり，次第に二語文を話し始めます。「〜しよう」「〜したい」と意図をもって行動するようになり，それが大人の意図と異なる場合には「いや！」と拒否したりだだこねをしたりする姿を見せるようになります。

友だちへの関心が高まり，他の子どもの行動をまねたり，同じ玩具を欲しがったりするようになります。玩具の取り合いがかみつきなどのトラブルにつながることもありますが，その時の思いを大人に共感的に受け止めてもらうことによって，徐々に気持ちを整えられるようになっていきます。

(4) おおむね2歳

歩く，走る，跳ぶなどの運動能力が発達することにより，全身を使ったあそ

びの幅が広がります。段差を乗り越えたり砂利道を歩いたりというように，少し体に抵抗の感じられるところでの運動を好むようになります。

両手の指先で操作できることが増え，簡単な衣服の着脱や排泄など基本的生活習慣にかかわる技能の習得が進んで，身の回りのことを自分でしようとする意欲が高まります。自分が作ったり描いたりしたものに対しては，盛んに意味づけをするようになります。

発声が明瞭になり，語彙も著しく増加して，自分のしたいこと・してほしいことを言葉で表出するようになっていきます。玩具などを実物に見立て，「…のつもり」になって「…のふり」を楽しみながら，大人と一緒に簡単なごっこあそびをするようになります。生活の中で経験したことをあそびの中で再現し，大人の援助を受けながら友だちとイメージを共有してやりとりする楽しさを味わっていきます。

「自分で！」「いや！」と強く自己主張することが多くなり，思い通りにならないと激しく泣いたり怒ったりする場面も出てきます。自分がしたいことを自分で選び取る力は，今後見通しのある生活を主体的につくり上げていく力の基礎となるものです。自分の思いを受け止めてくれる信頼できる大人に支えられながら，自我を育んでいきます。

(5) おおむね３歳

平衡感覚が育ち，膝のバネの力がついてきて，押す，引っ張る，投げる，転がる，ぶらさがる，またぐ，蹴るといった運動ができるようになります。さまざまな運動を経験することにより，新しい活動への意欲を高め，自分の体の動きをコントロールできるようになっていきます。

基本的な生活習慣が少しずつ自立していきます。不完全ながらも箸を使って食べようとしたり，排泄や衣服の着脱などを自分からしようとしたりします。造形活動の中ではさみを使い始めるなど，自分の手指でできることの広がりが，身の回りのことは自分でできるのだという自信の根拠となっていきます。

理解できる語彙数が急激に増加し，日常生活での基本的な言葉のやりとりができるようになります。言葉の獲得を通して知的な関心が高まり，「なぜ」「どうして」という質問を盛んにするようになります。

場を共有しながらそれぞれが独立してあそぶという平行あそびが見られがちですが，その中で友だちのあそびを模倣したり，玩具を仲立ちとして子ども同士でかかわったりする姿も見られます。次第に，子ども同士で共通したイメージをもってごっこあそびを楽しむようにもなります。こうして，子どもにとって，生活やあそびの中で友だちと過ごす時間の位置づけが高まっていきます。

図2-7 鉄棒って楽しい！

(6) おおむね4歳

　全身のバランスを取る能力が発達し，片足跳びやスキップなどができるようになります。登り棒や鉄棒のような全身を使う遊具にも積極的に挑戦します。

　あそびながら声をかけるなど，異なる二つの行動を同時に行えるようになります。手指操作では，はさみで曲線を切りぬくなど，両手の別々の操作を一つの活動にまとめることができるようになります。少し失敗をしても「次どうしたらうまくできるか」を考えながら調整する姿が見られます。

　日常生活の中で，おおむね不自由なく言葉でのやりとりができます。ものごとの因果関係の理解が進んで相手の話の題意を読み取れるようになり，「いつ・どこで・誰が・〜をした」と経験を物語る様式が獲得されていきます。言葉が思考の手段としての役割や自分の行動をコントロールする役割を果たすようになります。

　想像力が豊かになり，友だちとイメージを共有しながら，想像の世界の中でのごっこあそびを楽しみます。目的をもって作ったり描いたりすることができるようになる一方，自分の行動の結果や周りからの評価を予測して不安になり，活動をためらうことも生じます。仲間とのつながりが深まっていく中で，競争心も生まれけんかも多くなります。しかし，自分の思いを出し合ったうえで，相手の主張を受け入れたり自分の主張を受け入れてもらったりする経験を重ねることを通して，感情の自己調整の力が育まれていきます。

(7) おおむね5歳

　基本的な生活習慣が身につき，起床から就寝に至るまでの生活に必要な行動のほとんどを一人でできるようになります。一日の生活の流れを見通しながら次にとるべき行動がわかり，進んで行おうとします。自分から大人の手伝いをしたり，年下の子どもの世話をしたりするようになります。

　縄跳びやボールあそびなど，体全体を協応させた運動をするようになり，仲間とともに活発に体を動かしたり自ら挑戦したりする姿が多く見られるようになります。手指操作では，紐を結ぶ，雑巾を絞るといった動作もできるようになり，さまざまな生活用具を扱えるようになります。

　時間や空間の認識が進む中で，少し先を見通しながら目的をもった活動を友だちと行うようになります。それぞれが自分の役割を果たし，決まりを守ることが大切であることを理解し，目的に向かって協力していくようになります。

このような集団活動における仲間との話し合いの経験を通して，自分の思いや考えを伝える力や相手の話を聞く力を高めていきます。自己主張のぶつかり合いやけんかが起きても，すぐに大人に頼らず，自分たちで解決しようとする姿がみられるようになります。

(8) おおむね6歳

　全身運動がなめらかになり，ボールをつきながら走る，跳び箱を跳ぶ，竹馬に乗るなどさまざまな運動に意欲的に挑戦するようになります。足が地面から離れていても，重心を安定させ体をコントロールできるようになります。

　思考力や認識力が高まり，自然事象や社会事象に関心をもつようになります。すじみちを立てて話すことができるようになるとともに，文字で表現することへの関心も強くなっていきます。

　「今」を基点とした「過去─現在─未来」の時間軸を認識して言葉で表現するようになります。自分のイメージを表現する，ダイナミックな表現とともに細やかな製作をするなど，さまざまな材料や用具を用いて工夫して表現することを楽しみます。これまでの経験に基づいて見通しを立てる力が育ち，仲間とともに，お互いに長所を認めながら協力し合って目標の達成に向かうことができるようになります。

図2-8　みんなで気持ちを一つにして「エイサー」を踊る

　時には身近な大人に甘え，気持ちを休めることもありますが，さまざまな経験や対人関係の広がりから自立心を高め，就学への期待に胸をふくらませていきます。

(松田千都)

考え深め話し合おう

1. 子どもがあそんでいる様子を観察し，「今，子どもが考えていること」を想像して書き出してみましょう。
2. 0歳から就学までの子どもの発達を，自分にとってわかりやすいように表にまとめましょう。実習などで観察した子どもの姿の具体例を添えてみましょう。

コラム　現場から見た保育原理 ②

子どもの環境と保育

　私たち保育者は子どもの前に立った時，一日の流れを進めていく中で「困難を感じている内容を教える」「悪い行いをいさめ正す」「よい行いを認めてほめる」「悲しんでいる時は心の支えとなりなぐさめる」「怒っている時は気持ちを落ち着かせる」など，子どもの発信に対して対応・対処することが求められます。これらの行為は「指導する，促す」という言葉で表現されるのですが，保育者の役割は何か起こった時に対処することだけではありません。子ども自身が予期せぬ事態に見舞われた時にどう対応するべきかといった，いわばさまざまな困難を乗り越えるための学びを，保育者という人的環境を通して獲得していきます。

　保育者からの学びは子どもにとってはほんの一部分にすぎません。子どもの学びの多くは子どもを取り巻くさまざまな環境からの刺激によるものです。

①道端に咲いている花を見つけた時，子どもは何を感じているでしょう。色や匂いを感じる，いくつ咲いているのか数えてみるなど。

②虫が飛んできた時，子どもはどうするでしょう。怖いと逃げる子，捕まえようとする子，手ではたいて攻撃する子，名前を調べようとする子など。

③友だちとあそぶ時にはどのような姿を見せるでしょう。誰とでも仲よくあそべる子，喧嘩の多い子，泣いてばかりの子，怒ってばかりの子，言い合いになる子，何も言えないで我慢する子など，子どもの性格もいろいろです。

　自然，動植物，人など，そこに何かがあるから子どもは興味を示します。

　その興味の方向は子ども一人ひとりの感性により違いを見せます。共有している環境から子どもの人数分だけの興味や関心，感動が生まれ，そこに学びの輪が広がります。

　保育者は子どもと環境をつなぐ架け橋であり，子どものもつ力を信じて，学びの輪を広げる環境について考えてみましょう。学びの輪とは小学校教育における学びとは異なります。乳幼児の保育は保育者が子どものもつ興味関心を受け止めて，環境を整えることが大切です。子ども自身が自ら考えて主体的にあそびを創り出す環境づくりが求められます。そうした中で，子どもは危険の中から安全な行動の取り方を学びます。困難に向き合うことで，乗り越えた先にある生活に心地よさを感じるのです。そして，心地よさは生活への見通しをもって過ごすことを学習し，自分らしさの中で自信をもって過ごし，自己肯定感が育ちます。自分と違う価値観に触れることで知恵を学びます。実力以上の目標に挑戦することで，運動能力を高め，手先の緻密性を獲得します。喧嘩を通して相手の気持ちに気づき，共感することを学びます。

　子どもを取り巻くすべての出来事が，子どもにとっての大切な環境です。

　これらを保育内容に結びつけていくことが大切です。

（塩田寿美江）

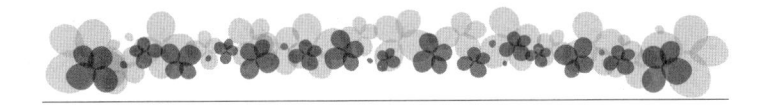

3 章

子どもの環境と保育

═ この章で考えましょう ═

　子どもは知らず知らず「人(ヒト)」としての基本的生活習慣を獲得します。それは特に誰が教えてくれるわけではありません。「環境」によって，いつの間にか身につけていくのです。

　まさにこれが「環境」の力です。その意味では，「人的」「物的」環境の是非が，子どもたちの成長・発達に大きく寄与していることは理解できるでしょう。

　日常生活を繰り返す行動も習慣化が進めば，子どもは自然に安定した生活を送ることが可能になります。そのために「子どもを取り巻く環境」について，保育者はどうあるべきかを考えましょう。

(上野)

1．子どもの健康と安全を守る環境

子どもの健康と安全を守るために，保育者には，子どもの健康状態を十分に観察できる力，子どもの目線になって考える力，状況を適切に判断する知識と技術を習得する力，そのうえで行動できる力が求められます。どんな状況でも子どもが健全に育つことを考え，子どもだけでなく職員間や保護者とのコミュニケーション（報告・連絡・相談）を積極的にとることも大切です。こういった力をもち合わせることが，子どもの健康と安全を守る環境につながります。

2．健康状態の把握と子どもに出現しやすい症状

(1) 健康状態の把握

体温，脈拍，呼吸などのバイタルサインを測定し，機嫌や表情，食欲，睡眠状況，泣き方などの状態を観察します。家族からは，夜間の睡眠状態，朝食の摂取状況（内容，量など），排泄状況（尿回数，便回数，性状，色など）といった一般状態についての情報も必ず収集し，家庭での子どもの様子を把握するように努めます。

(2) 子どもに出現しやすい症状

子どもは，心身ともに未熟で免疫力が弱いため，病気や感染症にかかりやすく，体調の変化も大きいです。そのため，バイタルサインや一般状態だけでなく，発疹や嘔吐など子どもに出現しやすい症状も観察し，症状が見られる場合は適切な対応を行います。

表3－1　子どもに出現しやすい症状

症状	観察項目（バイタルサインは必須）	対応
発熱	随伴症状：発疹，咳，鼻汁，下痢，嘔吐，疼痛 一般状態：食事，排泄，睡眠	・静かな環境に整え安静にする ・氷枕や冷却シートを用いて解熱 ・脱水予防に，お茶やジュース，スープなどの水分を摂取する
発疹	発疹の状態：部位，大きさ，色，形，数，程度 随伴症状：発熱，掻痒感，鼻汁，咳，疼痛，下痢 その他：発疹出現前の食事摂取の内容，時間，服薬の有無	・他の子どもとの接触を避ける ・他の子どもに同じような症状が出現していないか観察する ・皮膚や粘膜は，常に清潔に保つよう意識し皮膚を保護する
嘔吐	誘発原因：咳か吐き気か飲食物か 状況：空腹時か食後か 吐物：色，内容，量，嘔吐回数 随伴症状：腹痛，下痢，腹部膨満感，頭痛，咳	・側臥位にして，顔を横に向かせる ・口腔内の不快感を取り除くため，うがいをさせる ・嘔吐後30分程度吐き気がなければ，少量ずつ水分を摂取させる
下痢	便の性状：回数，量，臭い，色調，血液などの混入物の有無 随伴症状：嘔吐，腹痛の程度，腹部膨満感，脱水症状，食欲	・水分を摂取させる ・保温と安静に努める ・臀部がただれやすくなるため，排便ごとに温かいタオルでそっと拭き，

健康の定義
WHO（世界保健機関）は，「単に身体に病気がないとか虚弱でないというだけでなく，肉体的にも精神的にも社会的にも完全に調和のとれたよい状態」と定義している。

バイタルサイン
「生命徴候」と呼ばれ，人が生きている証を示す徴候。体温，脈拍，呼吸，血圧の値をみて判断する。

発疹出現時の皮膚
傷つきやすく細菌が入りやすい状態となる。

側臥位（そくがい）
左右のどちら側か床面につくように横向きに寝かせた姿勢。

			乾燥させるよう心がけ，清潔を保つ
呼吸困難	呼吸状態：出現・持続時間，口呼吸，肩呼吸，努力呼吸，呼吸音（ピーピーやゼーゼー） 随伴症状：顔色，チアノーゼ，誤飲の有無		・温度や湿度を適切に保つ ・寝かせる時は，背部に薄い枕を挿入し姿勢を整える ・チアノーゼが強い場合は，救急搬送する

3．集団生活で起こりやすい感染症

集団生活をするうえでは，感染症の予防と感染の拡大を防ぐことが最も重要とされます。

表3-2 集団生活で起こりやすい感染症

感染症名／感染経路	主な症状と経過	予防方法	登園の目安
麻疹（はしか） ／空気感染 飛沫感染 接触感染	・咳，鼻汁，高熱 ・一時的に解熱が頬粘膜に小斑点が出現する。その後，再度高熱となり耳後部から赤い発疹が下方に広がる。最後の解熱とともに，発疹は色素沈着を残して消失する。	麻疹風疹混合ワクチン（定期予防接種） 1歳以降に接種可能	解熱後3日を経過
風疹 ／飛沫感染 接触感染	・軽い発熱と発疹 ・頸部や耳後部のリンパ節の腫れ ・顔面→頸部→体幹→四肢へと淡紅色の斑状丘疹が出現する。発疹は約3日で消失する。	麻疹風疹混合ワクチン（定期予防接種） 1歳以降に接種可能	発疹の消失
水痘（水ぼうそう） ／空気感染 飛沫感染 接触感染	・紅斑，丘疹，水疱，痂皮化，発熱，掻痒感，倦怠感 ・発疹は，頭皮→体幹→四肢へと広がり，口腔内などの粘膜にも出現する。新しい異なる発疹が次々と出現し，約1週間で軽快する。	水痘弱毒性ワクチン（任意予防接種）	全発疹が痂皮化
流行性耳下腺炎（おたふくかぜ，ムンプス） ／飛沫感染 接触感染	・発熱，耳下腺・顎下腺の腫れ，痛み ・腫脹は約3日で最大となり約10日で消失する。	おたふくかぜ弱毒性ワクチン（任意予防接種）	腫脹出現から5日を経過し全身状態が回復
インフルエンザ ／飛沫感染 接触感染	・急な高熱，悪寒，全身倦怠感，関節・筋肉・頭・咽頭などの痛み，鼻汁・咳嗽などの呼吸器症状 ・約1週間で軽快する。	インフルエンザワクチン（任意予防接種），ロタウイルスワクチンはない。 6か月～13歳未満は，流行前に毎年2回接種	発症後5日を経過し，かつ解熱後2日を経過
感染性胃腸炎（ロタウイルス感染症，ノロウイルス感染症） ／経口感染 接触感染 空気感染	・嘔気，倦怠感，激しい嘔吐・下痢（乳幼児は，白色調であることが多い），軽い発熱 ・ウイルスの潜伏期間は2～3日で，嘔吐・発熱は1～2日，下痢は約1週間で軽快する。	ロタウイルスワクチン（任意予防接種） 手洗い・うがいを励行し，吐物や排泄物を適切に処理する。	嘔吐・下痢などの症状が治まり，普段の食事摂取が可能

チアノーゼ
　血液中の酸素が正常の60％以下になることで，皮膚色が赤紫や異常に白くなるような現象。

感染症
　ウイルスや細菌が体内に入り発病する疾患。

定期接種
　法律（予防接種法や結核予防法）で定められた予防接種。定められた接種期間内であれば，公費負担で受けることができる。

空気感染
　空気中に漂う微細粒子による感染。病原体の漂う空気を吸うだけで感染が起こる。

飛沫感染
　5μm（マイクロメートル）以上の飛沫による感染。分泌物に病原体が含まれており，咳やくしゃみによって拡散し，それを取り込んで感染が起こる。十分な手洗いやマスク着用，数m以上の隔離を維持するだけでも，感染を防げる。

接触感染
　直接的接触，手すりやドアノブなどの物体を介しての間接的接触によって起こる感染。

任意接種
　接種を受ける個人に任されている予防接種で，医学的に重要度が低いという意味ではない。健康保険は適用されないため自己負担となる。

痂皮化
　表皮が再形成されるまでの間，角質などからなる組織が形成されること。

3章 子どもの環境と保育　33

4．保育室内の衛生管理（図3-1）

　子どもは，免疫が少なく抵抗力が弱く感染しやすいため，感染症を拡大させないために，日々の掃除や衛生管理を行うことは重要です。

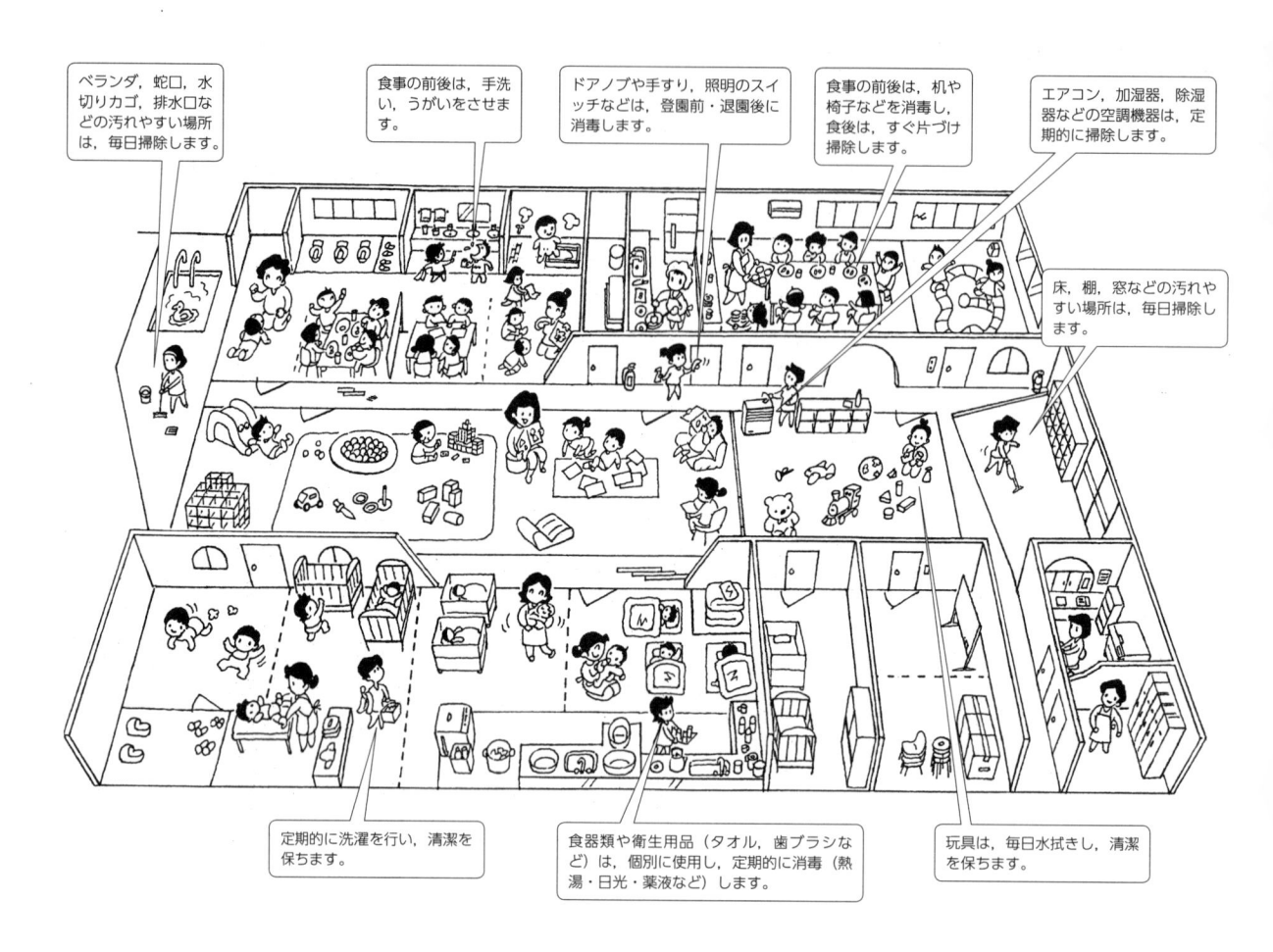

> ベランダ，蛇口，水切りカゴ，排水口などの汚れやすい場所は，毎日掃除します。

> 食事の前後は，手洗い，うがいをさせます。

> ドアノブや手すり，照明のスイッチなどは，登園前・退園後に消毒します。

> 食事の前後は，机や椅子などを消毒し，食後は，すぐ片づけ掃除します。

> エアコン，加湿器，除湿器などの空調機器は，定期的に掃除します。

> 床，棚，窓などの汚れやすい場所は，毎日掃除します。

> 定期的に洗濯を行い，清潔を保ちます。

> 食器類や衛生用品（タオル，歯ブラシなど）は，個別に使用し，定期的に消毒（熱湯・日光・薬液など）します。

> 玩具は，毎日水拭きし，清潔を保ちます。

図3-1　保育室内の衛生管理

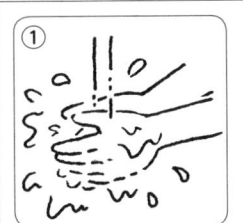

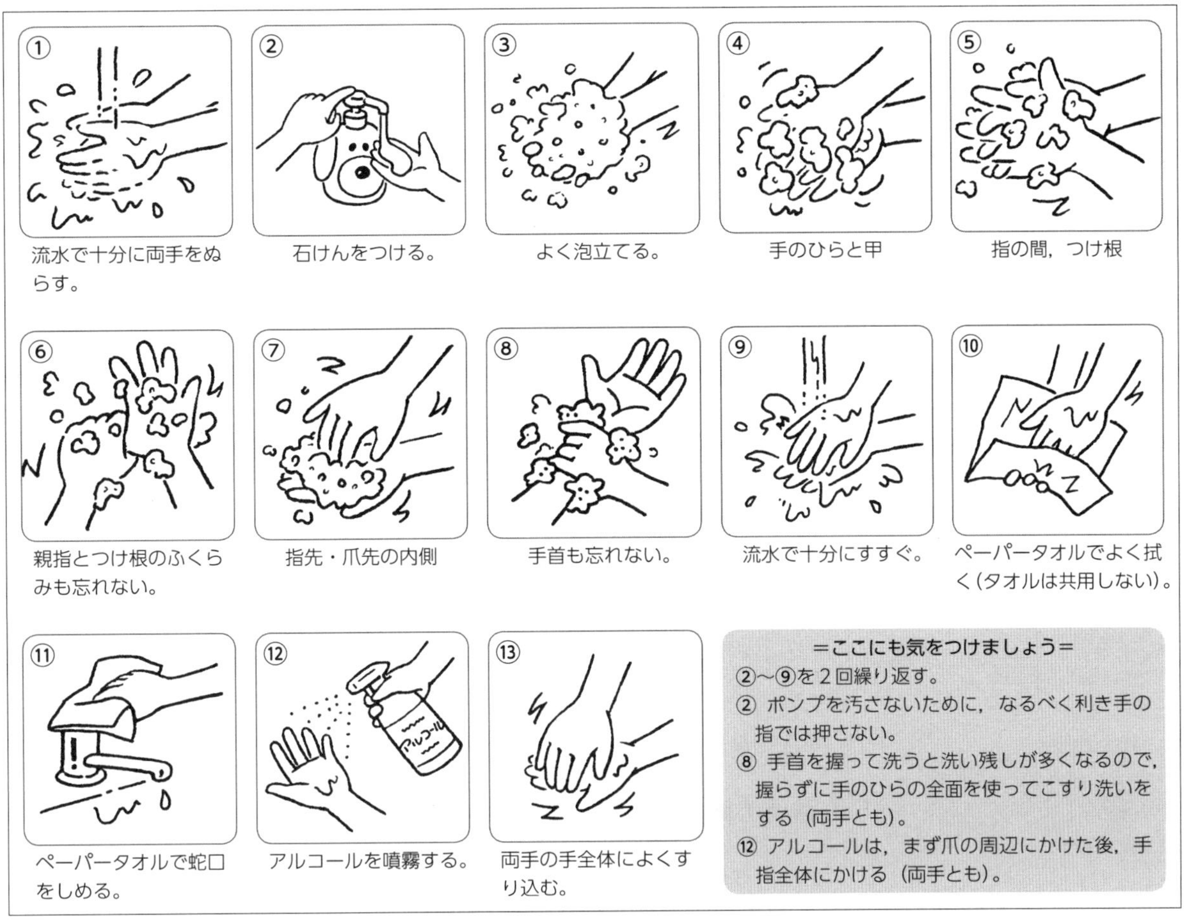

① 流水で十分に両手をぬらす。
② 石けんをつける。
③ よく泡立てる。
④ 手のひらと甲
⑤ 指の間，つけ根
⑥ 親指とつけ根のふくらみも忘れない。
⑦ 指先・爪先の内側
⑧ 手首も忘れない。
⑨ 流水で十分にすすぐ。
⑩ ペーパータオルでよく拭く(タオルは共用しない)。
⑪ ペーパータオルで蛇口をしめる。
⑫ アルコールを噴霧する。
⑬ 両手の手全体によくすり込む。

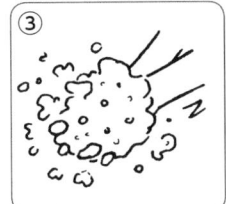

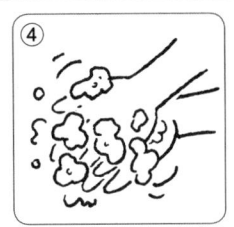

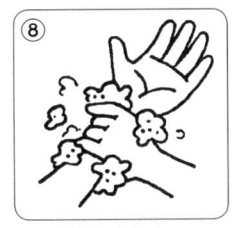

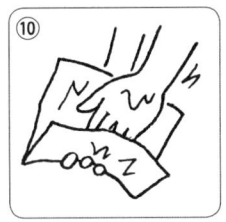

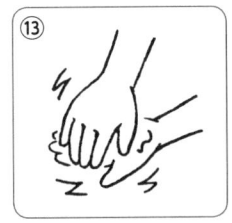

=ここにも気をつけましょう=
②〜⑨を2回繰り返す。
② ポンプを汚さないために，なるべく利き手の指では押さない。
⑧ 手首を握って洗うと洗い残しが多くなるので，握らずに手のひらの全面を使ってこすり洗いをする(両手とも)。
⑫ アルコールは，まず爪の周辺にかけた後，手指全体にかける(両手とも)。

図3－2　手洗いの手順
(参考：公益社団法人　日本食品衛生協会　平成24年度食品衛生指導員巡回指導資料)

① 水を口に含み，強くクチュクチュし，口の中を2〜3回洗い流す。

② 喉の奥の方で5〜10秒くらい，ガラガラとうがいをし，水を吐き出す。これを数回，繰り返す。

子どもにうがいを指導する際は，「あ〜」と声を出すなど，具体的にアドバイスする。

図3－3　うがいのポイント
(参考：健康保険組合連合会　けんぽフォトニュース平成23年11月発行／サンライフ企画)

3章 子どもの環境と保育

(3) 寝具

①布団やタオルケットなどは，毎日洗濯をします。
②布団は，定期的に熱を通して乾燥（乾燥機，日光）させます。
③排泄物や吐物で汚染された場合は，すぐに新しいものに交換します。
④汚れた寝具は，ゴム手袋を着用し，熱湯や薬剤を用いて洗います（二次感染の予防）。

(4) オムツ交換[1]

①交換場所は，食事場所と交差しないように配置します。
②交換時は，使い捨てのゴム手袋を装着します。
③陰部清拭は，拭き方に注意します。
④オムツ廃棄用のゴミ箱は，消毒を徹底します。

男女別のオムツ交換時の清拭のポイント
〈男児の場合〉
①排尿部を拭く。
②陰茎の裏側やしわ・足の付け根などを拭く。
③肛門は最後に丁寧に拭く。
〈女児の場合〉
①必ず前から後ろに向かって拭く（便の細菌が尿道に入ると細菌感染をおこす）。
②陰唇の間も拭く。

(5) トイレ

①トイレ内は，毎日消毒，掃除を徹底します（ドア，便器，洗面台，床，窓，棚，スリッパなど）。
②手洗い後は，個別のタオルやペーパータオルを使用します。

5．職員の衛生管理

①髪は，邪魔にならないように結びます。
②爪は，マニキュアはせず短く切ります。
③宝飾品は外し，華美な化粧や香水の使用は控えます。
④服装は，活動しやすく清潔なものを身につけます。
⑤食事の際は，食事専用のエプロンを着用します。
⑥トイレに入る際は，エプロンを外します。
⑦手洗い・うがいを励行し，体調管理に努めます。

6．子どもの事故の現状

子どもの事故は，日常のあらゆる場面で発生するものです。それには，運動能力や判断力が未熟であるという子どもの特性が関係しています。

表3－3は，厚生労働省の「2013（平成25）年人口動態統計」で集計された子どもの死因順位です。0歳は，先天奇形や周産期に生じる障がいによるものが上位を占めていますが，1歳を超えると，不慮の事故が死因として多くなります（表3－3）。不慮の事故の原因はさまざまですが，0歳では，「窒息」による事故が最多です。その原因には，布団などの寝具や玩具などによる圧迫，

不慮の事故
予測できない思いがけない事故。

溢乳や吐乳にともなう誤嚥，たばこやボタンなどの誤飲です。月齢を重ね，寝返りやハイハイができるようになると転落がみられるようになり，年齢があがり歩行ができるようになると，転倒や衝突などの事故が発生するようになります（表3-4）。

このように，子どもの年齢や発達段階によって，起こりやすい事故の原因や種類は変化します。事故を防止するためには，親を含めた保育者が，発達段階や個々の子どもの特徴を理解する必要があります。そして，危険管理を高めるような組織体制や，子ども自らが危険回避できる力を身につける教育を行うなど，具体策をたてることが重要になります。

溢乳
乳児が授乳後に胃の内容物を胃液や唾液とともに口から吐き出すこと[2]。

吐乳
乳児が乳を大量に吐くこと[2]。

誤嚥
本来消化管にいくべき物質が，気管内に侵入すること。

誤飲
本来口にすべきものでない異物を誤って消化管内に飲み込んでしまうこと。

乳幼児突然死症候群（SIDS）
2005年，厚生労働省は，「それまでの健康状態および既往歴からその死亡が予測できず，しかも死亡状況調査および解剖検査によってもその原因が同定されない，原則として1歳未満の児に死亡をもたらした症候群」と定義した。

窒息
喉や気管に異物がつまり息ができなくなること。

表3-3 2013（平成25）年 子どもの死因順位

年齢	死因 ／ 死亡数（死亡率：人口10万対）			
	第1位	第2位	第3位	第4位
0歳	先天奇形，変形および染色体異常 807（78.4）	周産期に特異的な呼吸障がいなど 308（29.9）	乳幼児突然死症候群 122（11.8）	不慮の事故 89（8.6）
1～4歳	先天奇形，変形および染色体異常 141（3.4）	不慮の事故 109（2.6）	悪性新生物 83（2.0）	心疾患 55（1.3）
5～9歳	不慮の事故 106（2.0）	悪性新生物 104（2.0）	その他の新生物 35（0.7）	心疾患 22（0.4）

表3-4 2013（平成25）年 不慮の事故における死因順位

年齢	死因 ／ 死亡数（死亡率：人口10万対）			
	第1位	第2位	第3位	第4位
0歳	窒息 74（83.1）	交通事故 7（7.9）	溺死および溺水 4（4.5）	その他および詳細不明の要因への配慮の暴露 3（3.4）
1～4歳	交通事故 32（29.4）	窒息 29（26.6）	溺死および溺水 28（25.7）	転倒・転落，煙・火および火災 5（4.6）
5～9歳	交通事故 53（50.0）	溺死および溺水 29（27.4）	窒息 8（7.5）	転倒・転落 7（6.6）

(1) 子どもの事故と救急処置

救急処置の目的は，生命を守り，苦痛や不安をやわらげ，今の状態よりも悪化させないことです。事故が起きた場合は，あわてず落ち着いた態度で，大きな声で人を呼びます。症状や事故の状況（時間，場所など）を正確に観察し，適切な処置を行うことを心がけてください。

3章 子どもの環境と保育

① 外傷

擦り傷（擦過傷）や切り傷（創傷）は，流水でよく洗い流し，傷口の消毒を行います。刺し傷は，傷口が浅い場合は刺さったものを抜き，深い場合はそのままの状態で受診します。打撲傷は，直後は冷湿布や冷たいタオルで冷やし，皮下出血を止めるように働きかけます。皮下出血が止まった後は，循環を促すために温めるのが効果的です。

② 出血

動脈出血は，すぐに救急搬送します。静脈出血や毛細血管出血の場合は，出血部位を心臓よりも高くして止血します。止血の方法は，出血部位に直接清潔なガーゼなどを当てて圧迫します。鼻出血の場合は，座った状態で小鼻から少し上を数分つまむように押さえ，コットンなどを円柱状に巻いた詰め物をして圧迫します。血が喉に流れてきたら吐き出させます。安静と保温に配慮し，止血にかかった時刻を記録します。

③ 熱傷

第1度および第2度の熱傷は，しばらく流水をかけた後に水か氷につけ，痛みがなくなるまで十分に冷やします。水疱ができた場合は，つぶさないように注意し，感染予防に努めます。必要があれば，受診します。第3度の場合は，ただちに救急搬送します。

④ 異物による事故

耳に虫が入った時は，部屋を暗くし，懐中電灯などの光を耳に近づけて，虫を外に誘導します。鼻に異物が入った時は，口を閉じさせ，異物の入っていない方の小鼻を押さえて鼻をかむようにします。それでも取れない場合は，耳鼻科を受診します。目に異物が入った時は，目をこすらないようにして，目薬や水で流すか，清潔なガーゼなどを水で濡らして，静かに取り除きます。喉に異物がつかえた時は，子どもの頭を下方にし，背部の中央を数回強く叩くという方法（背部叩打法）も効果的です（図3-4）。いつ，何を，どの程度摂取したのかを確かめ，子どもの様子を観察します。必要があれば救急搬送します。

図3-4 喉に異物がつかえたときの背部叩打法

出血
出血部位や出血した血管によって止血方法が異なる。

動脈出血
鮮やかな赤色の血液が脈を打つように溢れ出てくる大量出血。

静脈出血，毛細血管出血
暗赤色の血液がダラダラ，ジワジワとゆっくりと出てくる出血。

熱傷の分類
〈第1度〉
皮膚が赤くヒリヒリする。
〈第2度〉
皮膚が赤くなり水泡ができ激しい痛みがともなう。
〈第3度〉
皮膚組織が壊死し，白色や黒く焦げた状態になる。

7. 事故防止のための安全管理

(1) 保育室内における事故防止の対策

　保育者は，環境整備や定期点検を行い，職員間で事故防止対策についての検討会を設けるなど安全管理に努めます。具体的に点検項目・点検日・点検者を定めて，定期的に確認します。

〈確認事項の例〉

備品破損の有無
（窓や扉，壁・手すり，机・椅子など）

通路の整備
（玩具の散乱など）

転倒への配慮
（床が濡れているなど）

外傷の危険性
（鋭利・鋭角な物など）

熱傷への配慮
（暖房器具や熱湯など）

誤嚥・窒息の危険性
（溢乳，電池，ボタン，掛け布団など）

溺水の危険性
（ビニールプールや浴槽の水）

消火器の整備

（坂井としえ）

考え深め話し合おう

1. 子どもに出現しやすい症状を想像して，観察事項や対応を考えてみましょう。
2. 保育室内と保育者の衛生管理のポイントを書き出してみましょう。
3. 保育室内における事故防止の対策について考え，点検表を作成してみましょう。

Note

4 章

保育内容の理解

── この章で考えましょう ──

　保育内容は，保育所保育指針，幼稚園教育要領，認定こども園教育・保育要領などを基本として作成された教育課程や保育課程の中に，保育内容5領域として「健康」「人間関係」「環境」「言葉」「表現」が位置づけられています。

　保育内容5領域は，教育や保育の中で，乳幼児が環境にかかわって，発達をするための具体的な内容を総合的にとらえて，保育実践につなぐ基礎を学んでいきたいものです。保育内容の大きなねらいは，「生きる力」を育てる心情，態度，意欲の育成が柱となります。

　このねらいはあくまで基本であって，年間指導計画，月間指導計画，一日の指導計画では，より具体的に一人ひとりの子どもと集団の育ちをバランスよく計画して乳幼児の発達を保障し，子どもにとって日々の生活が生き生きとしたものとなるように努力していきましょう。

（大橋）

1. 保育内容とは何か

　幼稚園・保育所は，就学前の教育・保育の専門施設であり，人間形成の基礎を培うきわめて重要な役割を担っています。表4－1のように両施設は，相互に内容の整合を図って策定されており，幼稚園教育要領および保育所保育指針に基づいて，教育・保育を行っています。

表4－1　幼稚園と保育所の関係

> 3　保育所の持つ機能のうち，教育に関するものは，幼稚園教育要領に準ずることが望ましいこと。このことは，保育所に収容する幼児のうち幼稚園該当年齢の幼児のみを対象とすること。
>
> 〔文部省・厚生省共同通知（昭和38年）一部抜粋〕

「幼稚園と保育所との関係について」
　前文には人間形成の基礎を培う幼児教育の重要性が認識され，幼稚園および保育士の普及と内容の改善充実の必要が強調されていることにかんがみ，文部，厚生両省においては，幼稚園と保育所との関係について協議を進めた結果…と，6点を提示し幼児教育の振興について通知した。

　保育内容は園生活のすべてを通して指導するものとして，領域という考え方でとらえています。保育内容には大きく養護と教育の二つの働きがあります。養護とは，子どもの生命の保持および情緒の安定を図るために保育士等が行う援助やかかわりであり，教育とは，子どもが健やかに成長し，その活動がより豊かに展開されるための発達の援助であり，「健康」「人間関係」「環境」「言葉」「表現」の5領域から構成されています。それら養護と教育の関係は図4－1のように考えることができます。

発達過程とは
　就学前の子どもの発達をおおむね8区分としてとらえている。同年齢の子どもの均一的な発達の基準ではない。成長の進みは一人ひとり違うが，発達の道筋や順序性は共通している。また，発達のさまざまな側面が相互に関連しながら総合的に発達する特徴がある。
　8区分とは
・おおむね6か月未満
・おおむね6か月から1歳3か月未満
・おおむね1歳3か月から2歳未満
・おおむね2歳
・おおむね3歳
・おおむね4歳
・おおむね5歳
・おおむね6歳

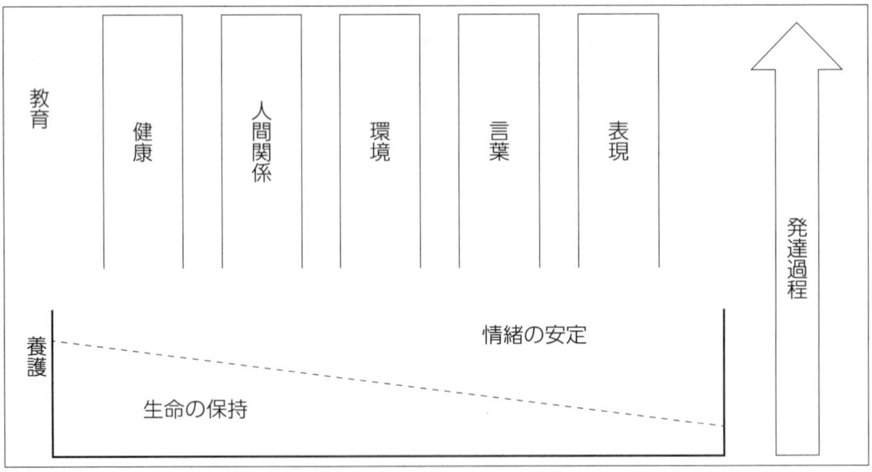

図4－1　養護と教育の関係（保育所保育指針より筆者作成）

　養護，教育の5領域それぞれに「ねらい」と「内容」が示されており，「幼稚園教育要領」「保育所保育指針」「幼保連携型認定こども園教育・保育要領」のいずれにも明記されています。「ねらい」は保育の目標をより具体化したものであり，園で安定した生活や充実した活動ができるように保育者が行わなけ

ればならない事項と園の修了までに，子どもが身につけることが期待される心情・意欲・態度などの事項として示されています。これらは保育者側からは個々の発達をとらえる視点として見ることができます。「内容」は「ねらい」を達成するために保育者が指導または援助し，子どもが環境にかかわって経験し身につけていくことが望まれる事項です。

各領域に示す「ねらい」は子どもが環境にかかわってさまざまな体験を積み重ね，領域が相互に関連しながら達成されるものであることと具体的な活動を通して総合的に指導されるものでなければなりません。そして，実践場面で達成するための具体的な事項を「内容」として示しています。表4－2に養護と教育のねらいを記し，内容は項目数で示します。内容の事項は保育計画をデザインする具体的な事項ですから，要領や指針で確認をしてください。

> 保育のねらいは日々の保育実践を通して子どもに育つことが期待される生きる力の基礎となる，豊かな心情や意欲，態度の3項目で示されている。ねらいをキーワードとしてみることにより，各領域の内容をより具体的に理解できる。

表4－2　養護と教育の「ねらい」と「内容」

養護	ねらい（発達をとらえる視点）	内容（項目数）
生命の保持	① 一人ひとりの子どもが，快適に生活できるようにする。 ② 一人ひとりの子どもが，健康で安全に過ごせるようにする。 ③ 一人ひとりの子どもの生理的欲求が，十分に満たされるようにする。 ④ 一人ひとりの子どもの健康増進が，積極的に図られるようにする。	3
情緒の安定	① 一人ひとりの子どもが，安定感を持って過ごせるようにする。 ② 一人ひとりの子どもが，自分の気持ちを安心して表すことができるようにする。 ③ 一人ひとりの子どもが，周囲から主体として受け止められ主体として育ち，自分を肯定する気持ちが育まれていくようにする。 ④ 一人ひとりの子どもの心身の疲れが癒されるようにする。	4
		7

教育	ねらい（発達をとらえる視点）	内容（項目数）幼　保
健康	(1) 明るくのびのびと行動し，充実感を味わう。 (2) 自分の体を十分に動かし，進んで運動しようとする。 (3) 健康・安全な生活に必要な習慣や態度を身につける。	10　9
人間関係	(1) 幼稚園生活を楽しみ，自分の力で行動することの充実感を味わう。 (2) 進んで身近な人とかかわり，愛情や信頼感をもつ。 (3) 社会生活における望ましい習慣や態度を身につける。	13　14
環境	(1) 身近な環境に親しみ，自然と触れ合う中でさまざまな事象に興味や関心をもつ。 (2) 身近な環境に自分からかかわり，発見を楽しんだり，考えたり，それを生活に取り入れようとする。 (3) 身近な事象を見たり，考えたり，扱ったりする中で，物の性質や数量，文字などに対する感覚を豊かにする。	11　12
言葉	(1) 自分の気持ちを言葉で表現する楽しさを味わう。 (2) 人の言葉や話などをよく聞き，自分の経験したことや考えたことを話し，伝え合う喜びを味わう。 (3) 日常生活に必要な言葉がわかるようになるとともに，絵本や物語に親しみ，先生や友だちと心を通わせる。	10　12
表現	(1) いろいろなものの美しさなどに対する豊かな感性をもつ。 (2) 感じたことや考えたことを自分なりに表現して楽しむ。 (3) 生活の中でイメージを豊かにし，さまざまな表現を楽しむ。	8　10
		52　57

2．保育内容の基準

保育内容はそれぞれの園の教育課程あるいは保育課程に位置づけられ，幼稚園教育要領，保育所保育指針，幼保連携型認定こども園教育・保育要領に基づいて実施されます。図4－2には保育課程におけるとらえ方を示しています。

(1) 保育課程の保育内容

教育課程・保育課程
幼稚園教育または保育所保育の目的や目標を達成するために，教育・保育の内容を子どもの心身の発達に応じて意図的・計画的に組み立てた計画であり，作成が義務づけられている。その園の教育・保育の全体像を示すものである。

保育の計画
保育課程と指導計画を合わせたもの。保育所は保育の計画に基づいて保育し，保育の内容の評価および改善に努め，保育の質の向上を図り，社会的責任を果たさなければならない。

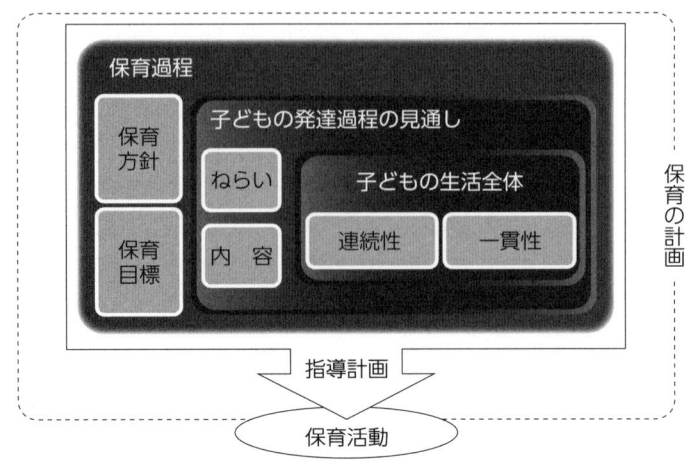

図4－2　保育課程における「ねらい」と「内容」

各保育所の方針や目標に基づき，保育所保育の全体像を描き出したものが保育課程であり，入所しているすべての子ども・家庭・地域の実態，保護者の意向を踏まえ，各保育所の特色，創意工夫を反映させています。そして，保育所保育指針の第2章に示される子どもの発達過程を踏まえ，第3章に示される保育のねらいおよび内容などから編成されています。より具体的なねらいと内容，環境構成，予想される活動，保育者の援助，家庭との連携などを考慮して，指導計画に組み込まれます。ねらいと内容の構成を図4－3に示します。

指導計画
保育課程に基づいて，保育目標や保育方針を具体化する実践計画である。

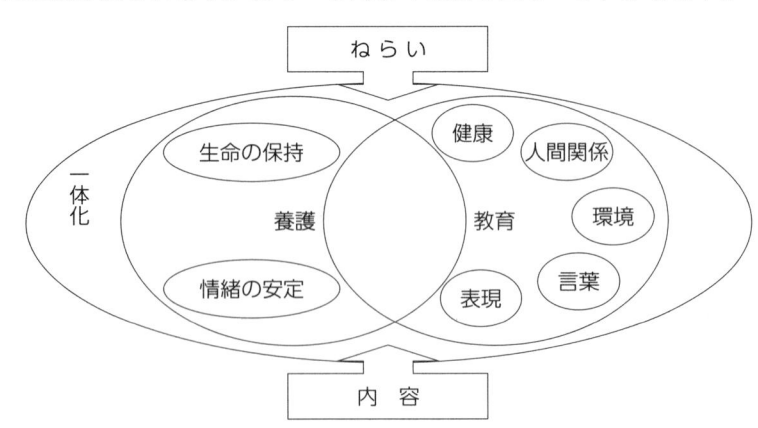

図4－3　保育内容の「ねらい」と「内容」の構成

(2) 教育課程の保育内容

教育課程の中では、「ねらい」や「内容」はどのようにとらえられているのでしょうか。幼稚園教育要領 第1章総則 第2教育課程の編成には表4－3のように明記されています。

表4－3 幼稚園教育要領 第1章 総則 第2 教育課程

> 第2　教育課程の編成
> 1　幼稚園生活の全体を通して第2章に示すねらいが総合的に達成されるよう、教育課程に係る教育期間や幼児の生活経験や発達の過程などを考慮して具体的<u>なねらいと内容を組織しなければならないこと</u>。この場合においては、特に、自我が芽生え、他者の存在を意識し、自己を抑制しようとする気持ちが生まれる幼児期の発達の特性を踏まえ、入園から修了に至るまでの長期的な視野をもって充実した生活が展開できるように配慮しなければならないこと。

（下線は著者加筆）

幼稚園教育要領解説によれば、各領域に示されている「ねらい」と「内容」は、幼稚園教育の全体を見通しながら幼児の発達の側面を取り上げたねらいや内容であり、幼稚園教育の全期間を通して育てるものであると記しています。したがって、一人ひとりの幼児の発達を適切にとらえ、そこで展開されるあそびや活動（生活）に応じて具体化したねらいや内容を設定する必要があります。また、具体的なねらいと内容を組織するには、幼児の発達の道筋である発達の過程を知ることを基盤としています。そこでどのような経験をしていくのか、また教育目標の達成に向けて修了までにどのような指導をしなければならないのかを、各領域に示す事項に基づいて明確にしていく必要があります。また、それら5領域が総合的に指導され、達成されるようにしなければならないのです。

幼児の経験
一人ひとりの育ちの背景が異なることや発達の違いが大きいこと、家庭環境も異なることから経験する内容もさまざまであるため、十分な配慮が必要である。

(3) 幼保連携型認定こども園の保育内容

幼保連携型認定こども園においても、各領域に示す「ねらい」は生活全体を通じ、園児がさまざまな体験を積み重ねる中で相互に関連をもちながら達成すること、内容は園児が環境にかかわって展開する具体的な活動を通して総合的に指導されるものであることとしています。また、「ねらい」および「内容」は主に教育にかかわるものになっています。

3．保育内容としての「領域」

(1)「領域」の考え方

「領域」は保育における幼児の育ち（発達）をとらえる視点と考えてよいでし

領域と教科
幼稚園や保育所では小学校のように系統化された教科として指導されることはない。あそびの中に5領域が包括され、総合的になされる。

ょう。幼児の生活はあそびであり，そこには領域という区分はありません。領域は保育者が保育内容を展開するためのものとして発達の側面から5つに分けて示されています。それらを総称して5領域と呼んでいます。

> 各領域に示すねらいは，幼稚園における生活の全体を通じ，幼児が様々な体験を積み重ねる中で相互に関連をもちながら次第に達成に向かうものであること，内容は，幼児が環境にかかわって展開する具体的な活動を通して総合的に指導されるものであることに留意しなければならない。（幼稚園教育要領 第2章 第1節）

また，保育所保育指針第3章では，養護と教育が一体となって展開されるとして教育を5領域で構成しています。

(2) 5領域とは

幼稚園教育要領や保育所保育指針，幼保連携型認定こども園教育・保育要領の中では，幼児期の発達の側面から，人として幼児期に最も養わなければならない力として，表4-4に示す「健康」「人間関係」「環境」「言葉」「表現」の5領域として記しています。いずれにおいても整合性が図られています。

保育内容の変遷

明治期〜遊戯・唱歌・談話・手技

大正期〜遊戯・唱歌・観察・談話・手技（5項目）

昭和23年〜見学・リズム・休息・自由遊び・音楽・お話・絵画・製作・自然観察・ごっこ遊び，劇遊び，人形芝居・健康保育・年中行事（12項目）

昭和31年〜健康・社会・自然・言語・音楽リズム・絵画製作（6領域）

平成元年〜健康・人間関係・環境・言葉・表現（5領域）

表4-4　幼稚園教育要領と保育所保育指針の5領域

心身の健康に関する領域	健康	健康な心と体を育て，自ら健康で安全な生活をつくり出す力を養う。
人とのかかわりに関する領域	人間関係	他の人々と親しみ，支え合って生活するために，自立心を育て，人とかかわる力を養う。
身近な環境とかかわりに関する領域	環境	周囲のさまざまな環境に好奇心や探求心をもってかかわり，それらを生活に取り入れていこうとする力を養う。
言葉の獲得に関する領域	言葉	経験したことや考えたことなどを自分なりの言葉で表現し，相手の話す言葉を聞こうとする意欲や態度を育て，言葉に対する感覚や言葉で表現する力を養う。
感性と表現に関する領域	表現	感じたことや考えたことを自分なりに表現することを通して，豊かな感性や表現する力を養い，創造性を豊かにする。

5つの窓口からあそびの中で一人ひとりの子どもの発達を，保育者が援助する時の視点，環境を構成する時の視点として見ることを基本としています。小学校の教科のように別々に展開されるのではなく，相互的に，総合的に展開されなければなりません。

また，各領域には子どもの心情・意欲・態度などを観点とした3項目の「ねらい」が示されており，その「ねらい」を達成するために指導する事項として「内容」と「内容の取り扱い」の構成になっています。

4．保育内容としての経験や活動

　幼児期における子どものあそびや活動には，これからの成長に必要な体験がたくさん含まれています。幼稚園や保育所の生活を通して，子どもの健やかな発達・成長を促すための体験すべてを考えなければなりません。

　人格形成の基礎を培うという大切な時期が幼児期であるとされていますから，保育内容については，あそびを通して人格形成がなされるという視点から構成することが重要です。つまり，そこには子どものあそびや体験の総合として，保育・教育観が具現化されていると押さえてもよいでしょう。

　子どもの自発的な活動やあそび（体験）を重視し，その内容がより充実するように保育者が「援助」を行うことで，ねらいが達成されます。1948（昭和23）年に文部省の『保育要領―幼児教育の手びき―』には，保育内容は12項目とされ，楽しい経験の自由あそびを主体とした考えがありました。子どものあそびは自発的で楽しい活動，魅力ある経験であることはいうまでもありません。

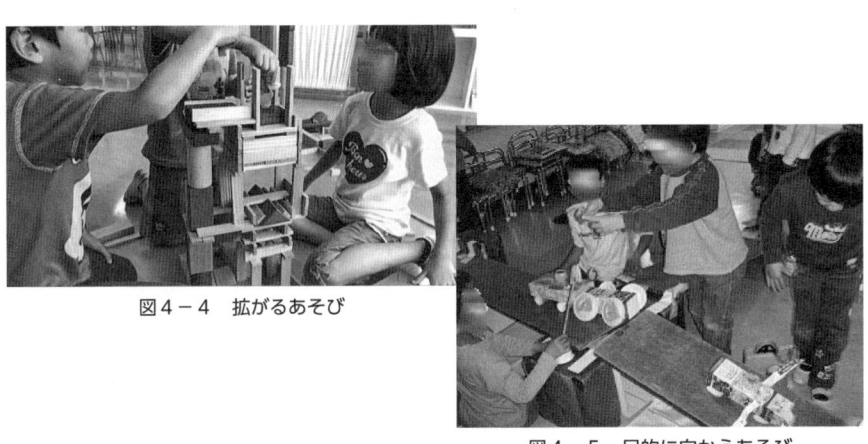

図4-4　拡がるあそび

図4-5　目的に向かうあそび

　あそびには5領域にみられるいろいろな力が含まれています。子どもはあそびを通し，友だちや周りの大人，もの（＝環境）に自由に働きかけ，知識や生活の術，社会性などを自らがかかわって学び，育ちます。ですから，保育者は子どもの興味や関心，好奇心，達成感，満足感，充実感を満たすための環境を構成し，タイミングよく提供したり，しかけたりすることで，子どもの活動がより豊かに，深められます。子どもにとってあそびは生きていくための原動力です。保育者は保育内容が子どもの育ちにどのような意味合いをもっているのかを理解し確認しながらかかわることが重要です。

保育要領―幼児教育の手びき―

　戦前までの恩物重視の幼稚園教育を強く否定した倉橋惣三らにより執筆された。幼児期の独自性を強調し，生活や経験に基づく保育を重視し，幼稚園における幼児の生活は自由なあそびを主とするから，一日を特定の作業や活動の時間に細かく分けて，日課を決めることは望ましくないとして，一日を自由に過ごして思うままに楽しく活動できることが望ましいとした。保育内容の副題は「楽しい幼児の経験」として前述のように12項目が示された。

あそびを通して育つもの

　子ども同士でさまざまなあそびを楽しむようになると好きな友だちと一緒にあそび，徐々に集団的なあそびに発展し拡がっていく。協働的なあそびの中で一緒に活動する楽しさや仲間意識の芽生えがあり，心を成長させていく。友だちとの関係で葛藤，我慢を経験しながら自己発揮できるようになる。
　集団のあそびでは自分たちでルールを考え，より楽しくなるようにあそびを展開していく。

5．保育内容としての環境

(1) 保育における環境とは

　幼児期の特徴は，生活すべてがあそびであることです。あそびを通して自分の身近なさまざまなものや事象へ興味・関心を広げ，さらに親から友だち，周囲の大人へとかかわりを拡げていきます。子どもにとってあそびは学びでもあるのです。この時期に必要な経験を積み重ねていくことの重要性は保育内容でも触れていますが，「ねらい」と「内容」が展開されるには，計画的に環境を設定することが保育者には求められます。つまり幼児が主体的にかかわり，働きかけたくなる状況を，保育者が意図的につくり環境を構成するのです。保育の環境は多岐にわたり，子どもを取り巻くすべてと関連しています。特に幼児期は心身の発達が著しく，環境からの影響を大きく受ける時期であり，環境との相互作用の中で子どもの成長・発達がなされます。ですから，保育・教育の基本は「環境を通して行う」ことになるのです。子どもの発達を支える保育の環境は人，物，ことの三つに分類されています。

　① 人：人的環境

　保育者や子どもなどを意味しています。信頼のおける保育者は保護者の代わりとして，子どもの心をしっかり受け止めて理解し安心できる存在です。友だちは，同年齢・異年齢であそぶ仲間であるとともに，教え合ったり，主張したり思いやったりと人間関係を学ぶ絶好の機会にもなります。また，行事などで出会う地域の人々とのかかわりも子どもにとっては大切な人的環境です。

　② もの：物的環境

　子どもが生活する施設・設備やあそぶための遊具をはじめ，子どもの周りに存在するすべてのものが含まれます。情緒が安定するような空間，時間，いろいろな素材や材料など具体的に考えることが必要になってきます。

　③ こと：事象

　子どもの身近で起きるさまざまな自然や社会の出来事です。季節の移ろいや動植物の変化，運動会や発表会など園の行事などが考えられます。

　人，物，ことの三つが相互に関連し合って保育の環境が構成されます。保育者は子どもの発達の状況と興味・関心に合わせた，子どもの成長にふさわしい環境を構成することが大切です。

　幼児期の特徴を生かし，子どもの生活が豊かに展開するための視点をもって環境をデザインすることが重要になります。

（原子はるみ）

あそびは学び

　子どもにとって生活や活動はあそびそのものである。周りの大人を見てまねすることから始まり，友だちのまねをしたり，自らが動き出したりする。さまざまな不思議に出会い，感動し，また新たな発見をする（知的好奇心）。社会性の芽生えである，友だちとの関係もあそびの中で知り，他者との関係を築く。自分自身の経験や体験を基にして，すぐには見えないさまざまな力の芽を一生懸命に培っているのである。これらは，後伸びする力の貯え期ともいえる。

考え深め話し合おう

1. 「幼稚園教育要領」「保育所保育指針」「幼保連携型認定こども園教育・保育要領」に記されている5領域の「内容」を読み，比較してみましょう。
2. 「養護と教育が一体的に行われる」とはどのようなことかを保育の実際の場面で考えてみましょう。
3. 環境を通して行う保育とはどのようなことか，具体例をあげて述べてみましょう。

Note

コラム　現場から見た保育原理 ③

保育内容の理解

　どの子も乳幼児期にみな平等に経験を積むことが大切で，保育内容は，保育現場によって多くの違いが出ないように国が定めた「保育所保育指針」や「幼稚園教育要領」「幼保連携型認定こども園教育・保育要領」に保育内容の基準が示されています。そこには保育や教育の概略が書かれており，どのような経験を通してそれらを体験させるのかという具体的な方法論は，多くの場合，現場の独自性にゆだねられています。

　乳児クラスでは，一人ひとりをよく観察し，日々の変化や成長を保護者に伝え，成長をともに喜ぶ姿勢と，子どもが保育者に対して全信頼を置くような密接な関係が求められます。

　自我の強くなってきた子どもには，一人ひとり丁寧に向き合い，子どもの気持ちに寄り添いながら集団としての調和を図ることが求められます。自我の強くなってくる年齢は，ささいな日常の中にさえ，人間同士（大人同士も小人同士も）のぶつかりやそれにともなうケガが増加しやすくなります。自我をわがままととらえずに，一人ひとりの子どもの心の葛藤を大切にし，丁寧に向き合う，小さくてもきちんと説明するなどの対応をすることで，その子は，自分と他人は違うんだということを学びます。心の教育の大切な部分なので，大切にかかわりたいですね。

　保育の具体的な内容は，子どもが自由活動の中で発見したことを契機として始まることもありますし，保育者が子どもの育ちに必要と考えた意図的な保育によって展開される場合もあります。

　保育内容は，養護と教育が一体となって運営され，子どもの情緒が安定する援助と，教育とされる「環境」「人間関係」「表現」「言葉」「健康」の5領域からなっています。5領域は小学校家庭科のように教科的に扱うのではなく，5領域が関連をもちながら総合的に計画され，実践されることが望まれます。

　例えば，教育的内容の視点から考えた「鯉のぼり」の製作を5歳児がするとします。製作の行為自体は「表現」，安全に配慮して物を扱うことは「健康」，製作活動を通して発生する人とのやり取りは「人間関係」，子どもの日という行事を意識するならば「環境」といった具合に，ひとつの内容に複数の領域が重複します。それらを意識して保育を進めていくようにしましょう。

　保育では，設定した内容を進めて終わらせるだけではなく，総合的に取り組み，それらを通して子どもの内面を育てていくことが目的となっていきます。

（塩田寿美江）

5 章
幼稚園と保育所のカリキュラム

=== この章で考えましょう ===

　カリキュラムは Course of Study といわれています。「学習のすじ道」，この考え方は小学校以上の子どもにあてはまります。幼稚園・保育所の子どもにとって，カリキュラムとはどのような意味があるのでしょう。

　入園してから卒園までに子どもがどのような過程で育っていくのか，それは日々の積み重ねです。入園式で，先生の話が聞けない，席に座っていることが難しい子どもが，卒園式では人が変わったような子どもになります。

　発達課題（developmental tasks）をカリキュラムに沿って，下から着実に積み上げることによって，望ましい成長を歩むことができます。広い視野でカリキュラムの意義と目的を考えることができる保育者になりましょう。

(上野)

1節 カリキュラムとは

1. カリキュラムの歴史

(1) カリキュラムの始まりと発展

① カリキュラムの語源

カリキュラムは、英語のcurriculumの訳ですが、語源は、ラテン語で「走る」を意味する「currere」という言葉です。その後、「走る道（コース）」のことを意味するようになっていき、学校教育に用いられるようになったのは、16世紀頃のヨーロッパからといわれています。

② 学校教育でのカリキュラム

学校教育では、基本的に教育目標に基づいた内容の配列を意味しており、教師が、子どもに決められた学習のコースを外れることなく走ることを求める考え方が主流でしたが、教育を受ける子どもの側に立ち、子どもの主体的な学びを探求する児童中心主義の考え方が、19世紀後半から20世紀にかけて広まりました。そのような考え方に基づきデューイが開発したのが、子どもの興味、生活や経験を重視するカリキュラムです。20世紀に入ると科学の最新の成果を体系的に学校教育に取り入れるブルーナーを代表する考え方が取り入れられ、さらに20世紀後半になると人間性豊かな教育をめざすカリキュラム、21世紀には知識基盤社会、グローバル社会に対応し、持続可能な社会づくりの担い手を育むための教育（ESD）をめざしたカリキュラムが求められています。

(2) 日本の幼児教育におけるカリキュラム

日本の幼児教育は、恩物を中心としたフレーベル主義の導入から始まりました。その後、倉橋惣三により幼児の生活やあそびを重視した保育が提唱され、戦後はアメリカの経験主義カリキュラムの影響を受けました。さらに、小学校の教科主義的な傾向を経て、現代は子ども中心のカリキュラムが求められています。世界的なカリキュラムに対する考え方の影響を受け、日本のカリキュラムへの考え方が変遷し、それにともない幼児教育におけるカリキュラムも移り変わっていくという歴史があります。

デューイ
(Dewey, John. 1859～1952)
アメリカの哲学者、教育思想家。シカゴ大学に「実験学校」を開設し、子どもを学習の主体としてとらえ、主体と環境の相互作用を経験と呼び、経験の再構成の連続的過程を教育の本質とした。著書には『学校と社会』(1900)、『民主主義と教育』(1916)等がある。デューイの新教育は各国に影響を与えた。

ブルーナー
(Bruner, Jerome. 1915～)
アメリカの心理学者。共著としてまとめた『思考の研究』(1956)はその後の認知心理学の発展の基礎となっている。年齢にとらわれた発達観、レディネス論などを激しく批判し、どの教科でもどの年齢のどの子どもにも知的性格を保ち効果的に教えられると主張した。

知識基盤社会
2005（平成17）年の中央教育審議会答申「我が国の高等教育の将来像」では、「21世紀は、新しい知識・情報・技術が政治・経済・文化をはじめ社会のあらゆる領域での活動の基盤として飛躍的に重要性を増す、いわゆる『知識基盤社会』(knowledge-based society)の時代である」としている。また、「知識基盤社会」の特質として、「1．知識には国境がなく、グローバル化が一層進む、2．知識は日進月歩であり、競争と技術革新が絶え間なく生まれる、3．知識の進展は旧来のパラダイムの転換を伴うことが多く、幅広い知識と柔軟な思考力に基づく判断が一層重要となる、4．性別や年齢を問わず参画することが促進される」をあげている。

2．カリキュラムの意義

(1) カリキュラムはなぜ必要か

① カリキュラムがなかったら？

もし，カリキュラムがなかったらどうなるでしょうか。確かにベテランの保育者であれば自然と体が動き保育ができるでしょう。子どもは自ら育つ存在であり大人がわざわざ計画をしなくてもよいという考えもあるかもしれません。ですが，それではいきあたりばったり保育，放任（無責任）保育になってしまいます。子どもの発達を保障し，保育の見通しをもつためにカリキュラムは必要です。また，カリキュラムがあることによって，子どもの興味・関心をとらえ，発達に必要な環境を整え，適切な援助をするにはどうすればよいか共通理解が図られ，独りよがりではなく組織的に協力することができます。そして，計画や実践を振り返り，よりよい保育につなげていくことができるのです。

② 見えるカリキュラムと隠れたカリキュラム

明文化されたカリキュラムのことを見えるカリキュラム「顕在的カリキュラム」と呼びます。それに対して，目に見えない（見えにくい）隠れたカリキュラムを「潜在的カリキュラム」と呼びます。日本では，カリキュラムのことを「教育課程」と訳し，顕在的カリキュラムを指す場合が多いでしょう。ですが，目に見えない園の雰囲気・文化や無意識に現れる教育的意図（子ども観や保育観）も潜在的カリキュラムとして子どもの育ちに影響を与えます。

(2) カリキュラムの考え方

① 内容を重視する考え方

教育内容を「教科」のようにまとまりとしてとらえ，発達段階に合わせ「系統的」に配当していく考え方です。「～できる」「～させる」といった言葉を使うカリキュラムが代表的でしょう。小学校以降では一般的な考えです。

② 経験を重視する考え方

子どもの興味・関心から生まれる活動の中で得る経験を通して学ぶことを重視した考え方です。子どもの主体性を大切にして自由なあそびを中心に展開するカリキュラムです。

③ 今求められるカリキュラム

子どもが「現在を最もよく生き，望ましい未来をつくり出すための力の基礎を培う」ためには，先の①②の考え方を整理し，保育を構造化した保育カリキュラム観が必要になります。次節では，具体的に例をあげ説明していきます。

持続可能な社会づくりの担い手を育むための教育（ESD）

ESDはEducation for Sustainable Developmentの略で「持続可能な開発のための教育」である。世界の環境，貧困，人権，平和，開発といったさまざまな現代社会の課題を自らの問題としてとらえ，身近なところから取り組む（think globally, act locally）ことにより，それらの課題の解決につながる新たな価値観や行動を生み出すこと，そしてそれによって持続可能な社会を創造していくことをめざす学習や活動である。

5章 幼稚園と保育所のカリキュラム

2節　教育・保育課程と長期指導計画

1．教育課程・保育課程の違いと意義

(1) 教育課程と保育課程

①　教育課程とは

　教育課程は，幼稚園における全体的な計画のことです。「幼稚園教育要領」に，「各幼稚園においては，…（中略）…，創意工夫を生かし，幼児の心身の発達と幼稚園及び地域の実態に即応した適切な教育課程を編成するものとする」とあります。

②　保育課程とは

　保育課程は，保育所における全体的な計画のことです。「保育所保育指針」に，「保育所は，第1章（総則）に示された保育の目標を達成するために，保育の基本となる『保育課程』を編成する」とあります。

(2) 教育課程と保育課程の関係

①　共通点

　教育課程と保育課程のどちらも，各園に一つしかない全体的な計画であり，他の計画の基本となります。在園しているすべての子どもが園生活の全体を通して安定した生活を送り，充実した活動ができるよう長期的な視野をもって，柔軟で発展的なものとし，一貫性のあるものとすることが求められます。

②　違い

　教育課程は幼稚園で編成されるので，満3歳児から5歳児までの発達，保育課程は保育所で編成されるので0歳児から5歳児までの発達を見通して編成されます。教育課程に追加して保育課程には養護（保育士等が行う事項）や子育て支援，食育，保健，安全面に関することが書かれていることが多いでしょう。

(3) 教育課程と保育課程の意義

　全体的な計画があることによって，園生活全体を通した子どもの発達の連続性をとらえることができます。また園（所）長の責任のもと，全職員が参画して編成することにより，共通理解と協力体制の構築が図られていきます。

2. 教育課程・保育課程の編成

(1) 教育課程・保育課程の基本

① 編成の基本

乳幼児期の教育は義務教育およびその後の教育の基礎を培うものです。これは，幼稚園も保育所も同様です。子どもの教育について第一義的責任を有している家庭との連携を図りつつ，義務教育も含め生涯にわたる教育の基礎を培うことを根底に据えて編成します。

② 編成の原則

国公私立を問わず，公教育の立場に立って，法令に基づき編成します。園長の責任のもと，全職員が協力し，子どもの心身の発達，園の実態，地域の実態を踏まえて，創意工夫を生かし特色あるものとして編成します。

(2) 教育課程・保育課程の編成の実際

保育課程編成の手順を「保育所保育指針解説書」の例をもとに示します。教育課程編成も同様の流れです。

① 保育所保育の基本の共通理解

まず保育所保育指針や同解説書，児童憲章，児童福祉法，児童に関する権利条約等について職員間で共通理解を図ります（幼稚園では教育基本法，学校教育法，幼稚園教育要領，同解説等）。

② 子ども・家庭・地域の実態，保護者の意向の把握

各園で子ども・家庭・地域の実態は違いがあります。子どもの最善の利益を第一にしながら保護者の思いも受け止めつつ編成します。

③ 理念，目標，方針等についての共通理解

園で大切にする保育理念・目標・方針について話し合い共通理解するプロセスを経て特色を生かし創意工夫して編成することが求められます。

④ 発達の特性や連続性

子どもの発達の特性を踏まえ，発達過程を見通した一貫性と一人ひとりの子どもの状況に応じた応答的な環境の構成や援助を行う柔軟性を大切にします。

⑤ 一人ひとりの子どもにふさわしい生活

保育時間や在所期間，子どもの発達や心身の状態および家庭の状況に配慮して，その子にふさわしい生活の中で保育の目標が達成されるようにします。

⑥ 省察・評価・改善

保育課程に基づいた保育の経過や結果を省察，評価し，次の保育課程の編成に生かします。

表5−1 「保育課程」具体例

(平成27年度　保育課程　ミドリ第二保育園)

	保育理念 (事業運営方針)	・たくさんの緑の中で明るく健康でたくましく，表現力豊かで思いやりの心をもった子をめざします		
	保育方針	・戸外あそびを通して自然に親しみながら身体を動かす　・たくさんの人や物と触れ合い，相手の気持ちになって考える ・さまざまな体験を通して自己発揮する　・地域に密着した保育園をめざします		
	☆発達過程 ・8つの発達段階を前提条件としている子ども一人ひとりの成長段階を踏まえたうえで養護と教育が一体となって展開する	☆社会的責務 ・児童福祉施設として子育て，家庭，地域に対し保育園の役割を果たす ・地域交流・個人情報保護・苦情処理解決・説明責任 ・地域の実態と事業（一時保育・延長保育）		
	保育内容	0歳	1歳	2歳
養護	生命の保持	・一人ひとりの生活リズムが安定するように配慮する	・保育士との安心できる信頼関係を築き規則的な生活リズムをつくる	・生活やあそびの中で自我が育つようなかかわりをもつ ・気候に応じて健康管理をする
	情緒の安定	・人への基本的信頼関係が芽生えるように発達過程を的確に把握し，応答的な触れ合いや言葉がけを行う	・スキンシップにより，保育士とのかかわりの心地よさや安心感を感じられるようにする	・安心して園生活を過ごせるよう，一人ひとりに寄り添い共感しながら，よりよい信頼関係を築いていく
教育	健康	・清潔になることの心地よさを感じる ・身体発達，運動発達を育む	・歩行の確立，運動機能の発達がみられ，活動範囲を広げて好きなあそびに取り組む ・簡単なことを自分でしようとする気持ちが芽生える	・生活やあそびの中で順番を待つなどの決まりがあることを知る ・さまざまな友だちとあそぶことで楽しさを共有する
	人間関係	・特定の保育士とのかかわりにより信頼関係が生まれる	・保育士や友だちに関心をもち，まねをしたり自分からかかわろうとする	・特定の保育士とのかかわりにより信頼関係が生まれる
	環境	・安心できる人的環境，物的環境の中で感覚の働きを豊かにする	・自分の好きな玩具，遊具を見つけ，全身を使ってじっくりあそべるようになる	・自然と触れ合う中で好奇心や探究心が生まれる
	言葉	・語りかけられることにより声を出したり応えようとする中で感情を表現する	・さまざまな経験を通したくさんの言葉を知る ・身近な人と簡単な言葉のやりとりを楽しむ ・自分の気持ちを相手に伝える	・身近な人との言葉のやりとりを通し，語彙の獲得，言葉で表現する喜びを味わう
	表現	・全身で感触を楽しみ，感性を育む	・さまざまな活動に取り組むことで，五感を使いイメージを豊かにする	・保育士や友だちとあそぶ中で感じたことを自分なりにイメージをふくらませ，楽しんであそぶ
食育	食を営む力の基礎	・食べることに興味をもつ	・さまざまな食事を楽しむ	・意欲的に食べる
	保育士の配慮	・個々の発達を理解しそれに応じたかかわりをし，信頼関係を築き情緒が安定するようにかかわっていく ・一人ひとりを受け止め，生活リズムを把握し個々に応じたかかわりや援助ができるようにする ・家庭と同じ雰囲気で過ごすことができるよう十分な連携をとる ・清潔で安全な環境を整えていく ・発達に応じたあそびができるようにし，それを促していくことができるようにする ・一人ひとりとていねいにかかわり，感情や感性が育っていくようにする	・1対1のかかわりをもち，情緒の安定を図るとともに，個々の生活リズムを整えていく ・子どもの言葉をやさしく受け止め，温かい言葉をかけながら，やり取りを豊かにする ・歩行の発達にともない，行動範囲が広がり，探索活動が活発になってくるので，安全性に十分に留意した環境を心がける ・一人ひとりの発達過程やその連続性を踏まえ，ねらいや内容を柔軟に取り入れて保育する ・発達に応じて環境も変えていく ・保育士とかかわりをもつ中で，自分の存在を認められ，友だちや周囲の人に興味をもてるようにする ・生活面やあそびの面でさまざまな活動を提供し楽しい雰囲気の中で取り組めるようにする	・さまざまな活動を通し，友だちとかかわることの楽しさを知る ・さまざまな人とのかかわりの中，トラブルが生じた時は保育士が仲立ちとなり，かかわり方を伝えていく ・一人ひとりの子どもの目線になって接し，スキンシップをとったり，言葉を交わし，安定した信頼関係を築く ・事故防止に努め，活動・生活において安心・安全な環境設定をする ・楽しく食事ができる環境づくりに心がけ，実際に野菜を見たり，名称を知らせるなど，興味・関心が高まるようにする ・保育士との安定したかかわりの中で個々のペースを大切にし，落ち着いた雰囲気の中で基本的生活習慣を身につけられるように援助する
	家庭・地域 との連携	・入園時，継続児に前期個別懇談実施，給食試食会，日々の保育の意図や疾病についての健康管理等の情報交換をする ・おたより，ホームページを通して園内の子どもの様子を公開し，共通理解をもつ ・園行事の参加を，おたより，ポスターなどで周知する ・園外清掃，日々の挨拶などを通して地域と親密にかかわる ・入園式の際，途中入園児も参加する		
	健康支援	・健康・発達　・発育の把握，家庭生活　・養護状態の把握　・年間保健計画　・内科・歯科検診		
	安全・事故防止	毎月避難訓練，年2回消防署査察・点検・消火訓練，年1回交通安全教室		
	保護者， 地域支援	・保護者の意向や気持ちの受け止め，相互の信頼関係を基本に，保護者一人ひとりの自己決定を尊重する ・保護者や子どものプライバシーの保護，子育て支援に関する地域の関係機関，団体等との連携および協力を図る　・登降園児の交通整理 ・一時保育・延長保育　・統合保育　・子どもの最善の利益　・前期，後期保育参観　・個人面談　・中学生との交流会 ・中学生キャリア体験		
	環境・衛生管理	毎月施設内の設備点検・安全管理および自主点検，ぎょう虫検査，職員毎月検便		

・保護者や地域との信頼関係を築き安心できる環境のもとで，ともに子どもの成長を喜び合う保育園をめざします

保育目標	健康な体力づくり〜園外活動を通してのびのびと楽しく元気にあそび，丈夫な身体をつくります みんなの"WA"〜思いやりの輪，友だちの和，地域の輪，みんなの"WA"を大切にします

☆主な行事 ・入園式　・親子バス遠足　・ちびっこなつまつり　・運動会 ・おじいちゃん，おばあちゃんの日の会　・クリスマス表現会 ・ちびっこ新年会　・地域交流会　・卒園式	☆園の特色 ・派遣講師によるかきかた・英語教室（年長）・体育教室（年長・年中） ・充実した未満児保育（担当制） ・地域貢献

3歳	4歳	5歳
・自分でできることに喜びをもちながら，生活に必要な基本的生活習慣を身につけられるようにする ・自分の体調の変化を保育士に伝えられるようにする	・自らの体調に気づき伝えられるようにする ・生活に必要な基本的な力を身につけられるようにする	・運動と休息のバランスや調和を図りながら基本的生活習慣を身につけられるようにする
・一人ひとりの欲求を十分満たし，安定を図る ・探索意欲が高められるよう見守り，主体的活動に取り組めるようにする ・個々の成長を認め自信をもって生活できるようにする	・いろいろな経験を通し自信をもつことができるようにする ・保育士や友だちとのかかわりを深めていくことができるようにする	・たくさんの人と触れ合う中で信頼関係を築き，安心感をもって自己を十分に発揮することができるようにする ・達成感や自信をもつことで，充実感を味わい喜びを味わうことができるようにする
・生活に必要ないろいろな活動を自分でしようとする ・さまざまな運動あそびを楽しむ	・いろいろな活動を通して挑戦心をもつ ・運動量が増し，活発に活動する	・あそびを発展させるために自分たちで考え判断をし，危険な場所やあそび方を知り，調整しようとする態度が身につく ・五感で感じたことを想像しながらあそぼうとする
・友だちと簡単なルールのあるあそびをする中でルールを守る ・友だちとのかかわりを深める中で思いやる	・人とのかかわりの中で仲間意識を高め，相手の気持ちに気づき思いやりの気持ちをもつ	・たくさんの集団あそびの経験をもとに，仲間の意思を尊重し，創意工夫を重ね，役割分担や共同あそびの展開ができるようになる ・異年齢や地域の人々など，人との触れ合いの大切さに気づく中で相手のことを思いやり，接しようとする
・身近な動植物に興味をもち命の尊さに気づく ・身近な環境に自分からかかわり，生活に取り入れようとする	・身近なものや遊具，用具に興味・関心をもち考えたり試したり工夫してあそぶ	・さまざまな活動や経験を通して身近な事物や事象に対する関心が強くなり，思考力や認識力を高め，自信をもつ
・友だちの話を聞いたり保育士に質問したり興味をもった言葉をイメージする ・自分なりの言葉でその時の感情を伝える	・話したり，聞いてもらうことを通じて自分の思いを伝える楽しさを味わう	・日々の生活を通して生活に必要な言葉を身につけ，対話を楽しみ，気持ちの伝わっていく心地よさを味わう
・いろいろな体験を通し，素材や用具等に親しみ友だちと楽しく表現する	・いろいろな体験を通し，素材や用具等に親しみ友だちと楽しく表現する	・生活の中でのさまざまな体験を通して，イメージをふくらませ，豊かな感性，創造性をもち，いろいろなかたちで表現し，あそぶ楽しさを味わう
・食べることの楽しさを知る	・食べることによりすべての命の大切さを知る	・食育活動を通して食を楽しみ，三大栄養素に興味をもちながら食事する
・生活に必要な基本的習慣は，一人ひとりの状態に応じ自分でしようとする気持ちを尊重する ・友だちとあそぶ楽しさ，かかわり，協力することに関心を向けられるよう，多くの場面に環境設定を行う ・思ったことや感じたことを言葉で表現できるよう，落ち着いて聞き取り，表現したい気持ちを受け止める ・友だちとのかかわりの中で自我の育ちを受け止め，一人ひとりが自信をもって行動や言葉で表現できるよう仲立ちしていく ・個々の発達過程を踏まえながら，全身を使ったさまざまな運動やあそびを楽しめるようにする ・生活やあそびを通してきまりがある大切さに気づき，自ら判断して行動できるよう配慮する	・さまざまなあそびを取り入れ，身体を動かす楽しさ，喜びが増すようにする ・いろいろな経験に興味や関心をもち，挑戦する気持ちがもてるように配慮する ・自信をもって自分を表現できるよう，コミュニケーションを図り，一人ひとりの気持ちを受け止めていく ・さまざまな活動を通じて，葛藤や喜びなどを経験する中で，仲間とのつながりを深めていけるよう配慮する	・一年を通してさまざまな体験をする場を設け，心情を豊かにするとともに，仲間とのつながりの大切さを伝え，自己を十分に発揮できるよう配慮する ・主体的にあそびや生活に取り組めるよう，一人ひとりにていねいに応じ，発展できるよう援助する ・あそびや生活の中で役割分担を自分たちで考えたり，協同あそびを通して友だち関係を深められるよう援助する ・地域や小学校とかかわりがもてる機会を設ける

早番（7時〜8時30分）　通常保育（8時30分〜17時）　遅番（17時〜18時15分）　延長保育（18時15分〜19時）

小学校との連携	小学校1年生との交流，運動会・マラソン大会見学　一年担当教師との交流
研修計画	園外・園内研修・研修報告会
自己評価	自己チェックリストの実施・保育士の評価（自己評価と子どもの評価の確立）
保育士養成校との連携	・実習生の受け入れ　・学生ボランティアの受け入れ　・就業面接への参加

5章　幼稚園と保育所のカリキュラム

3．教育・保育指導計画の作成

(1) 指導計画とは
① 教育・保育課程と指導計画の関係

　園生活全体を見通し，どのような筋道をたどっていくかを明らかにした全体的な計画である「教育・保育課程」に基づいて作成するのが，具体的な計画である「指導計画」です。指導計画は，教育・保育課程をより具体化したものです。

　指導計画は仮説であり，実際に展開される生活に応じて改善していきます。その積み重ねが，全体的な計画である教育・保育課程の改善にもつながります。

② 指導計画に含める内容

　指導計画は「具体的なねらいと内容」「環境の構成」「予想される活動」「保育者の援助」「家庭との連携」等で構成されます。

　指導計画は，保育実践の具体的な方向性を示すもので，一人ひとりの子どもが，乳幼児期にふさわしい生活の中で必要な経験が得られるよう見通しをもって作成するものです。

(2) 指導計画の種類
① 長期的な指導計画

　長期的な見通しをもった年，期，月の計画のことです。年間指導計画は1年間の生活を見通し作成します。さらに，1年間を発達や生活の節目に配慮していくつかのまとまり（期）に分けたのが期の指導計画です。実際は年間指導計画を期で区分して示し，その時期にふさわしい保育の内容を計画してあるものが多いでしょう。月の指導計画は月を単位として計画します。

　また，家庭との連携，行事，地域との連携等に配慮して作成します。特に0～1歳児では発育・発達が著しく同じ時期でも一人ひとりの月齢や特徴の違いによる個人差が大きいことから，発達過程と園生活に慣れていく過程の二つの側面から構成されていくよう工夫します。

② 短期的な指導計画

　長期的な指導計画を具体化したものが短期的な指導計画であり，週の指導計画，日の指導計画があります。長期的な指導計画との関連性や生活の連続性を尊重する視点と，その時期の子どもの実態や生活に即して柔軟に保育が展開されるようにする二つの視点が大切です。

　日の指導計画では，日課（デイリープログラム）を踏まえ，保育時間の長時間化も念頭に置き，一日の生活の流れの中に，静と動のバランスなど，子どもの多様な活動が調和的に組み込まれるように配慮する必要があります。

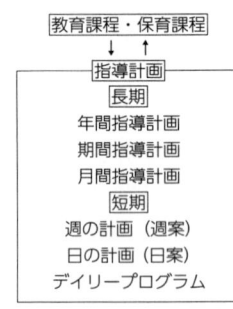

図5－1　教育・保育課程と指導計画

教育課程・保育課程
↓↑
指導計画
　長期
　　年間指導計画
　　期間指導計画
　　月間指導計画
　短期
　　週の計画（週案）
　　日の計画（日案）
　　デイリープログラム

(3) 指導計画の作成の基本
　① 子ども一人ひとりの育ちの理解
　指導計画の作成は，子ども一人ひとりの実態を理解するところから始まります。保育指針に示された発達過程等を参考に育ちへの見通しをもちつつも，子どものあそびや生活を通して一人ひとりの発達過程をとらえることが必要です。
　また，指導計画は，保育者から一方的に与え，させるものではなく，子どもと保育者の相互作用の中でつくっていくものです。「できる，できない，〜のあそびをしている」などの目に見えることだけではなく，育っている，育とうとしている子どもの心情，意欲や態度を理解することが大切です。
　② 集団としての育ちの理解
　一人ひとりの育ちを理解すると同時に，クラスやグループなどの集団に共通する育ちをとらえる視点が大切です。生活への取り組み，人との関係，あそびへの取り組みの3視点でとらえましょう。その際に，個人差の尊重，興味・関心や得意なこと(よさ)に目を向け，つまずいていること(課題)を明確にしていきます。子どもと大人，子ども相互の関係性を読み取っていくことが大切です。
　③ 具体的なねらいや内容の設定
　子ども理解をもとに，一人ひとりの子どもの発達過程を見通し，前の時期や次の時期の指導計画のねらいや内容，生活の流れやあそびの展開の連続性を考えていくことが大切です。この連続性については，日々の保育の連続性とともに，家庭や地域の生活との連続性，季節の変化や行事との関連性などを考慮していきましょう。養護と教育の視点をもち，子どもの自主性を尊重し，家庭が子育ての喜びを共有できるようにしていくことも忘れないようにしましょう。
　④ 環境の構成
　ねらいや内容を子どもが経験できるように，場や空間，物や人，身の回りに起こる事象や自然事象，時間などを総合的にとらえて適切な環境を構成します。清潔で安全な環境，家庭的で温かな環境を基盤に，子どもが環境にかかわって主体的に活動を生み出したくなるような心が動く魅力的な環境が求められます。物があるだけではなく，環境が子どもに生かされたものになることが重要です。子どもの気づきや発想を大切にし，子どもとともに再構成していきましょう。
　⑤ 子どもの活動の展開と保育者の援助
　子どもの活動は，生活の中でさまざまに変化していきます。やりたいことが十分できなかったり，挫折や葛藤を味わったりしてあきらめたりするときもあります。また，保育者の予想を超えた展開になるときもあります。計画どおりに進むことではなく子どもの活動の生まれる背景や意味を的確にとらえ，どのような体験を積み重ねているかを読み取り，子どもが望ましい方向に向かって

主体的に活動を展開していけるよう，状況に応じた多様なかかわりが求められます。

⑥ 反省・評価と指導計画の改善

指導計画を作成するということは，子どもの生活を見通してデザインしていく「保育の過程」という考え方で理解できます。保育の評価はこの保育の過程全体に対して行うもので，子どもの育ちと保育者自身の保育という両面から行うことが大切です。職員全体の協力のもと，記録やカンファレンスを通して常に指導計画を改善していきます。

(4) 特に留意すべき事項

① 発達過程に応じた保育

3歳未満児は，特に心身の発育・発達が著しい時期であり個人差も大きいので，一人ひとりの子どもの生育暦，心身の発達，活動の実態等に即して，個別の指導計画を作成することが必要です。

3歳以上児は，組やグループなどでの集団生活での計画が中心となりますが，個を大切にする保育を基盤として，個の成長と，子ども相互の関係や協同的な活動が促されるよう配慮することが必要です。

異年齢の保育においては，異年齢の子ども同士による相互作用により，互いに育ち合いが見られます。一方，発達差が大きいため，一人ひとりの子どもの生活や経験，発達過程などを把握し，適切な援助や環境構成に配慮します。

② 長時間にわたる保育

子どもの発達過程，生活のリズムおよび心身の状態に十分配慮して，家庭的な環境や保育者の個別的なかかわりなど，子どもが負担なく落ち着いて過ごせるようにします。職員の協力体制，家庭との連携なども指導計画に位置づけます。

③ 障がいのある子どもの保育

一人ひとりの実態を把握し，必要に応じて個別の指導計画を作成し，クラス等の指導計画と関連づけていきます。さらに，家庭や関係機関と連携し，長期的な見通しをもった個別の支援計画を作成します。

④ 小学校との連携

子どもの生活や発達の連続性を踏まえ，生涯発達という観点をもって保育内容を計画します。また，園と小学校の子ども，職員同士，情報共有や相互理解などの連携を計画に位置づけていきます。

⑤ 家庭および地域社会との連携

子どもの生活の連続性を踏まえ，家庭および地域社会と連携して，地域の自

然，人材，行事，施設等の資源を積極的に活用し，豊かな生活体験をはじめ保育内容が充実するように指導計画に位置づけていきます。

4．年間指導計画の作成

(1) 全体的な計画を踏まえた長期的な指導計画

① 教育・保育課程とのつながり

年間指導計画は，全体的な計画である教育・保育課程をもとに作成します。そうすることで，園全体で大切にしたい保育理念を改めて確認し，保育者一人ひとりが担当するクラスの保育が園全体の保育の中でどのように位置づいているかを理解することができます。いわば，子どもの育ちについて連続性をもってとらえることにつながるのです。

年間指導計画は，学年やクラスの保育者同士で期ごとに計画と実際のズレ等を話し合って記録したり見直したりします。年度末（2，3月ごろ）には次年度にそのクラスを担当する保育者への引き継ぎを行い，新しい担当保育者が年間指導計画の作成に取りかかります。おおまかに第1次計画を立て，4月当初実際の子どもの様子を見ながら修正をかけて第2次計画にしていく方法もあります。

② 年間テーマの反映

年間指導計画は，おおまかな流れは毎年共通のものがあり，大きな変更はないと思われます。ですが，「幼稚園教育要領」の改訂や「保育所保育指針」の改定，園の保育方針の変化とそれにともなう教育・保育課程の見直しが入る節目には，年間指導計画そのものを見直す時期にもなります。また，園の中長期計画のもと，その年に重点化したいテーマ（例「自然」「絵本」「人間関係」等）を年間指導計画に反映させることによって，園の保育の質を組織的・計画的に向上していく営みにつながるでしょう。

(2) 年間指導計画の種類

① 3歳未満児

0～1歳児は，発育・発達が著しく個人差もあるため，1年間の流れ（入園の時期，季節などの節目である期）に沿って作成する指導計画と，月齢の違いからくる発達に沿った指導計画の2種類があります。2歳児は1年間の流れに沿った指導計画になります。次頁に発達に沿った指導計画例を載せました（表5-2）。

② 3歳以上児

年齢ごとに作成する方法（年齢別）と，1枚の年間指導計画の中に各年齢の発達過程を位置づけていく方法（異年齢）があります。

また，クラスの年間指導計画とは別に，あそびの年間指導計画，生活の年間

指導計画などを発達過程やあそびの展開に沿って計画しておき，園全体で共有していく方法もあります。次頁に年齢ごとの指導計画例を載せておきます（表5-3）。

表5-2 3歳未満児の発達に沿った年間指導計画の例

平成27年度　めばえ組　年間計画

年間目標	・安全で快適な環境の中で一人ひとりの生活リズムを大切にし，気持ちよく過ごす。 ・一人ひとりの欲求を受け止め，保育者の笑顔と温かいかかわりの中で，信頼関係を築いていく。 ・個人差に留意して，離乳の完成と歩行の開始に向けて保育を進め，発語の意欲を育てる。

子どもの発達

	おおむね6か月未満	おおむね6か月〜1歳3か月未満	おおむね1歳3か月〜2歳未満
健康（排泄・睡眠・着脱・清潔・安全・運動）	・オムツを替えてもらう。 ・眠りのリズムがほぼ整う。 ・衣類を着せてもらう。 ・手足，顔をきれいにしてもらう。 ・首がすわる。 ・腹ばいにすると両腕をつっぱったり，顔を上げようとする。 ・あおむけから，寝返りをする。 ・自分の手足であそんだり，指をしゃぶったりする。 ・玩具等を見せると追視する。 ・手に触れたものをつかむ。	・オムツがぬれたら気持ちが悪いということを表情やそぶりで知らせる。 ・だいたい決まった時間に眠る。（1歳前後から2回寝から1回寝になり，食後まとめて眠れるようになる。） ・衣類を着脱してもらうことがわかり，保育者の働きかけに応じて手や足を動かす。 ・嫌がるがきれいにしてもらうと気持ちよさそうにする。 ・汚れたオムツや衣類を変えてもらうと，気持ちよさそうにする。 ・制止・禁止の言葉に反応する。 ・一人で座っていられる。 ・座位から腹ばいになれる。 ・はいはいをする。 ・つかまり立ちをする。 ・伝い歩きをする。 ・一人歩きをする。 ・ボールを転がしたり，追ったりする。 ・水を触ることに興味を示す。 ・握ったり，つかんだりする。 ・玩具を一方の手から他方へ持ち替える。 ・低い台にのぼったり後ろ向きに降りたりする。 ・小さなものを指先（親指と人さし指）でつまむ。 ・箱の中の物を出したり入れたりする。	・おまる（便器）で排泄しようとする。 ・排泄の後，保育者と一緒に手を洗う。 ・汚れたら気持ちが悪いことがわかり，表情や動作で知らせる。 ・尿意，便意を感じ表情や言葉や態度で示す。 ・保育者が側にいることで安心して眠る。 ・衣類の着脱の時，手足を通す。 ・パンツ，靴下，靴など自分で脱いだりはいたりする。 ・鼻汁が出たら拭いてもらう。 ・衣類が汚れたときは着替えさせてもらう。 ・困った時には指さしをしたり，保育者を引っ張ったりして助けを求める。 ・制止・禁止の言葉がわかる。 ・箱や手押し車を押したり引こうとしたりする。 ・歩行が確立し，一定の距離を続けて歩くことができる。 ・両足でピョンピョンと跳ぼうとする。 ・台上に登ったり，補助されて跳び降りたりする。 ・手すりを持って階段を一段ずつ足をそろえて昇り降りしようとする。 ・転がってくるボールを受け止めたり，投げたりする。 ・水の中であそぶ。 ・すべり台にのぼったり滑ったりする。 ・リズミカルな音を聞いて体を動かす。 ・積み木を積む。
人間関係	・保育者にあやされると喜ぶ。 ・身近な人に興味を示す。 ・身近な人の声を聞き分ける。 ・不愉快な時に泣いたりぐずったりする。	・人見知りをする。 ・他児や保育者の簡単な仕草をまねる。	・自分の思い通りにならないと泣いて助けを求めようとする。 ・保育者と一緒に簡単なごっこあそびをする。
環境		・砂・石・水などを触ってあそぶ。	・戸外に出て自然に触れることを喜ぶ。 ・砂・石・水を容器に入れたり，出したりしてあそぶ。
ことば	・話しかけられた人の目を見る。 ・なんごを発する。	・「ばいばい」や「ありがとう」の動作をする。 ・喜びやいやいやの表情がはっきりしてくる。 ・自分の要求を指さしや動作で表す。 ・身の回りの物をいじったり，口に持っていって確かめる。 ・小動物や草花を見て，指さしをしたり，声を出したりする。 ・話しかけられたことを喜び，声を出したり，簡単な単語や動作で応える。 ・絵本に興味を示す。	・保育者や友だちの名前がわかる。 ・動作や言葉で簡単な挨拶をする。 ・したいこと，してほしいことを声や動作で伝えようとする。 ・名前を呼ばれたら動作や声で返事をする。 ・自分の知っているものがあると指を指したり，名前を言ったりする。 ・オウム返しをする。 ・保育者と一緒に絵本を見たり，聞いたりする。
表現	・身近な物や歌に反応する。 ・音の出るものに興味を示し，音の出る方を向く。 ・いろいろな素材に触れる。	・音楽を聴いて体を動かす。 ・音の出る物であそぶ。 ・いろいろな素材の感触を楽しむ。	・片言で歌を歌う。 ・歌や曲に合わせて体を動かす。 ・保育者と一緒に手あそびを楽しむ。 ・積み木を積んだり，並べたりする。

季節ごとのねらい

	春	夏	秋	冬
ねらい	・新しい環境に慣れ，安心して過ごす。 ・一人ひとりの生活リズムをきちんと把握し，個人差に応じて対応していく。	・梅雨期，夏季の衛生面に十分留意し，気持ちよく過ごせるようにする。 ・子どもの体調に留意して，沐浴や水あそびを楽しめるようにする。	・気候や体調に留意しながら，戸外あそびや散歩などを通して，秋の自然に触れられるようにする。	・感染症の予防など冬の健康に留意し，寒い季節を元気に過ごせるようにする。

表5-3 3歳以上児の年齢ごとの年間指導計画の例

平成27年度　せせらぎ・そよかぜ・ひだまり（3歳児）　年間指導計画

	年間目標
	・生活やあそびを一緒にすすめていく中で人と親しみ，思いやりの心をもち，異年齢の友だちとのつながりを深める。 ・基本的な生活習慣が自立する。 ・あそびや体験を通していろいろなものへの興味をもつ。 ・友だちと一緒にルールのあるあそびをする。 ・見たり感じたりしたことを，自分なりに表現する。

期	1期（4月～5月）	2期（6月～8月）	3期（9月～12月）	4期（1月～3月）
子どもの姿	・保育室が変わり，不安になったり緊張をしたりする子がいる。 ・保育者と一緒に身の回りのことをする。 ・好きなあそびを見つけ，保育者や友だちとあそぶ。	・新しいクラスでの生活に慣れ，できることは自分でしようとするようになる。 ・友だちと同じ場所や遊具であそぶようになるが，思いが伝えられなかったり，遊具の取り合いでトラブルが起こる。	・友だちと一緒にルールのあるあそびや音楽に合わせて体を動かす。 ・日常生活での言葉のやりとりができるようになる。 ・気の合う友だちができ，一緒によくあそぶようになる。	・基本的な生活習慣が自立してくる。 ・仲のよい友だちと積極的にあそぶようになる。 ・一つ小さい年齢の子が入ってくることを喜ぶ。 ・安定した気持ちで園生活を過ごし，相手の気持ちに気づいたり，共通のイメージをもってあそぶ。
ねらい	・新しいクラス環境や保育者に親しみをもつ。 ・春の自然に触れ，感じたことを表現してあそぶ。 ・保育者や友だちと一緒に好きなあそびを見つけてあそぶ。	・簡単な身の回りの始末を自分でしようとする。 ・プールに入り，水に触れてあそぶ。 ・生活やあそびに決まりがあることを知り，守ろうとする。	・あそびの中で喜んで体を動かす。 ・自然に親しみ，イメージをもって表現する。 ・自分でできることは進んでしようとする。	・友だちとのかかわりが深まり，イメージを共有してあそぶ。 ・基本的な生活習慣が身につき，自信をもって生活やあそびをする。 ・進級への期待をもって生活する。
内容	・食事，排泄，睡眠，衣服の着脱など身の回りのことを保育者と一緒にしようとする。 ・保育者にさまざまな欲求を受け止めてもらい，親しみや安心感をもってあそぶ。 ・安全な遊具の使い方を知り，戸外で体を動かしてあそぶ。 ・身近な春の自然に興味や関心をもつ。 ・自分の持ち物や玩具の置き場所を知り，身の回りの始末や片づけをしようとする。 ・自分のしたいこと，してほしいことを保育者に言葉や動作で伝えようとする。	・生活の仕方がわかり，保育者と一緒に身の回りのことを自分でしようとする。 ・水分補給や休息を十分にとる。 ・あそびや生活の中で簡単な決まりや約束を守ろうとする。 ・仲のよい友だちとかかわる中で，少しずつ友だちの気持ちを知る。 ・身近な虫に興味をもち，見たり触れたりする。 ・「入れて」「貸して」など，あそびに必要な簡単な言葉を使ってあそぶ。 ・水，砂，泥などの自然の素材に触れて感触を楽しみながらあそぶ。	・身の回りのことを自分でしようとする。 ・友だちや保育者とルールのあるあそびをする。 ・あそびを通してイメージを共有しながら友だちとのかかわりを広げていく。 ・いろいろな遊具を使って運動あそびをする。 ・自分が経験したことや身近な人の生活を取り入れたごっこあそびをする。 ・秋の自然に親しみ，季節の移り変わりに興味や関心をもつ。 ・保育者と友だちと言葉のやりとりをする中で，自分の経験したことや思ったことを話そうとする。 ・どんぐりや落ち葉を使って製作をする。	・生活の見通しをもち，進んで身の回りのことをしようとする。 ・友だちとのトラブルを通して相手の気持ちに気づき，自分の気持ちを抑えたり，我慢する大切さを知る。 ・同じクラスの中に年下の子が入ってくることに喜びを感じ期待する。 ・ごっこあそびの中で，言葉のやりとりを楽しむ。 ・雪や氷に対して驚きや関心をもってあそぶ。 ・自分の思ったことや感じたことを言葉で伝えたり，相手の話を聞こうとしたりする。
配慮事項・環境	・一人ひとりを温かく受け入れていく。 ・保健的で安全な環境をつくり，快適に過ごせるようにする。 ・生活の流れや決まりごとを個別に丁寧に伝えていく。 ・異年齢でのかかわりを見守り，子ども同士が自らかかわり合う様子を大切にする。 ・身の回りのことで，できる範囲は個人差があるため，無理なく自立できるように促す。	・室内の温度や湿度を管理し，健康に過ごせるようにする。 ・水分補給と休息が十分にとれるように個々に声をかけ，提示をしていく。 ・水あそびが十分にできるように必要なものはそろえていく。また，始末の仕方を提示し自分でできるように伝えていく。 ・保育者が仲立ちとなり，友だちとのかかわりが楽しく感じられるようにする。	・自然の変化に保育者自身が敏感になり，感動したり，子どもの発見に共感したりして自然と触れる機会を多くもつ。 ・身の回りの始末ができるようになった子はその成長を認める。まだ，保育者の援助が必要な子には励ましながらも自分でできるように促していく。 ・子どもの話したいことをゆっくりとうなずきながら聞く。 ・ルールのあるあそびは理解するのに個人差があるため，個別でも伝えていく。 ・散歩に行く距離を徐々にのばしていく。	・見立てあそびができるように必要なものを準備しておく。 ・暖房，換気に考慮し，安全で健康な環境に留意する。 ・雪や氷に対する機会を逃さずに見たり触れたりし，子どもの発見や驚きに共感する。 ・一つ小さい年齢の子がクラスに入ってくることを伝え，喜びになるように促していく。 ・保育者もゲームに参加し，みんなであそぶ楽しさを共感していく。 ・子どもがやりたいと思える手伝いは見守りながら任せ，喜ばれたり充実感を味わえるようにする。
食育	・新しいクラスでの食事に慣れる。 ・挨拶や姿勢など，食事時のマナーに関心をもつ。 ・調理前の食材に触れ，興味をもつ。 ・うがいや手洗いが身につくように声をかけて見守る。 ・スプーンをの正しい使い方を身につけられるよう提示しながら伝えていく。	・食事のマナーを少しずつ知る。 ・夏の野菜や草花の生長に気づき，興味，関心をもつ。 ・収穫した野菜を喜んで食べる。 ・楽しい雰囲気の中，自分で食事をしていく。 ・食事をしながら献立に使われている食品について話をし，関心をもたせる。 ・献立の中で，簡単にできる作業で食材に触れる機会をもち，興味をもてるようにする。	・食事をするのに必要な準備や片づけを知り，自分でする。 ・調理体験を通して，作る楽しさ食べる喜びを感じる。 ・友だちと一緒に食べることを喜ぶ。 ・畑で栽培した野菜を見たり収穫する機会をもつ。 ・一緒にクッキングを楽しみながら食材の形が変わっておもしろさを感じ，安全に正しく調理できるように援助する。	・楽しく食事をする中で食事の仕方やマナーを身につける。 ・「食べたいもの」「食べられるもの」を増やす。 ・子どもたちと食べ物の会話を楽しみながらおいしく食べられるようにする。 ・量を加減して無理なく食べられるようにする。 ・片づけや手伝いが快い経験となるようにきれいになったことの心地よさやありがとうの気持ちを言葉で伝える。
行事	・進級式　　・端午の会 ・入園式 ・歯科・内科検診	・親子遠足　　・未来のひろば夏 ・保育参観　　　まつり ・七夕会	・未来のひろば大冒険 ・歯科・内科検診	・新年会　　・ひなまつり会 ・節分会　　・小さい修了式

5章　幼稚園と保育所のカリキュラム　63

5．月間指導計画の作成

(1) 長期的な指導計画と短期的な指導計画をつなぐもの

① 年間指導計画とのつながり

　月間指導計画は年間指導計画をもとにして作成します。長期的な指導計画ではありますが，月間指導計画になると，行事や活動を行う具体的な日時も入り，前の月の実際の子どもの姿を踏まえて次の月の計画を立てるようになることから，一貫性とともに柔軟性も大切になってきます。

② 週の指導計画とのつながり

　月間指導計画全体のねらい・内容とは別に，週単位でねらいや内容，予想される子どもの活動部分を書き込み，実際には月週間計画になっているものもあります。その場合，週をまたぐ中期的なねらい・内容や活動については継続を矢印で示す工夫をします。また，週の枠自体を取り払い，子どもの活動の展開に合わせてウェブに示しているものもあります（表5－4）。

(2) 月間指導計画の種類

① クラスとしての計画

　クラスとしての月のねらいや内容，季節や行事などの生活の流れに合わせた計画です。年間指導計画や期間指導計画を踏まえて作成します。クラスが複数担任制であれば主となる保育者が中心となり，随時話し合いながら作成します。月ごとに交代して作成する場合もあるでしょう。学年に複数クラスがあれば，年間・期間指導計画をもとにしながら，各クラスの日々の様子を話し合い，子どもの姿や保育者の思い，今後の予定などを共通理解したうえで，クラスの子どもの実態に合わせて作成します。

② 個別の計画

　3歳未満児は，個別の指導計画を作成することが基本です。発育・発達が著しく，個人差が大きいため，一人ひとりの育ちに合わせたねらいや内容，環境構成や援助が必要になります。個別の指導計画の中に反省や評価の項目があることで，子どもの具体的な姿，保育者の環境構成や援助の実際が継続的に記録されていくことにもつながります（表5－5）。

(3) 計画と記録・評価

　月間指導計画から継続的な記録・評価が文章記述で残されることが多くなってきます。計画と実際の違いの記録に加え，保育者の反省評価があることで，その時期に計画する理由が明確になり次年度に生かされていきます。

表5-4 クラスとしての月間指導計画の例

H27年度 年中 組		9月	ねらい	・園生活のリズムを思い出し，必要なことを自分で行おうとする ・自分の思ったことや感じたことを言葉で表し，相手に伝える ・友だちや教師と一緒にいろいろな運動あそびや，表現あそびを楽しむ
日	曜日	行事・その他		
1	火	始業式(半日保育) 避難訓練(火災)	主活動	(ウェブ図：以下の項目を含む) ・避難訓練に参加する ・自分の身の回りのことをする ・健康管理に気をつける ・園生活での約束事を守る ・園生活のリズムを思い出し，必要なことを自分で行おうとする ・1学期に慣れ親しんだあそびをする ・自分の思ったことや感じたことを言葉で表し，相手に伝える ・友だちや教師と一緒にいろいろな運動あそびや表現あそびを楽しむ ・体操やリズムあそび，かけっこをする ・戸外あそびをする ・キッズサッカーに参加する ・集会に参加する ・運動会に向けて期待をもつ
2	水			
3	木			
4	金	キッズサッカー 10時30分〜		
5	土	土曜休日		
6	日			
7	月	大学3年生の 教育実習開始		
8	火	集会B		
9	水			
10	木			
11	金			
12	土	土曜休日		
13	日			
14	月			
15	火			
16	水			
17	木			
18	金			
19	土	運動会準備		
20	日	運動会		
21	月	敬老の日		
22	火			
23	水	秋分の日		
24	木	運動会代休	内容・環境や援助のポイント	○長い休みの後で，登園することに不安や緊張を感じている幼児が安心して過ごせるように，スキンシップをとったり，一人ひとりの話を聞いたりしていく。 ○安心してあそびだせるよう，夏休み前と同じような遊具や環境を設定しておく。 ○園生活のリズムを思い出し，自分で行おうとする姿を認めたり，気づけるような言葉をかけたりする。 ○友だちや教師とかかわる中で，自分の思いを言葉で伝えようとする姿を受け止め，必要に応じて言葉を補い，思いが伝わるうれしさが感じられるようにする。 ○教師も一緒に体を動かしたり表現したりして，その楽しさに共感していく。 ○みんなで取り組む機会をもち，友だちとイメージやルールを共有しながら動く楽しさを感じたり，友だちとのつながりが感じられるようにしたりする。 ○普段のあそびの中でもかけっこや体操などを取り入れ，楽しさを共感し，みんなで参加する運動会に期待をもてるようにする。 ○熱中症にならないように幼児の様子に気を配り，水分補給を積極的に行うよう声かけをする ○災害時に気をつけることや行動のしかたについて，わかりやすく伝え，見通しがもてるようにする。
25	金			
26	土	土曜代休		
27	日			
28	月	誕生会参観		
29	火			
30	水			

5章 幼稚園と保育所のカリキュラム

表5-5 個別の月間指導計画の例

9月初めの子どもの姿

9月初めの子どもの姿	・日中,パンツを履いて過ごしている子が〇人おり,その中で自らトイレに行っている子は△人である。 ・好き嫌いがあったり食欲がなかったりして,食が進まない子がいる。しかし,保育士がじっくりかかわることで,少しずつ完食できる子が増えてきた。 ・保育室は歩くことや,遊戯室でのあそび方,遊具は順番に並んで待つことなどが少しずつわかる子が増えてきた。	健康・安全	・子どもたちに繰り返し,「おしっこがしたくなったら,トイレに行ってしようね。」と伝えていく。また,自らトイレに行っていたらほめて自信につなげていく。 ・保育室の室温・湿度を調節して,食べやすい環境を整えていく。また,食べようと思える声かけをしていく。 ・子どもたちに一つひとつ丁寧に説明や提示をしていく。保育室を走っていたり,順番を抜かしたりしていたら,その都度個別に伝えていく。	行事	・14(月)〜18日(金) 身体測定
				わらべうた 集団あそび	・うまはとしとし ・むっくりくまさん
ねらい	・自らトイレに行って排尿する。 ・意欲的に食事をする。 ・簡単なルールを守ってあそぶ。	家庭との連携	・保育園での一人ひとりの排尿の様子を伝えていき,登降園時や午睡中のパンツの移行も話し合っていく。	うた	・アイスクリームの歌 ・とんぼのめがね ・やきいもグーチーパー

児童名	月齢	子どもの姿	育ってほしい内容	保育者のかかわり	評価・反省
A児	3歳5か月	・	・	・	・
B児	3歳2か月	・	・	・	・
C児	2歳8か月	・	・	・	・
環境構成	・			評価・反省	・

3節　短期指導計画と保育の実際

1．週・日案の作成

(1) 週案

① 週案の作成

週案は，月間指導計画をもとに書きます。前の週の子どもの姿を踏まえながら，次の週の計画をします。前週末（金曜日頃）には園に提出し，主任，園長等の確認を得ます。週と日の計画が合わさった週日案の形もあります（表5－6）。

② 週案の共有

週案は自分のクラスの保育者間だけではなく，園全体で共有することが重要です。自分が担当するクラスに加え，隣のクラス，異年齢の子どものことを知っておくことで密な連携がなされます。行事の前は，園庭や遊戯室を使用する順番，全体での動きなどを共有する必要性もあります。また，3歳未満児ではクラスと個別の週案を別に作成します。クラス全体と個々の保育を計画し振り返ることで，より細やかに一人ひとりの気持ちや発達をとらえていきます。計画でもあり，子どもの育ちの継続的かつ詳細な記録にもなるのが特徴です。

(2) 日案

① 日案の作成

日案は，週案とともにデイリープログラムをもとに作成します。各クラスで1日のおおまかな流れは決まっていると思いますが，行事やその日の天候（晴・雨）などの状況，子どものあそびの様子などを考え，その日だけの日案が作成されます。ねらいを踏まえつつ状況に合わせた柔軟性が何よりも必要となってきます。3歳未満児では個別の日案に，生活面（食事・排泄・睡眠・体調等），あそび面の記録を時間や回数，量なども含め詳細に記録していくことが必要です。

② 計画の最小単位

保育の計画の最小単位は日案になります。小学校以上のように時間によって区切るのではなく，一日の生活の流れを大切にして保育するためです。しかし，公開保育や実習生の指導案などは，特別に参観する時間を設けて計画を書き，より細かく保育の意図を表し，学びにつなげる場合もあります。

表5-6 週日案の例

9月3週　　　4歳児　ばら組

前週の幼児の姿
- 運動会のダンスをゆり組と一緒にプレイルームでしながら、振りを覚えようと教師のまねをしたり、曲に合わせようと音楽をよく聴いたり口ずさんだりする姿が見られた。毎日繰り返すうちに次第に覚えて、週末には教師や実習生が前で踊らなくても自分たちだけでほぼできるようになっていた。ほめることで大きな自信につながったようで表情にも表れていた。
- 雨の日が多く室内あそびをじっくりと楽しむ姿が見られた。

予想される幼児の活動
○したいあそび
- ままごとあそび　　・粘土あそび
- 絵本　　　　　　　・お絵かき
- ごっこあそび　　　・マンダラ塗絵
- ラキュー　　　　　・カプラ
- プリズモ　　　　　・積み木　など

○教師が意図的に取り入れる予定の活動
- 戸外あそび　　・グラウンドに行く
- 運動会競技、リハーサル
- 表現あそび　など

歌、絵本など
○歌
- わらいんぼコスモス
- とんぼのめがね
- ドレミのうた　など

○絵本・紙芝居
- 14ひきのあきまつり　など

具体的なねらい
- 自分から進んであそぶ楽しさを感じ、繰り返し楽しむ
- 友だちとやり取りしながらあそぶ楽しさを感じる
- 運動会に意欲や期待をもち、クラスや学年の皆と一緒に走ったり曲に合わせて体を動かしたりすることを楽しむ

具体的な内容
- 園生活のリズムを思い出し、必要なことを自分でしたり、友だちや教師とかかわってあそぶ
- 戸外で身近な自然に触れたり、思い切り体を動かしたりしてあそぶ
- 運動会の競技をしたり体操やダンスをしたりしながら運動会を楽しみにする
- 北陸新幹線のイメージをふくらませながら運動会の競技やリハーサルに参加する

環境の構成(○)・再構成のポイント(◎)
○幼児の思いや気持ちに寄り添ったり、見守ったりし、一人ひとりが思いを出したり、人とかかわることを心地よいと感じたりできるようにしてい。
○友だち同士でトラブルが起きた時はそれぞれの思いを受け止め、教師が状況を整理しながら相手の思いに気づけるように援助する。
◎運動会に興味や期待がもてるように、あそびの中で競技に触れ親しみがもてるようにしていく。また、グラウンドに行き、学年の皆と一緒に競技をする機会を作りながら期待をもてるようにする。

時刻	9月14日(月)	9月15日(火)	9月16日(水)	9月17日(木)	9月18日(金)
9:00	・順次登園する	→	→	→	→
	・所持品整理をする	→	→	→	→
	・園庭であそぶ	→	→	→	→
10:00	・片づける・用便する	→	→	→	→
	・オープニングリハーサルに参加する	・総合グラウンドに行く(ダンス)	・園庭でダンスや個人走をする	・リズムリハーサルに参加する	・園庭でダンスや個人走をする
11:00	・朝の集いをする	→	→	→	→
	・したいあそびをする	→	→	→	→
12:00	・昼食をとる	→	→	→	→
13:00	・したいあそびをする	→	→	→	→
	・片づける・降園準備をする	→	→	→	→
	・終わりの集いをする	→	→	→	→
14:00	・降園する	→	→	→	→
行事など	運動会オープニングリハーサル	子育てステーション		リズムリハーサル	

2．デイリープログラムの作成

(1) デイリープログラムとは何か
① 安心・安定

　デイリープログラムは，基本となる一日の流れを示したものです。このデイリープログラムに沿って子どもは生活しています。毎日のように，予定変更が多かったり環境が大幅に変わったりすると，子どもの心が落ち着かず生活も安定しません。日々の生活が安定し，安心して前に一歩進めるように作成するのがデイリープログラムなのです。まさに，養護（生命の保持および情緒の安定）につながる大切な計画といえるでしょう。期などの節目に変更が加えられるほかは，基本的に変えることなく日案のもとになります。

② 発達に合わせた生活リズム

　デイリープログラムは，発達によって違うものを作成する必要があります。3歳以上児と3歳未満児で違うのはもちろんのこと，0～1歳では特に細やかなデイリープログラムを用意する必要があります。食事，排泄，衣類の着脱，睡眠などの生活面，検温・けがの有無などの体調チェック，静（休息）と動（あそび・活動）のメリハリなどその発達に合わせた時間配分や活動量を考え，環境構成や援助・ローテーションなどの保育者の連携についても記載しておくとよいでしょう。

(2) 一人ひとりに合わせる
① 在園時間（登園・降園時間）

　保護者の意向により早朝から登園する子もいれば，バス時間の都合などで遅く登園する子もいます。さらに，延長保育利用の子どももいるなど，園にいる時間は一人ひとり違います。保護者と連携しながらその子の24時間の生活を見通していく必要があります。デイリープログラムには，一人ひとりの生活の流れの違いを踏まえて書き表していく必要があります。

② 一人ひとりのペース

　子どもの生活リズムは一人ひとり違います。例えば身支度のペースが速いタイプとゆっくりタイプがいます。また，すぐにあそびから片づけに意識を切り替える子もいればもっとあそびを続けたい子もいます。食事も睡眠も一人ひとりのペースは違って当たり前です。デイリープログラムは一人ひとりの子どもの育ちに合わせて作成するという基本を忘れないようにしていきましょう。

表5-7 デイリープログラムの例

【3歳未満児デイリープログラム】

時間		3歳未満児
7：00	早朝保育 随時登園	あいさつをし，健康観察を受ける 保育士と一緒に持ち物の始末をし，好きなあそびを楽しむ
9：45	おやつ	排泄，手洗いをする　楽しい雰囲気の中で食べる リズムあそび，歌，紙芝居などを楽しむ
10：15	朝の集まり	日光浴，散歩，室内あそびなどを楽しむ
11：00	0歳児昼食	排泄，手洗いをする 楽しい雰囲気の中で食べる
11：30	1・2歳児昼食	
12：30	午睡	昼食を終えた子から午睡に入る 排泄，着替えをする 話や歌を聴きながら眠る
15：00	おやつ	排泄，着替え，手洗いをする 楽しい雰囲気の中でおやつを食べる
16：00	随時降園	保育士と一緒に好きなあそびを楽しむ
18：00	延長保育	おやつを食べ，家庭的な雰囲気の中であそび，迎えを待つ

【3歳以上児デイリープログラム】

時間		3歳以上児
7：00	早朝保育 随時登園	あいさつをし，健康観察を受ける 持ち物の始末をする 興味，関心のあるあそびを楽しむ
9：00	朝の集まり	活動の予定，社会事象などについて聞いたり，季節の歌を歌ったりする
9：15	自由あそび及び課題保育	興味，関心のあるあそびを楽しむ
11：15	昼食準備	当番は身支度をして食事の準備をする
11：45	昼食	セミセルフサービス形式で食事をする 食べた後の始末，歯磨きをする
12：45	休息（自由あそび）	静かに身体を休める（3歳児は午睡をする） 室内で静的あそびを選んで楽しむ（夏季は3，4，5歳児とも午睡をする）
14：00	年齢別活動	年齢に応じた指導計画に基づいて活動をする
15：00	おやつ 降園準備	おやつの準備をして楽しく食べる おやつの後始末，歯磨きをして，自分の持ち物の始末をする
16：00		興味，関心のあるあそびを楽しむ
	部屋の整理整頓，掃除	
16：45	随時降園	自分の使った部屋をみんなできれいにする
17：00		友だちと一緒に好きなあそびをする
18：00	延長保育	おやつを食べ，家庭的な雰囲気の中であそび，迎えを待つ

（開　仁志）

考え深め話し合おう

1. 実習やボランティア等で経験した幼稚園や保育所の「見えるカリキュラム」と「隠れたカリキュラム」について例をあげ，話し合いましょう。
2. 表5-4 月間指導計画と表5-6 週日案を見比べて，長期指導計画と短期指導計画の関係を学びましょう。

Note

コラム　現場から見た保育原理 ④

幼稚園と保育所のカリキュラム

　カリキュラム（Curriculum）とはラテン語で「走る」という言葉から使用されるようになったといわれています。走るとはコースであるとも考えられることに由来しているようです。

　カリキュラムは幼稚園，保育所（園），認定こども園などの要領や指針に基づいて，各施設において教育課程や保育課程が作成され，年間指導計画，月の指導計画（月案），週の指導計画（週案），一日の指導計画案（日案）が作成されていきます。

　近年では，平成27年度より子ども・子育て新制度の実施により乳幼児教育の体制が大きく変化してきました。

　保育の現場では，社会情勢の変化や保護者のニーズに合わせて幼稚園や保育所（園）では認定こども園が増えてきました。認定子ども園に移行することで，特に幼稚園では，その体制が大きく変わってきました。地域での子育て支援の役割を担うことが増え，0〜3歳の保育への取り組みが始まりました。

　保育所も幼稚園と同等の教育を取り入れる体制をとるために，新たに認定こども園教育・保育要領が生まれました。三つのカリキュラムを比べても大差はなく，保護者が働いていても，専業主婦であっても，どの子どもも平等に教育・保育が受けられるようになってきました。保護者の立場に立つと乳幼児教育を受ける選択の幅が拡がったともいえるでしょう。

　保護者がどの乳幼児教育機関を選択した場合でも，子どもにとっては保育や教育の内容に充実が求められ，「生きる力」の育成が大きな課題であるとともに目標となっています。

　指導内容は子どもの発達段階をもとに，目標に沿ってその年齢にふさわしい内容が計画されます。

　内容，領域などは年間にバランスよく振り分けられ，季節や行事が示されているものが年間計画です。ここに具体性はありません。

　それが，季節の内容と照らし合わされ具体的な子どもの作業や活動として示されるものが月案です。年間計画からより具体化され，内容のイメージができるものとなります。

　月案をより具体的に計画したものが週案です。その週案を一日の計画により具体性をもって計画していくのが日案です。

　日案を考えるうえでは，クラスとしての全体の流れをつくるものと，個々の子どもに対する援助のかかわり方についての二通りのカリキュラムが必要になってきます。全体の流れは保育の時間の流れであり，個々への援助は指導上の留意点となります。

　この2つの視点を総合して吟味し，計画を立てることが大切です。

（塩田寿美江）

6 章
保育における評価

―― この章で考えましょう ――

　保育における評価は，子どもが「何かができる」「何かが理解できた」という結果だけを見るものではありません。大切なのは，活動や経験に取り組む子どもの姿，つまり「過程」を評価することです。

　子どもにはもって生まれたエネルギーがあります。精神的・肉体的に子ども自身がもっているエネルギーを十分に発揮している時，子どもは無限の可能性を現実化していくことになります。

　子どもの発達課題を明らかにし，その時期の子どもにとって何が大切なのかを十分に検討して，よりよい評価をしてほしいものです。

(上野)

1節　保育評価は，なぜ必要なのか

1．評価という言葉の意味を上書き保存

(1)「評価」という言葉…普段使いの意味との違いに注意！

「評価」という言葉を聞いて，あなたの頭に浮かぶものは何でしょうか？　成績，点数，高い・低い……といった言葉，通知表と書かれた文字やチェックリストの映像かもしれません。これまでの学校生活でよく見聞きしてきた言葉でしょうから，あなたなりのイメージがあるはずです。そのイメージをいったん消去して，保育・教育で用いる際の「評価」という言葉を上書き保存しましょう。保育・教育では，日常生活で何げなく使っている言葉の意味を専門用語として上書きが必要なことがあります。「評価」[1]もそのような言葉の一つです。

(2) 評価するのは誰？

「評価」は先生が子どもに対して行うものというイメージがありませんか？　保育・教育では「評価」という言葉はもっと広い概念です。評価の主体，つまり誰が評価するかで見てみると，次のようにさまざまな評価があります。

子ども：保育という営みは「子どもの最善の利益」を目的としています。ですから，その評価を子どもがするのは当然といえば当然です。近年は大学生や高校生が授業評価アンケートなどで学校に対する評価に参加するようになってきました。では，保育所や幼稚園のように子どもの年齢が低い場合はどうでしょうか？　子どもに聞くのではなく，子どもの姿から読み取ることになります。「3．子ども理解が保育評価の原点」(p.77) で詳しく見ます。

保育者・園：保育においても先生が子どもに対して行う評価があります。また，先生は自分の保育実践を評価しますし，保育者としての自分自身を評価します。自己評価です。保育者個人の評価だけでなく，園としての自己評価もあります。先生，あるいは先生たちが行う評価については，「4．子どもに対する評価と保育者自身の評価」(p.79) で詳しく見ます。

保護者：保護者は，子どもの生活の実際を知り，よりよい保育環境を望む権利をもっています。また，子どもが自らの言葉では伝えられないことを代弁する役割をもっていますから，子どもの代わりに保育を評価することがあります。さらに，保護者は，保育所や幼稚園，認定こども園が実践する「保護者支援」の対象でもあります。保護者はサービスを受ける当事者としても保育

評価

日本語では「評価」という一つの言葉を用いるが，英語では複数の異なる言葉が用いられる。例えば，2013年　学校評価に関する国際会議 (OECD) 資料では次のように使い分けられている。
Student Assessment　生徒（子ども）の評価
School Evaluation　学校の評価
Teacher Appraisal　教師の評価
(浜口順子「『評価』って何だ？」『幼児の教育』Vol.114，No.1，pp.8-9，2015.)

保護者による評価

幼稚園は私立が多い。入園する園を選ぶのは保護者なので，私立幼稚園は「入園する園選び」を通じて保護者からの評価を受けてきたといえる。評価の結果の一つが入園者数で，幼稚園は園の存続をかけて対応する。このように評価として実施されているわけではない評価が存在し，現実に，評価として園の保育内容に小さくない影響を及ぼす。

施設を評価する立場にもあるのです。

行政機関：保育所・幼稚園・認定こども園は私立であっても公的機関で，運営には多くの税金が使われています。したがって，その費用に見合った働きがなされているか，子どもは適切に養護・教育されているかを行政として見ておく必要があるのです。

第三者評価・学校関係者評価：児童福祉施設である保育所に対しては，2002（平成14）年から保育所を対象とする第三者評価の制度ができています。

学校では第三者評価に該当するものが学校関係者評価です。幼稚園は子どもたちの最初の学校ですので，学校関係者評価として実施されています。

2．評価は何のために必要なのか

(1) なぜ，さまざまな評価が求められるのか？

日本では，明治期以来，保育所（第二次世界大戦終了時までは託児所）と幼稚園が幼児期の保育の場でしたが，近年，認定こども園が加わりました。第二次世界大戦終了以降，義務教育は小学校・中学校ですが，5歳児から義務教育にするという案もあります。社会の変化とそれにともなう子どもの生活の変化に応じて保育・教育の内容や制度も変わります。保育における評価の問題もそのような変化の一つです。変化の背景にある説明責任という考え方と学力評価を見直す流れについて見ておきましょう。

①説明責任

学校評価は地域，保護者への説明責任を果たすものとして実施されるようになりました。学校の説明責任という考え方は，1980年代のアメリカの学力低下問題で生まれ，教育費として費やされる税金に見合う成果を学校があげているかどうかを説明する責任があると考えられるようになりました。

②学校教育における学力評価の見直し

1989（平成元）年の「幼稚園教育要領」改訂と翌年の「保育所保育指針」の改定で保育内容が大きく見直されました。同じ頃，小学校でも学びについて見直され，その一環で評価は第二次世界大戦終了後から続いていた相対評価から「目標に準拠した評価」に変わりました。

相対評価が使われなくなったのは子どもにとってのデメリットが見えてきたからです。相対評価は「できない子」に判定される子どもが必ずいるように子どもを分類する評価です。クラス内の位置はわかっても学習における自分の姿が見えるわけではないので，次に何をどのように学ぶかを考えられません。誰かの成績が下がらないと自分の成績が上がりませんからクラスの仲間関係にゆがみを生み，勉強を勝ち負けととらえる風潮を助長していると考えられ，改善

第三者評価

社会福祉法人等が提供する福祉サービスについては，事業を行う者と利用する者以外の公正中立な第三者機関が専門的客観的立場から評価を行うことになっている（参照：『保育所保育指針解説書』p.153）。私立幼稚園は全日本私立幼稚園幼児教育研究機構が公開保育を活用する第三者評価という方法を開発している。

小学校での学びについての見直し

例えば，低学年では理科・社会科をなくし生活科が生まれている。知識の習得ではなく体験に基づいて総合的に学ぶ幼児教育の方法を受け継ぐ科目である。

相対評価

クラスや学年全員の得点を順に並べ，何段階かに振り分けて成績とする方法で，いわゆる「偏差値」が相対評価である。戦前の「絶対評価」に対して，教師の主観を排除する方法として相対評価が採用され，長く5段階で通知表が記されていた。

学校評価の実施

学校教育法　平成19年6月
第42条　小学校は，文部科学大臣の定めるところにより当該小学校の教育活動その他の学校運営の状況について評価を行い，その結果に基づき学校運営の改善を図るため必要な措置を講ずることにより，その教育水準の向上に努めなければならない。
第43条　小学校は，当該小学校に関する保護者及び地域住民その他の関係者の理解を深めるとともに，これらの者との連携及び協力の推進に資するため，当該小学校の教育活動その他の学校運営の状況に関する情報を積極的に提供するものとする。

指導と評価の一体化

2000（平成12）年文部省教育課程審議会答申では次のように述べている。「学校の評価活動は，計画，実践，評価という一連の活動が繰り返されながら，児童生徒のよりよい成長を目指した指導が展開されている。すなわち，指導と評価とは別物ではなく，評価の結果によってのちの指導を改善し，さらに新しい指導の成果を再度評価するという，指導に生かす評価を充実させることが重要である」

個人内評価（小学校以降）

小学校以降の教育における個人内評価は，①過去の学力状況を規準に時間の経過におけるその子の進歩の状況をとらえる縦断的個人内評価と，②さまざまな種類の目標（発達水準）を規準にしてその子の長所短所・得意不得意を明らかにする横断的個人内評価の2種類でとらえられている。（若林身歌「個人内評価」田中耕治編『よくわかる教育評価　第2版』ミネルヴァ書房，pp.20-21, 2010.　参照。）

指導要録

学校では1900年からの学籍簿が，1950年から指導要録記入が義務づけられている。

保育所では平成20年から保育所児童保育要録の作成が，認定こども園では制度の開始時から認定こども園こども要録の作成が義務づけられている。保育所の要録は，小学校へ子どもの育ちをつなぐための資料として作成され，毎年の指導の記録である幼稚園の指導要録とは機能が異なる。

指導要録の書き方

2009（平成21）年に文部科学省から「幼稚園幼児指導要録の改善について（通知）」が出されている。

が必要となりました。

本来，教育における評価は教育という営みの効果を確認するためのものです。しかし，子どもと子どもを比べて序列化する方法では先生は成績をつければ作業終了で，先生自身の指導を振り返ったり改善の方法を考えることにはなりにくいのです。そこで，小学校では学習内容の到達目標を明らかにし，目標と照らし合わせて到達・達成をみる評価の方法，「目標に準拠した評価」に変えられてきました。

(3) 指導と評価の一体化

幼児教育では，どのような視点で子どもを見れば指導・援助の改善につながる評価になるのでしょうか？　幼児期は，小学校以降とは学び方が異なります。幼児期にふさわしい目標の立て方として，到達目標ではなく方向目標で学びを組み立てます。そして，幼児期にふさわしい評価の方法として，個人内評価で子どもの学びと育ちをみます。

すべての幼稚園で実際に行われている評価で，個人内評価を見てみましょう。「幼稚園幼児指導要録」（p.90参照）です。法律で義務づけられている保育の記録の公簿です。幼稚園教育要領，保育所保育指針，認定こども園教育・保育要領に書かれているように，幼児期の学びと育ちは5領域と心情・意欲・態度でみます。その際，ポイントとなるのが，「指導要録の書き方」の説明にある次の文章です。

「幼稚園教育要領第2章『ねらい及び内容』に示された各領域のねらいを視点として，当該幼児の発達の実情から向上が著しいと思われるもの。その際，他の幼児との比較や一定の基準に対する達成度についての評定によって捉えるものではないことに留意すること。」

これを要約すると，以下のようになります。

- その子の中で向上が著しいもの，つまり変化を見つけてください。
- 他の子どもと比較しません。他の子どもと比べてはいけないのです。
- 基準を設けて達成度を見たりしません。「できる・できない」で見ません。

幼児期の評価では，行動や作品として目に見える子どもの姿から内面を読み取り，それぞれの子どもの内面で生まれつつあるものに注目し，その経過を追います。クラスでの一斉活動で，一見同じ体験をしているように見えるときにも，子どもの心の動き，考えていることは一人ひとり違っています。この子は何を見ているの？　なぜ，こんなこと言うのだろう？　子どもの興味・関心をみつけるところから評価が始まります。子どもの興味・関心，子どもの心がみ

えたら，保育者にはその子どもに用意したいものやあそびが思い浮かぶでしょう。子どもの心の動きから生まれる指導の計画です。小学校以降の学校教育は目標に応じた評価というかたちで次の指導に生きる評価を探求してきました。保育においても，評価と指導計画は一体なのです。

（大井佳子）

3．子ども理解が保育評価の原点

(1) 保育の振り返り

　子どもの興味・関心を見つけるところから評価が始まることを述べてきました。では，子どもの心を探るにはどうしたらよいのでしょうか。

　毎日の保育の中で，その子は「何をしたかったのだろう」とか，「どんなことを感じていたのだろう」などを思い浮かべるために，先生たちは保育を振り返ります。

　保育の振り返りとは，先生たちが毎日書く記録や，先生たちが毎日語る保育についての言葉，あるいは先生たちの頭に思い浮かべる保育の場面から，子どもの心の思いや考えを「ああなのかな，こうなのかな」と試行錯誤する作業であるといえるでしょう。

　この振り返りを保育評価だと思い込んでいませんか。

(2) 保育評価とは

　保育の振り返りでは，子どもと先生が生活をともにする中で，「…らしい」「…ではないか」と推し量り，内面に沿って子どもを理解しようすることから先生たちの気づきが生まれてきます。しかし，それで，終わりではありません。

　「この子はこんなふうに感じていたのではないか」「こうしたかったのではないか」と，先生が考えたことにより，だったら，その時の環境はふさわしかったか，保育者の対応は適していたか，その時間帯についてはどうだったか，その子にとってよかったのかどうかなど，保育の状況について見直しをしていくことが大切で，それが保育の評価にかかわっていきます。

　保育の評価は次のような過程となります。

```
┌─────────────────────────────────┐
│ 毎日の記録や語りを報告事項で終わらせずに │
└─────────────────────────────────┘
              ⇩
┌─────────────────────────────────────────────┐
│ ⇒保育者の気づき（子どもの心情・意欲・態度に目を向ける） │
└─────────────────────────────────────────────┘
              ⇩
┌─────────────────────────────────────────┐
│ ⇒適切であったかどうか                        │
│     （環境の構成・保育者対応・時間の流れ・その子にとって） │
│ ⇒見直し・改善                               │
└─────────────────────────────────────────┘
```

幼児期の学びと育ち

　近年，ニュージーランドの保育カリキュラムが注目されている。テ・ファリキという1996年公布の幼児教育統一カリキュラムである。一人ひとりの学びに視点が置かれ，「学びの物語（ラーニング・ストーリー）」と呼ばれる子どもの学びの評価（アセスメント）の方法もまた注目されている。（マーガレット・カー『保育の場で子どもの学びをアセスメントする』ひとなる書房，2013.）

下に，０歳児（Ｓくん）の記録を用いて評価の過程を具体的に示しました。

吹き出しは，先生たちが記録から試行錯誤して，Ｓちゃんの育とうとしていることを読み取っていく語り合いです。

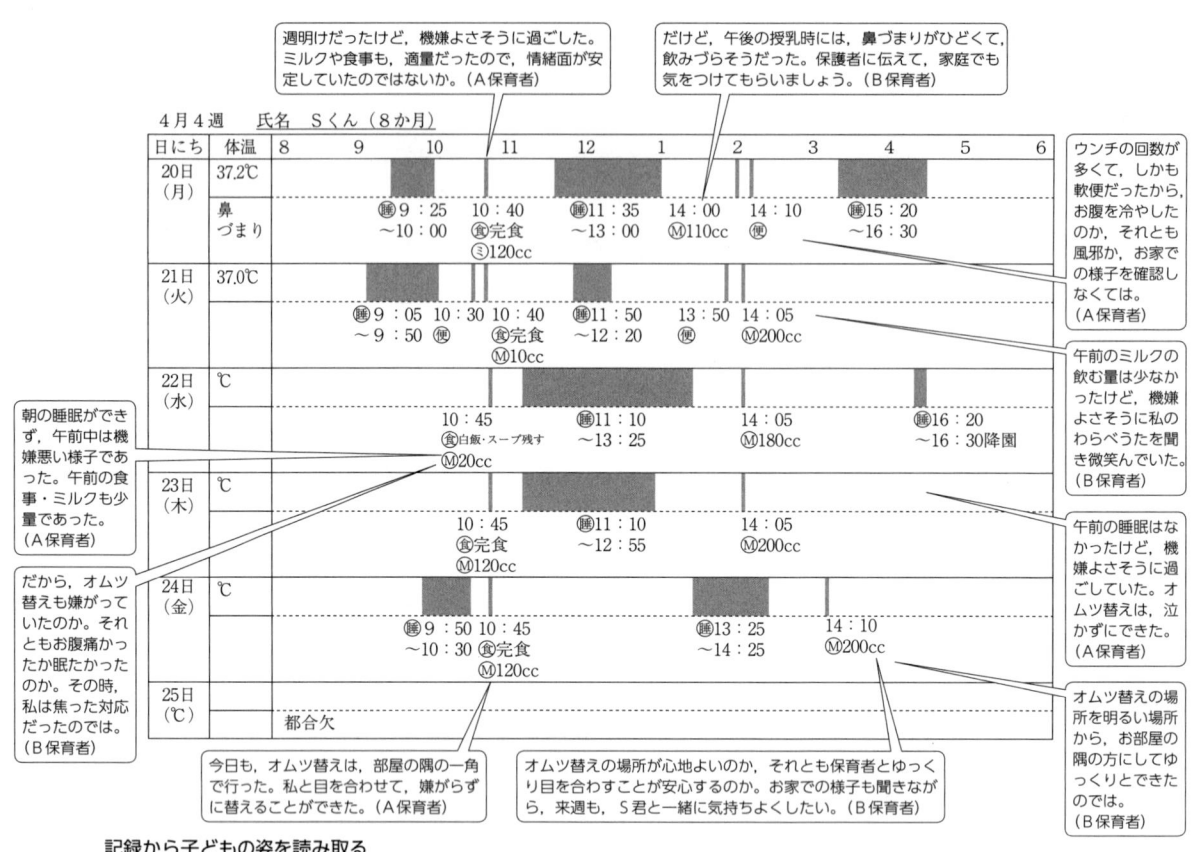

| | | 週明けだったけど，機嫌よさそうに過ごした。ミルクや食事も，適量だったので，情緒面が安定していたのではないか。（A保育者） | | だけど，午後の授乳時には，鼻づまりがひどくて，飲みづらそうだった。保護者に伝えて，家庭でも気をつけてもらいましょう。（B保育者） | |

4月4週　氏名　Ｓくん（8か月）

日にち	体温	8　9　10　11　12　1　2　3　4　5　6	
20日（月）	37.2℃	㉺9：25　10：40　㉺11：35　14：00　14：10　㉺15：20 〜10：00　㊙完食　〜13：00　Ⓜ110cc　便　〜16：30 Ⓢ120cc	ウンチの回数が多くて，しかも軟便だったから，お腹を冷やしたのか，それとも風邪か，お家での様子を確認しなくては。（A保育者）
	鼻づまり		
21日（火）	37.0℃	㉺9：05　10：30　10：40　㉺11：50　13：50　14：05 〜9：50　便　㊙完食　〜12：20　便　Ⓜ200cc Ⓜ10cc	
22日（水）	℃	10：45　㉺11：10　14：05　㉺16：20 ㊙白飯・スープ残す　〜13：25　Ⓜ180cc　〜16：30降園 Ⓜ20cc	午前のミルクの飲む量は少なかったけど，機嫌よさそうに私のわらべうたを聞き微笑んでいた。（B保育者）
23日（木）	℃	10：45　㉺11：10　14：05 ㊙完食　〜12：55　Ⓜ200cc Ⓜ120cc	午前の睡眠はなかったけど，機嫌よさそうに過ごしていた。オムツ替えは，泣かずにできた。（A保育者）
24日（金）	℃	㉺9：50　10：45　㉺13：25　14：10 〜10：30　㊙完食　〜14：25　Ⓜ200cc Ⓜ120cc	オムツ替えの場所を明るい場所から，お部屋の隅の方にしてゆっくりとできたのでは。（B保育者）
25日（土）	℃	都合欠	

吹き出し（左側）:
- 朝の睡眠ができず，午前中は機嫌悪い様子であった。午前の食事・ミルクも少量であった。（A保育者）
- だから，オムツ替えも嫌がっていたのか。それともお腹痛かったか眠たかったのか。その時，私は焦った対応だったのでは。（B保育者）

吹き出し（下）:
- 今日も，オムツ替えは，部屋の隅の一角で行った。私と目を合わせて，嫌がらずに替えることができた。（A保育者）
- オムツ替えの場所が心地よいのか，それとも保育者とゆっくり目を合わすことが安心するのか。お家での様子も聞きながら，来週も，Ｓ君と一緒に気持ちよくしたい。（B保育者）

記録から子どもの姿を読み取る

⇒そこで，自分たちの保育を振り返る（保育評価）

今週，Ｓ君は，鼻づまりや軟便など体調は良好ではなかった。そのことが影響して，オムツ替えでは嫌がることがあったのではないか。環境は，ゆっくりと保育者と向き合える場所ではなかったのかもしれない。「単に泣かなかったから」よいという視点があったのではなかろうか。Ｓ君の心地よさは，場所なのか，声など音なのか，時間帯によるものなのか，保育者の表情なのか，見直すことが必要である。また，Ｓ君は，わらべうたに興味・関心があるのかもしれない。

⇒だったらどう改善するかを考えることが，保育の評価では必要になります。

図6－1　保育の記録と語り合い

（熊田凡子）

4．子どもに対する評価と保育者自身の評価

(1) 保育における子どもに対する評価

　評価が引き起こすマイナスな体験をして，「評価なんて！」と反発を感じる保育者もいます。評価が生かされているかという問題です。

　例えば幼稚園の指導要録は，就学や転園の際に就学・転園先に届ける書類でもあります。担当する子どものことを悪く受け取られるのではないかと心配したり，保護者からの閲覧請求に応じられるようにと考えると，一般的な記述にとどめてしまう傾向が生まれます。その結果，届け先の役に立たない書類を手間をかけて作成することになります。保育所保育指針に書かれている「発達過程」の記入はその年齢で到達すべき基準と誤解されることがあります。「発達過程」の項目について子どもの年齢と照らし合わせてチェックし，できないことを子どもに練習させるようなことが起こります。保育における評価の意味を理解しないで実施される「評価のようなもの」や「評価のつもりのもの」は，子どもにマイナスをもたらします。

　子どもを評価するというのは子どもの姿から子どもの学びを読み取る作業ですが，個人内評価だからといって，その子一人をじっと追いかけてもなかなか読み取れるものではありません。友だち関係やクラス集団で起こっていることが一人ひとりの子どもに影響しますから，個だけを見るのではなく集団に対する評価も必要です。また，園内の姿だけでなく家庭での様子や生育歴を知ることも必要になります。時間と空間の広がりの中で，子どもの心情・意欲・態度をとらえ，5領域で考え，さらに，見つけたことと考えたことを自分の言葉で記すまでが評価です。子どもを評価しようとすると，保育者は感性も，知識も，想像力も，表現力も…自らのもてるものを総動員することとなります。

(2) 保育者自身の評価

　子どもに対する評価で，保育者が自らのもてるものを総動員すると，その結果，保育者の力が自分自身にも見えることになります。子どもへの評価を通じて，普段気づいていない自分が見えるということです。

　AちゃんとB君とCちゃんについては書けそうなのだけれど，D君のことが書けない。自分一人では難しいときは，保育者仲間の目も借りましょう。他のクラスの先生から廊下で見かけたときのD君の姿，園長先生から事務所でのD君の姿，園バスの運転手さんからは先生たちの知らないD君の一面が伝えられます。D君に対する理解が進むと同時に，保育者はD君にあまり注目していなかった自分に気づかされます。活発であそびに積極的な子どもやちょっと心配

発達の基準
　「保育所保育指針」には「…同年齢の子どもの均一的な発達の基準ではなく，…」と明記されている。(第2章　2．発達過程)
(『保育所保育指針解説書』フレーベル館, pp.38-54, 2008.)

家庭での様子・生育歴
　「保育所保育指針」は，指導計画の作成で注意することの中に「家庭及び地域社会との連携」をあげている。その解説には，「…子どもの抱いている興味や関心，置かれている状況などに即して，…そのためには，保育士等が一生活者としての視点や感覚を持ちながら毎日を営む中で，家庭や地域社会と日常的に十分な連携をとり，一人一人の子どもの生活全体について互いに理解を深めることが不可欠となります。」とある。(『保育所保育指針解説書』フレーベル館, p.147, 2008.)

　幼稚園教育要領が教師の役割の一番目にあげる「活動の理解者」において，時間の流れで理解するには家庭との連携を図ること，空間的な広がりで理解するには集団の動きを把握することが大切だと述べている。(『幼稚園教育要領解説』フレーベル館, p.214, 2008.)

な子どもに目がいっているかもしれないと気づくわけです。保育者が読み取り違えやすい子どももいます。知っているつもりの子どもについても保育者仲間に聞いてみましょう。違う見方があるかもしれません。同じ場面を見ていても違う読み取りがあることに気づくでしょう。子どもへの評価を通じて，保育者は自分の見過ごしやすい子どもや読み違いやすい子どもがどのような子どもなのかを考えてみましょう。保育者それぞれに子どもを見る目のクセがあるものです。自分のクセを知っていれば，注意して子どもを見るようになり，見過ごしや読み違えを防ぐための作戦も考えられます。保育者の自己課題が見えてくるわけです。日々の保育を振り返って見えてくる自己課題もありますが，子どもに対する評価を通じて行われる保育者の自己評価もあるのです。

5．保育評価とPDCAサイクル

(1) PDCAサイクルって何？

> P は，Plan…計画
> D は，Do…実行
> C は，Check…評価
> A は，ACTION…改善
> ⇒頭文字をつなげてPDCA
>
> サイクルは，
> 　　　　…→P→D→C→A→P→D→C→…
> 　Aで終了ではなく，次のサイクルに移行してどこまでも続いていくということ。

(2) 日常的な保育の場面で考えてみましょう

人とかかわるとき，人は自分のかかわりに対する相手の反応を見ます。保育者として子どもとかかわるときには子どもの姿によって次の言葉かけや動き方を決めていきます。絵本の読み聞かせのような日常的な場面でも，絵本の選び方，始め方，声の調子，ページをめくるタイミング，保育者の目線…，保育者は常に選択し，即興で頭の中のプランを作り直して進めているはずです。PDCAで見ると，

> P：空き箱で作った車の絵本，今日のお帰りのお集まりで読もうかな。天気の悪い日が続きそうだし自由あそびのお部屋のあそびにつながるといいなあ。
> 　⇩
> D：絵本を読んで
> 　「みんなのお家にも空き箱があったら持ってきて，車を作ってみようか」
> 　「私，お菓子買ってもらって箱持ってくる！」
> 　「僕は大きい車にしたいから，何のお菓子を買えばいいかなあ」

保育士等の自己評価
保育所保育指針　第4章2 (1)

PDCAサイクル
もともとは生産管理をスムーズに進めるための基本的な考え方。1920年代にウォルター・シューハートとエドワーズ・デミングらによって提唱された。教育においても，学校経営の考え方として，またカリキュラム・マネジメントの考え方として用いられている。

⇩
C：（写真絵本だったから，子どもは「お菓子の箱」に注目していたんだ。
　　ゴミとして捨てているものを使ってあそぶという私のねらいとずれそう。）
　　⇩
A：（菓子箱ではなく，「ゴミとして捨てているもの」に目が向くようにしたい。
　　「お家から持ってくる」では家庭に迷惑がかかる可能性がある。）
　　⇩
P：【新しいプラン】ペットボトルで車を作る。子どもたちで，ペットボトルを
　　回収している近所の店にもらいに行く。
　　⇩
D：「車，お菓子の箱でないもので作るのはどう？」

　お店に行くというプランになって「地域のお店を知る」「地域の人とかかわる」というねらいが活動に加わります。ペットボトルで車を作るなら子どもが使える道具は何を用意しようか，保育者の教材研究の課題も見えてきます。子どもの様子から保育者自身のかかわりを振り返り，ねらいと照らし合わせて見直し，改善の方向を考えることで，活動そのものが豊かになっていくのです。「ねらいと照らし合わせて」が振り返りのポイントです。

(3) 保育の質の向上を支えるPDCAサイクル

　保育でPDCAサイクルという言葉が使われるようになったのは，園の保育課程・教育課程といった広い視野で保育を見直す方法としてでした。5章「幼稚園と保育所のカリキュラム」にあるように，保育は組織的計画的な営みです。そのときどきのプラン，今日の計画，今週の計画，今月の計画，今期の計画，今年の計画，入園から卒園までの計画などを考慮し，いずれも「やって終わり！」ではなくて，振り返って発見して次の展開につなげていきます。終わることなく繰り返され積み上げていくことが「サイクル」の意味です。

P：目標を設定して教育課程（保育課程）や指導計画を立てる
　　⇩
D：保育の実践
　　⇩
C：保育者自身の自己評価や関係者評価
　　⇩
A：評価を踏まえた教育課程（保育課程）や指導計画の改善
　　⇩
P：目標を設定して…

幼稚園における学校評価ガイドライン（平成23年11月15日 文部科学省）
http://www.mext.go.jp/b_menu/houdou/23/11/__icsFiles/afieldfile/2011/11/15/1313246_02_2.pdf

保育所における自己評価ガイドライン（平成21年3月厚生労働省）
http://www.mhlw.go.jp/bunya/kodomo/pdf/hoiku01.pdf

保育者一人ひとりの日常の指導・援助はその園の教育課程（保育課程）に基づいて行われますが、保育者一人ひとりが日常の実践のPDCAサイクルを積み重ねることで、その蓄積が園の教育課程（保育課程）になっていきます。

保育評価は子どもたちにとってよりよい保育になるように行うものです。保育者が「評価される」と受動態で受け止める評価では明日の保育に生かすことは難しくなります。ですから、評価の中心は保育者の、あるいは園の自己評価なのです。多様な評価は、自己評価のための情報といっても過言ではないでしょう。いろいろな人の目を借りて総合して評価するのが保育評価で、いろいろな人の協働によって評価する時に役に立つツールがさまざまな「記録」です。

（大井佳子）

2節　実際の評価の方法は、どのようになっているか

1．評価に関連ある諸表簿より

(1) 記録は評価のツール

保育所・幼稚園・こども園での子どもに関する記録は、保育実践上の記録と管理上の記録の二つに分類できます。保育に関する記録には、いろいろな諸表簿があるということです。

では、保育を評価していくうえで、どのような記録をしているのでしょうか。

毎日、先生たちは、保育状況記録や個人記録などを書いています。皆さんも見たことがあるでしょう。保育所では、特に低年齢の子どものクラスでは午睡中に先生たちが記録をしています。保育所の先生たちだけが記録をしているのではありません。幼稚園の先生たちも同様に、子どもたちが降園した後に、集まって、その日の保育の出来事を振り返り伝え合って記録をしています。

保育に関連した記録は、保育を進める、反省する、チェックする、報告する、という単なる記録する行為として済ませてしまいがちですが、そうではありません。

前節でも述べましたが、保育の評価では、保育を振り返り、見直して改善していくことですので、先生たちが記録している表簿の一つひとつは、保育評価に関連するツールであることを覚えておきたいものです。

(2) 評価と諸表簿

多くの記録の中から、ここでは、保育日誌、連絡帳、保育経過記録について

保育の実践上の記録（保育所）
①保育の計画（保育課程・指導計画・デイリープログラム）
②保育日誌（日案，週案日誌等）
③保育経過記録
④実践記録
⑤家庭連絡帳
⑥園便り・クラス便り・保健便り
などがある。

保育の管理上の記録（保育所）
①児童票（家庭記録・生育記録・身体測定記録・健康診断記録等）
②出勤簿
③事務日誌
④給食関係書類
⑤避難訓練関係記録簿
⑥事故等発生記録簿
⑦施設安全チェック票等
⑧延長保育登録名簿
⑧保育要録
などがある。

保育の管理上の記録（幼稚園）
①指導要録（その写しおよび抄本）
②出席簿
③健康診断に関する表簿
などがある。

示してみます。

① 保育日誌

　保育日誌は，保育の実地状況を日々記録するものです。一日を振り返り，「その時期・その日の保育のねらい」と関連させながら，子どもの姿と保育者の行為や思いが書かれます（5章参照）。

　保育の展開・方向を考えるときは，その日の記録だけでなく，継続した記録を読み返したり，他の保育者からの意見を聞いたりすることによって，見えてくることがあります。先にも述べましたが，日々の保育の記録が指導計画や保育者の援助に生かされるようになるのです。

② 個人の記録（連絡帳）

　個人の記録の一つに連絡帳があります。毎日の保育の記録では，特に低年齢児の場合，記述内容が連絡帳と重複するため，複写式の連絡帳にして，それを個人記録にするなど，工夫しています。

　低年齢児の連絡帳では，子どもが一日24時間の生活を気持ちよく過ごすことができるように，保育者と保護者がそれぞれの生活の様子や，思い，発見，願いなどを記入し情報を共有します。

　子どもの姿は，単なる連絡・報告事項ではなく，その子のつぶやきや表情，しぐさなどを具体的に書くことによって，そこから読み取れる心情・意欲・態度を伝え合うことができます。

③ 保育経過記録

　保育所では，保育日誌や連絡帳の日々の記録をもとに，一人ひとりの子どもの成長発達プロセスを記録し，その子の育ちの全体像を示すものの一つに保育経過記録があります。園生活の適応，健康と生活，人間関係，言葉，あそびなどについて記録します。幼稚園では，指導要録に記している内容であるといえるでしょう。（幼稚園幼児指導要録については，後述します。）

　特に，低年齢児の場合，毎月その子どもの誕生の日に記載する満月齢での記載をするなど，定期的に振り返るためのツールとなります。

　では，一人ひとりの発達の実情を把握するツールについて，具体的に見てみましょう。

(3) 記録の書式に見る

　保育のめざすものは，「子どもの最善の利益」，一人ひとりの子どもが心身ともに健やかに育つことであり，そのために，子どもの変化する姿を的確に記録して，その子が育とうとしていることを見つけることが大切です。

保育経過記録
　保育所児童保育要録に記す内容にかかわる。（次節で述べる。）

① 0歳児の連絡帳と1・2歳児の連絡帳より

　次頁では，連絡帳の0歳児用と1・2歳児用を比べてみることにしました。
　0歳児の連絡帳は，白い自由記述スペースが多いです。保育状況や健康状況など記述する場合は，そのときどきの様子を具体的に記すことができそうです。
　それはなぜなのか。考えてみてください。
　いずれの吹き出しにも，先生たちが午睡時間帯に，記録し合い，話し合っているつぶやきを書いてあります。
　保育を記録する先生の視点について，把握してみましょう。
　個人の記録とは，誰が誰より優れているか劣っているかの比較評定ではなく，また，保育所保育指針にある発達過程に照らしてできる，できないと当てはめるのでもなく，保育の中で育とうとしているものを，その子の言動や表情から思いや考えを見つけて，その子のよさや可能性を考えることなのでしょう。

② 保育の場面を振り返る書式—環境図（俯瞰する）—

　保育の場面を振り返ってみます。
　保育の評価では，集団生活における子どもの心情・意欲・態度の育ちに目を向け，日々の保育を改善していくことを考えます。保育の中で，子どもたちが「楽しかった」「明日も続きがしたいな」など，その子のワクワクする思いや期待感が連続していくためにしかけていくことが必要になるでしょう。（このことについては次節で具体的に述べます。）
⇒その「ワクワクはどこかにあったかどうか。」
⇒それに「保育者は気づいていたかどうか。」
⇒「えっ，そんな動きしていたことは，気づかなかった。」
⇒その動きって，「その子にとってはどんな思いがあったのだろうか。」
など，保育を振り返って，「ああでもない」「こうでもない」「だったら，明日はどんな保育にするのか」と，保育者が保育の場面を，具体的に状況を思い浮かべてみることや，一緒に保育をしていた先生たちの視点から見えてくる，その時の雰囲気について，考え直してみることが，保育の改善につながっていくのでしょう。
　そこで，保育の場面を環境図で示してみましょう。（図6-4は，A幼稚園の3歳児用ルームの記録です。）
　保育の場面を環境図で描くと，新たにわかる子どもの姿，自分自身の姿，子ども同士のかかわり，環境についてなど，あらゆる方向から，保育を見直すきっかけになります。
　A幼稚園における朝の登園から自由あそびの場面を環境図で記し，保育者（3名）でその時の様子を書き込んでいきます。ときには，エピソードで見直し

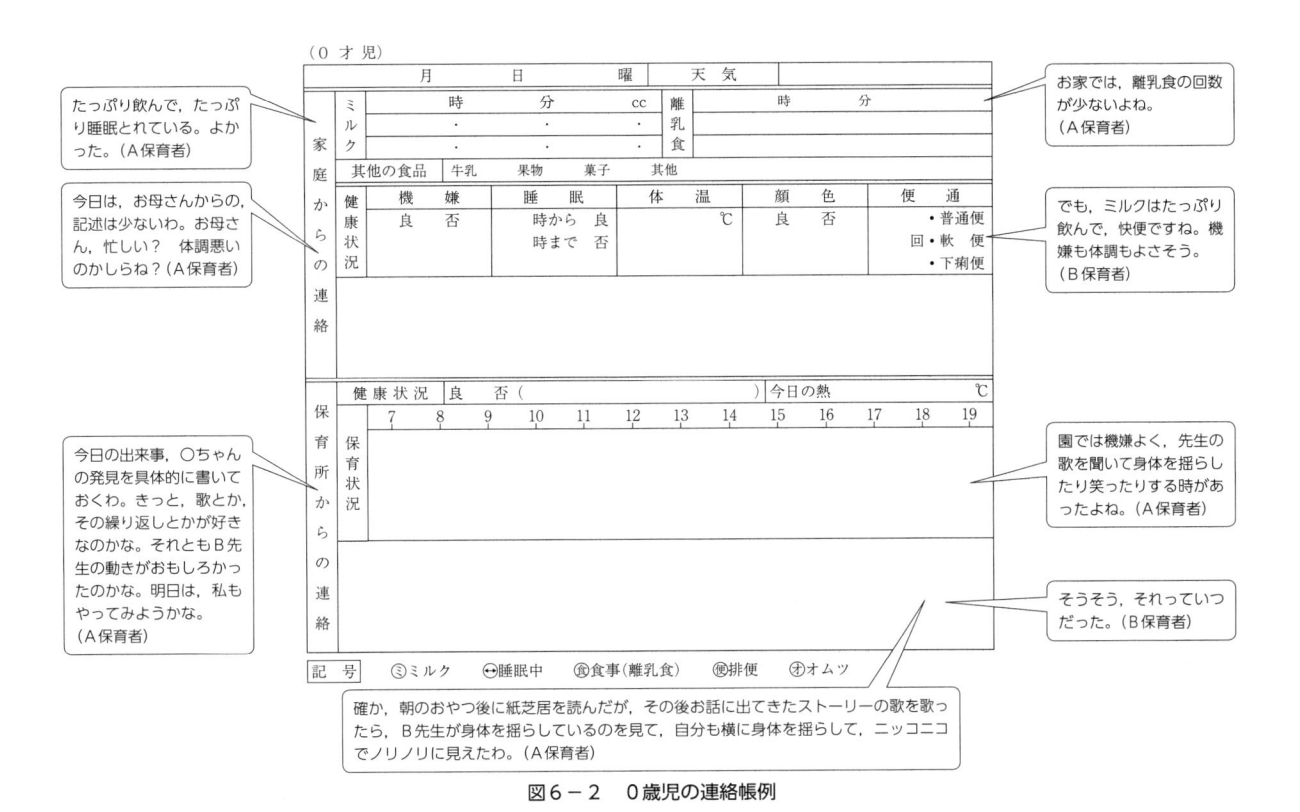

図6-2 0歳児の連絡帳例

（0才児）

連絡帳の項目：
- 月 日 曜 天気
- 家庭からの連絡
  - ミルク：時 分 cc
  - 離乳食：時 分
  - 其他の食品：牛乳、果物、菓子、其他
  - 健康状況：機嫌（良・否）、睡眠（時から良／時まで否）、体温（℃）、顔色（良・否）、便通（・普通便　回・軟便　・下痢便）
- 保育所からの連絡
  - 健康状況　良　否（　　　）　今日の熱　℃
  - 保育状況（7～19時の時間軸）
- 記号：ⓂミルクⓈ睡眠中Ⓔ食事（離乳食）Ⓟ排便Ⓣオムツ

吹き出しコメント（0歳児）：

- たっぷり飲んで、たっぷり睡眠とれている。よかった。（A保育者）
- 今日は、お母さんからの、記述は少ないわ。お母さん、忙しい？体調悪いのかしらね？（A保育者）
- 今日の出来事、○ちゃんの発見を具体的に書いておくわ。きっと、歌とか、その繰り返しとかが好きなのかな。それともB先生の動きがおもしろかったのかな。明日は、私もやってみようかな。（A保育者）
- お家では、離乳食の回数が少ないよね。（A保育者）
- でも、ミルクはたっぷり飲んで、快便ですね。機嫌も体調もよさそう。（B保育者）
- 園では機嫌よく、先生の歌を聞いて身体を揺らしたり笑ったりする時があったよね。（A保育者）
- そうそう、それっていつだった。（B保育者）
- 確か、朝のおやつ後に紙芝居を読んだが、その後お話に出てきたストーリーの歌を歌ったら、B先生が身体を揺らしているのを見て、自分も横に身体を揺らして、ニッコニコでノリノリに見えたわ。（A保育者）

図6-2　0歳児の連絡帳例

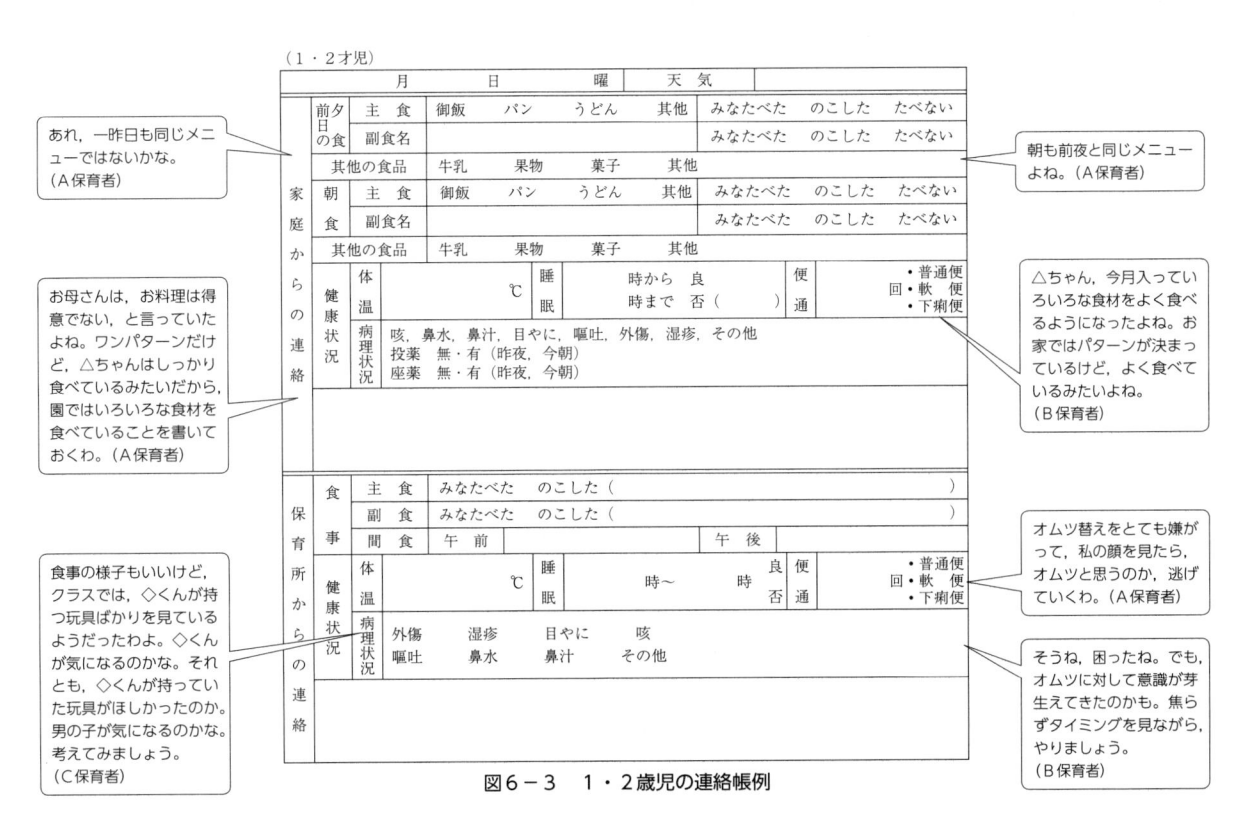

図6-3 1・2歳児の連絡帳例

（1・2才児）

連絡帳の項目：
- 月 日 曜 天気
- 家庭からの連絡
  - 前日の夕食：主食（御飯、パン、うどん、其他）みなたべた／のこした／たべない、副食名、其他の食品（牛乳、果物、菓子、其他）
  - 朝食：主食（御飯、パン、うどん、其他）みなたべた／のこした／たべない、副食名、其他の食品（牛乳、果物、菓子、其他）
  - 健康状況：体温（℃）、睡眠（時から良／時まで否）、便通（・普通便　回・軟便　・下痢便）、病理状況（咳、鼻水、鼻汁、目やに、嘔吐、外傷、湿疹、その他）、投薬（無・有（昨夜、今朝））、座薬（無・有（昨夜、今朝））
- 保育所からの連絡
  - 食事：主食（みなたべた／のこした（　））、副食（みなたべた／のこした（　））、間食（午前／午後）
  - 健康状況：体温（℃）、睡眠（時～時）、便（良・否）、便通（・普通便　回・軟便　・下痢便）、病理状況（外傷、湿疹、目やに、咳、嘔吐、鼻水、鼻汁、その他）

吹き出しコメント（1・2歳児）：

- あれ、一昨日も同じメニューではないかな。（A保育者）
- お母さんは、お料理は得意でない、と言っていたよね。ワンパターンだけど、△ちゃんはしっかり食べているみたいだから、園ではいろいろな食材を食べていることを書いておくわ。（A保育者）
- 食事の様子もいいけど、クラスでは、◇くんが持つ玩具ばかりを見ているようだったわ。◇くんが気になるのかな。それとも、◇くんが持っていた玩具がほしかったのか、男の子が気になるのかな。考えてみましょう。（C保育者）
- 朝も前夜と同じメニューよね。（A保育者）
- △ちゃん、今月入っていろいろな食材をよく食べるようになったよね。お家ではパターンが決まっているけど、よく食べているみたいよね。（B保育者）
- オムツ替えをとても嫌がって、私の顔を見たら、オムツと思うのか、逃げていくわ。（A保育者）
- そうね、困ったね。でも、オムツに対して意識が芽生えてきたのかも。焦らずタイミングを見ながら、やりましょう。（B保育者）

図6-3　1・2歳児の連絡帳例

6章　保育における評価　　85

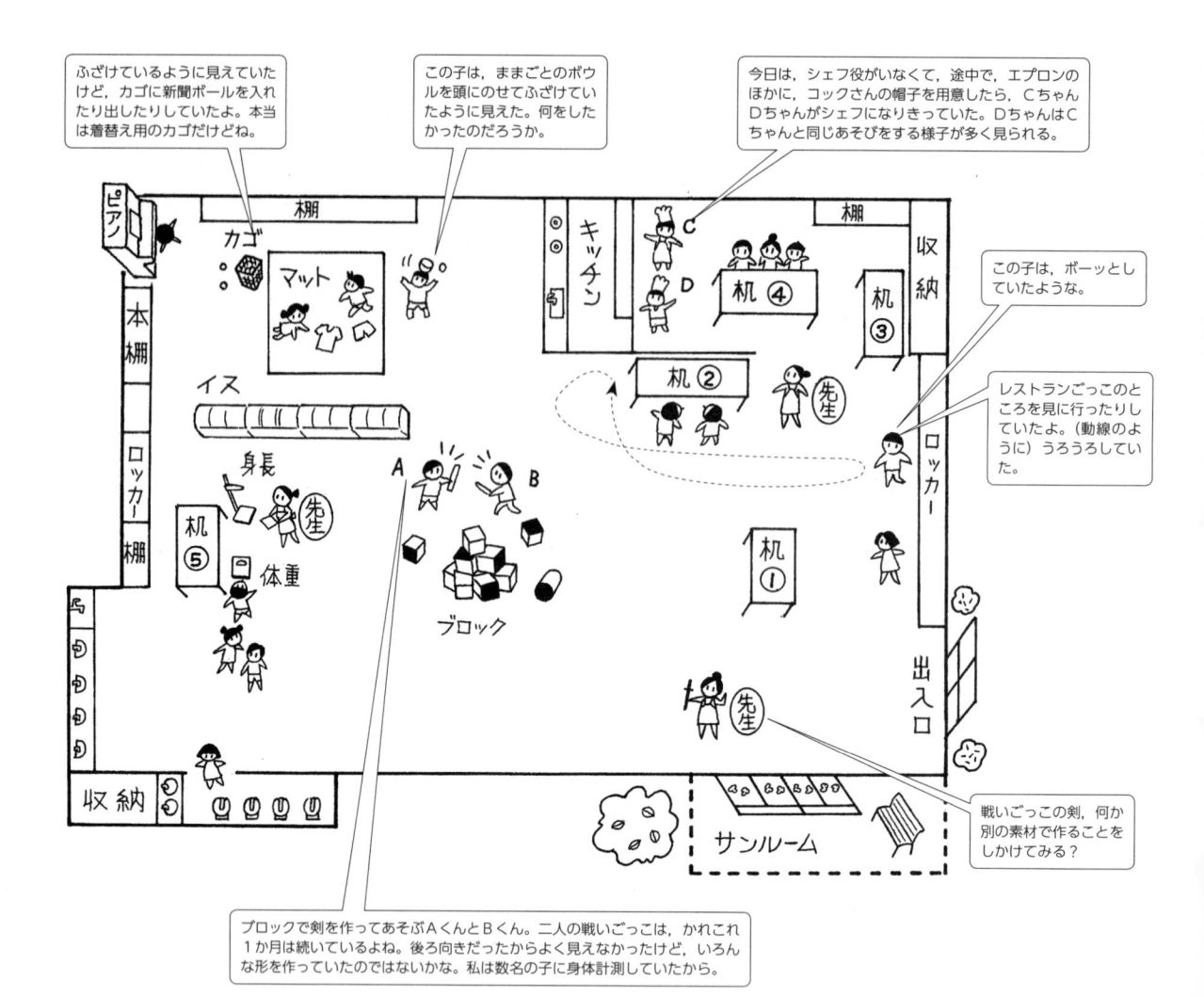

図6-4 保育の場面の環境図

ていくことも保育の評価の一つです。(次節で具体的に説明します。)

　ここでは、その方法の一つとして、次のような作業を見てみましょう。

　まず環境図で、保育室全体を描く。

⇒朝の登園から自由あそびの時間帯を思い浮かべて

⇒その時、先生たちは、どこにいた？

⇒子どもたちはどこでどんな表情でどんな動きしていたか、動線を記す。

⇒先生たちの五感をふりしぼって、その時の状況を具体的に思い出して

⇒先生が見た・聞こえた・触れた・感じたエピソードは？

◇環境図を見ながら、書き込みながら、振り返ると、その時の情景が具体的にイメージされていきます。単なる文章の記録や語り合いよりも、子どものワクワクしている思いや様子を鮮明にとらえることができるようです。吹き出

しは，先生たちの発見や気づきです。

　先生たちは，環境図を使って，おしゃべりしながら，保育を振り返りました。「明日はこれを用意しよう」とか，「その子にとってはこれが明日のねらいになるであろう」とか，「この子は，ボーッとしているのではなくあそびを見ていたから，明日の様子も見てみよう」など，いろいろと課題を見いだすことができたようです。

　環境図を使うことによって，先生たちが多面的に保育を考えていくことにつながります。

　これらの評価の実際を通して，保育者は，子どもの今育ちつつあるものをとらえ，ねらいや内容の再認識，環境の再構成，明日の保育の見通しができるのでしょう。

（熊田凡子）

3節　記録を保育にどのように生かすか

1．記録を使う

(1) 保育の意識化

　保育を振り返り，まず，とにかく書いてみましょう。思いついた言葉を書き出す。時間の流れに沿って書いてみる。お部屋のどこに……と環境図で書いてみる。絵が得意なら印象に残っている場面を絵にする。書き方にとらわれず，忘れないうちに自分が書きやすい方法で書いてください。書いて眺めていると思い出すことが出てきます。書き加えましょう。書き加えていると，保育中には別々のことに見えていたことが実はつながっていたことに気づくことがあります。矢印を書き入れましょう。あなたがその場でとっさに行ったことも記録してください。あなたのとっさの判断，行動を引き起こしたきっかけは何だったでしょう？　書き加えて，矢印でつないでおきましょう。こうして，記録を書くことで保育中には意識していなかったことが意識化されていきます。意識化されないと忘れ去られますが，意識化されれば，単なる記憶にとどまらず，他の事柄と結びつくことで，想いやプランや見方となっていきます。

(2) 保育の俯瞰

　保育では保育者の感覚や感情は活発に動き，保育を進める原動力になっています。保育者の感覚や感情が活発に動くときこそ生き生きとした保育が展開しているともいえるのですが，その保育の展開を俯瞰して見ること，自分の姿も

含めて客観的に見ることはできにくくなっているものです。記録という作業は，保育者が自身の感覚や感情から離れて保育を見ることを助けてくれます。ちょっと自分の身体を離れて，空から保育の全体を見渡すような見方をさせてくれるのです。

　最初は保育を終えてから時間をかけて記録を書く必要があるでしょう。書き続けていると短時間で書けるようになっていきます。書きながら，保育を俯瞰する感覚をつかんでください。俯瞰を意識しながら記録を繰り返していると，保育しながら頭の中で記録が書けたり，保育しながら自分の目を空中に放って保育の全体を見渡したりできるようになっていきます。記録するという作業は保育者に保育を見る目を育てるのです。

(3) 時間を超えて保育を見る

　記録として見える化されたものは並べたり並べ替えることができます。保育の場面場面を時を超えて見渡したり，比較したり，似たものをまとめて分類することもできます。一人の子どもについて長期間の変化を見るとか，行事の際の子どもの姿を集めてこれからの行事のありようを考えるとか，保育者が自分たちの手で保育を研究するための材料にすることができます。記録を活用すれば保育を「昨年通り」で済ますことはなくなるはずです。個人の振り返りを超えて，園の教育課程・保育課程，指導計画の見直しにつながっていきます。

　記録の活用まで考えれば，記録のしかたを工夫したくなります。例えば，エピソードの記録に写真や環境図をつけたり，キーワードでインデックスをつけるとエピソードを思い出したり，分類整理したりしやすくなるでしょう。せっかく書いたのに保管されるだけの記録ではなくなるはずです。記録していると，「次にはこれを！」と保育のアイデアが浮かぶことがあります。記録から次の指導計画へと一体的に考えるのが常態化するように，記録と指導計画の用紙を分けないで１枚の用紙に記入する方法も有効かもしれません。

(4) 保育の「見える化」は協働のためのツール

　記録は書き手だけのものではありません。記録は，保育の場にいない人に保育を見えるようにするツールになります。評価に「仲間の目を借りる」ためには必須アイテムです。複数担任で同じ部屋で過ごす保育者同士ならば体験が共有されていますから立ち話でも十分に一緒に保育を振り返ることができます。園内の他の保育者と振り返る場合はどうでしょう。保育の質的向上の方法として園内研修が重視されています。さらに，合同研修や発表として園外の保育者に向けて保育を伝える場合もあります。記録を活用する場は多くあります。

保護者もまた保育を評価する協働の担い手です。保護者との連携は幼児教育にとってはフレーベルの幼稚園誕生以来当たり前のことで，日本でも明治期から園便り，連絡帳などいろいろな方法で保育について伝えることはなされてきました。それらは現在も用いられるツールですが，子どもの学びの姿を保護者に「見える化」するものとなっているだろうかと常に見直すことで，学びを伝える記録としての工夫が必要なことも見つかるかもしれません。ニュージーランドの「学びの物語」やイタリアのレッジョ・エミリア市の保育で用いられるドキュメンテーションは，記録を工夫するヒントとなるでしょう。

　近年，写真や映像はきわめて手軽な記録の方法になってきました。SNSの普及で，Facebookなどを使う園も増えています。保護者だけでなく社会に向けての発信ツールです。ニュージーランドやレッジョ・エミリアの保育の記録が保護者や地域を保育に巻き込んでいるように，記録によって保育者と園が社会に開かれ，多方面の人たちと保育という営みに誘うことができるということです。例えば，園のFacebookも，何をしたかの報告ではなく，子どもは何を学んでいるかを記録するツールとして活用することを考えたいものです。

学びを伝える記録

　レッジョ・エミリアの保育ではドキュメンテーションと呼ばれる記録の方法が用いられる。子どもや保育者の会話や活動の様子が学びの記録として，その場でのメモや写真，子どもの作品などがパネルに掲示される。保育者や保護者だけでなく子ども自身が学びの過程を見ることができるようにと考えられている。地域住民に保育を「見える化」して保育参加に開くツールともなる。

図6-5　SNSを記録と報告に使っている例（学校法人木の花幼稚園）

「グループクッキングがありました。本日のメニューは，12種類の野菜が入ったカレーに，畑で収穫したきゅうり入りサラダでした。」という説明ですが，写真から，年長児のクッキングが，年少児の心に響いている様子が伝わってきます。直接自分が体験することだけでなく，他児の体験で心が動くことも子どもにとって大切な体験であることが保護者に伝わることでしょう。

（大井佳子）

2. 小学校への連携と記録

(1) 日々の記録から要録へ

日々の記録をもとに、小学校へ子どもの育ちをつなぐための資料を作成します。それが、「要録」というものです。

「要録」といいますと、日常の保育から切り離された特別な書類のように受け止め身構えてしまいがちです。確かに、園生活全体を通した、一人ひとりの子どもの育ちを伝える大事なツールであります。幼稚園の場合、正式書類公簿として指導要録は、その写しまたは抄本を進学先の小学校に送ります。園長先生から校長先生へ渡す幼稚園と小学校の相互の理解を深める書類といえるでしょう。作成責任者は園長先生ですが、実際に記入するのは、日々子どもたちと向き合ってきた担当の先生が書きます。

要録とは、実際にどのようなものなのでしょう。各様式参考例から、具体的に何を書くのか、考えてみましょう。

要録

1節4の「子どもへの評価」で説明した幼稚園では「幼稚園幼児指導要録」、保育所では「保育所児童保育要録」、認定こども園では「認定こども園こども要録」のことを指す。

公簿

法令の規定に基づいて、官公署で作成・常置する帳簿のことを指す。

学校教育法施行規則第24条では、「校長は、その学校に在学する児童等の指導要録を作成しなければならない。」

第28条では、「学校において備えなければならない表簿は、概ね次のとおりとする。」とあり、同条の4では、「指導要録、その写し及び抄本並びに出席簿及び健康診断に関する表簿」と規定されている。

※幼稚園は学校教育法に基づいている。

幼稚園幼児指導要録に記載する事項には、
○学籍に関する記録
○指導に関する記録
がある。

左記書式は「幼稚園幼児指導要録(指導に関する記録)」の様式の参考例である。各設置者等が創意工夫するための手がかりとしている。
(「幼稚園幼児指導要録の改善について」平成21年1月28日文部科学省初等中等教育局長通知より)

「学籍に関する記録」

入園時に異動が生じたときに記入し、外部に対する学籍の証明等の原簿である。

「指導に関する記録」は、各学年の1年間の指導過程とその結果を要約し、次年度の指導に役立てる資料としての性格をもっています。

①指導の重点等は当該年度における指導の過程について、学年の重点、個人の重点の視点から記入することになっています。

②指導上参考となる事項は1年間の指導の過程と幼児の発達の姿について以下の事項を踏まえ記入することが示されています。

一つは「幼稚園教育要領第2章ねらい及び内容」に示された各領域のねらいを視点として、対象児の発達の実情から向上が著しいと思われるもの。もう一つは、幼稚園生活を通して全体的、総合的にとらえた幼児の発達の姿です。

また、次の年度の指導に必要と考えられる配慮事項等について記入し、新しい担任へ申し送り事項として渡すことができます。

※この書式を使用する場合は「学籍に関する記録」という別の用紙が必要となります。

図6-6 幼稚園幼児指導要録(指導に関する記録)の参考例

ふりがな		性別		就学先				
氏　名				生年月日	平成　　年　　月　　日生			
保育所名及び所在地	(保育所名)		(所在地)〒　　－					
保育期間	平成　　年　　月　　日～平成　　年　　月　　日（　　年　　か月）							

子どもの育ちにかかわる事項

入園した時からの（例えば0歳入園ならばその時からの）過程をもとに，全体像をとらえて総合的に子どもの育ちを記入します。

養護（生命の保持及び情緒の安定）にかかわる事項	（子どもの健康状態等）
養護や健康状態に関しても，入園した時からの背景をもとに，必要事項を記入します。	

項目	教育（発達援助）にかかわる事項	
健康	・明るく伸び伸びと行動し，充実感を味わう。 ・自分の体を十分に動かし，進んで運動しようとする。 ・健康，安全な生活に必要な習慣や態度を身につける。	
人間関係	・生活を楽しみ，自分の力で行動することの充実感を味わう。 ・身近な人と親しみ，かかわりを深め，愛情や信頼感をもつ。 ・社会生活における望ましい習慣や態度を身につける。	保育に関する記録では ①子どもの育ちにかかわる事項を記入します。 ②養護（生命の保持および情緒の安定）にかかわる事項を記入します。 ・子どもの発達過程や保育の環境に関する事項等を踏まえて記載します。 ・子どもの健康状態等について，特に留意する必要がある場合は記載します。 ③教育（発達援助）にかかわる事項では保育を振り返り，保育士の発達援助の視点等を踏まえたうえで，主に最終年度（5，6歳）における子どもの心情・意欲・態度等について記載します。
環境	・身近な環境に親しみ，自然と触れ合う中でさまざまな事象に興味や関心をもつ。 ・身近な環境に自分からかかわり，発見を楽しんだり，考えたりし，それを生活に取り入れようとする。 ・身近な事物を見たり，考えたり，扱ったりする中で，物の性質や数量，文字などに対する感覚を豊かにする。	
言葉	・自分の気持ちを言葉で表現する楽しさを味わう。 ・人の言葉や話などをよく聞き，自分の経験したことや考えたことなどを話し，伝え合う喜びを味わう。 ・日常生活に必要な言葉がわかるようになるとともに，絵本や物語などに親しみ，保育士や友だちと心を通わせる。	
表現	・いろいろなものの美しさなどに対する豊かな感性をもつ。 ・感じたことや考えたことを自分なりに表現して楽しむ。 ・生活の中でイメージを豊かにし，さまざまな表現を楽しむ。	

施設長名	㊞	担当保育士名	㊞

図6-7　保育所児童保育要録の参考例

「保育所児童保育要録」に記載する事項には，
〇入所に関する記録
〇保育に関する記録
がある。
左記の書式は「保育所児童保育要録」の様式の参考例である。様式については，各市町村において，これを参考として地域の実情等を踏まえ，創意工夫のもと，様式を作成することとなっている。（「保育所保育指針の施行に際しての留意事項について」平成20年3月28日厚生労働省雇用均等・児童家庭局保育課長通知より）

「認定こども園こども要録」に記載する事項には，
○「学籍等に関する記録」
○「指導及び保育に関する記録」
がある。

左記の書式は，「指導及び保育に関する記録」の様式の参考例である。各設置者等において，創意工夫のもと，作成する。なお，認定こども園である保育所が作成する場合には，市町村と相談しつつその様式は各設置者等において定めることが可能である。（「認定こども園こども要録について」平成21年1月29日文部科学省初等中等教育局幼児教育課長　厚生労働省雇用均等・児童家庭局保育課長通知より）

ふりがな			平成　年度	平成　年度	平成　年度	平成　年度
氏名		養護				
平成　年　月　日生						
性別						
子どもの育ちにかかわる事項		（子どもの健康状態等）				
	ねらい（発達をとらえる視点）		(学年の重点)	(学年の重点)	(学年の重点)	(学年の重点)
健康	明るく伸び伸びと行動し，充実感を味わう。	指導の重点等				
	自分の体を十分に動かし，進んで運動しようとする。					
	健康，安全な生活に必要な習慣や態度を身につける。		(学年の重点)	(学年の重点)	(学年の重点)	(学年の重点)
人間関係	園生活を楽しみ，自分の力で行動することの充実感を味わう。	教育	指導および保育に関する記録では，1年間の指導および保育の過程と子どもの発達の姿について記入します。記載する項目および内容は，幼稚園幼児指導要録とほぼ同様です。幼稚園幼児指導要録に「養護」（生命の保持および情緒の安定にかかわる事項）と「（子どもの健康状態等について）」が加わったと，書式から見ることができます。認定こども園こども要録では，満3歳以上の子どもについて作成します。			
	身近な人と親しみ，かかわりを深め，愛情や信頼感をもつ。					
	社会生活における望ましい習慣や態度を身につける。					
環境	身近な環境に親しみ，自然と触れ合う中で様々な事象に興味や関心をもつ。	指導上参考となる事項				
	身近な環境に自分からかかわり，発見を楽しんだり，考えたりし，それを生活に取り入れようとする。					
	身近な事象を見たり，考えたり，扱ったりする中で，物の性質や数量，文字などに対する感覚を豊かにする。					
言葉	自分の気持ちを言葉で表現する楽しさを味わう。		いずれの要録も一人ひとりの記録から最終的にまとめられて小学校に送られるのです。その子の伸びようとしている育ちをつなげます。要録では，子どもの連続的な発達を保障するうえで，その子のよさが今後どのように伸ばされるかを視点に入れて記載することが望まれます。保育者は，この作業を通して自らの保育を振り返り，今後の指導に役立てていくことが大切です。			
	人の言葉や話などをよく聞き，自分の経験したことや考えたことを話し，伝え合う喜びを味わう。					
	日常生活に必要な言葉がわかるようになるとともに，絵本や物語などに親しみ，保育士や友だちと心を通わせる。					
表現	いろいろなものの美しさなどに対する豊かな感性をもつ。					
	感じたことや考えたことを自分なりに表現して楽しむ。					
	生活の中でイメージを豊かにし，さまざまな表現を楽しむ。					
出欠状況	年度／教育日数／出席日数	備考				

図6-8　認定こども園こども要録（指導および保育に関する記録）の参考例

（熊田凡子）

3．特別な援助が必要な保育の記録

(1) 個別支援計画のための記録

発達障がいをもつEくんの記録について考えてみましょう。

「Eくん，お集まりで座っていたと思ったら，やっぱり席を立って絵本棚のところに行ってる……」。個人記録には「お集まりで着席せず好きな絵本を見ていた」と書かれるかもしれません。この記録からはどのような支援計画が生まれるでしょうか？　目標は「着席できるようになる」でいいのでしょうか？　行動を細かく見てEくんの学びとして記録してみましょう。ポイントは「なぜ？」です。

「お集まりになったらみんなと一緒に座った」　なぜ？
　　座る時間だと知っている。並んで座っていても大丈夫と思うだけの信頼を友だちに対して抱いている。
「席を立って」　なぜ？
　　座る必要がなくなったか，座っていられない状況になった。そういえばいつも同じくらいの時間までは座っているみたい。ならば，その理由は何だろう。
「絵本棚に」　なぜ？
　　絵本が見たいから？　それなら，お集まりの席で見てもいいのかな。それとも場所を変えることに意味があるのかもしれない。

こうして「なぜ？」と考えながら見ていくと，「いつものこと」と済ませているEくんの姿にも保育者の知らないEくんが潜んでいそうです。行動を細かく書き出して記録し，思いついたことを書き加えてみましょう。

```
朝のお集まりで着席。お当番さんが前に出る時に席を離れて絵本棚へ。
いつもの図鑑を取り出して見ている。
```

- 座っているべき時間は終わったと思うのか？
  あるいは，お当番さんと子どもの言葉のやりとりがイヤ？
- 部屋から出ていった時には呼びに行ったけれど，絵本棚にいれば呼ばれていない。
- 同じ図鑑を見ているのはなぜ？　図鑑のどこを見ている？
  図鑑だけを見ているのだろうか？　本当に注意は図鑑に向いてるの？

図6-9　Eくんの記録例

Eくんが図鑑を出した後のこと，見てみなくっちゃ！　お家では図鑑を見ているのかしら？　Eくんのことをもっと知りたくなってきます。記録することでEくんへの関心が深くなれば，保育者には次にしたい援助の内容が見えてきます。記録にたくさん「なぜ？」を書き込んでください。すぐには読み取りを書き加えられなくても，読み取りのためにはどこを見るべきかは見えてきます。子ども理解につなが視点が明確になることは，それでもう十分に支援計画なのです。

(2) 支援を引き継ぐ記録
　発達障がいがあると環境の変化が子どもに大きな混乱を引き起こすことが少なくありません。子どもの混乱が保護者の不安を増大させ，そのために子どもがさらに混乱する悪循環も起こります。悪循環を避けるために，幼・小接続での支援の引き継ぎは重要です。また，入学後の子どもの行動に学校の先生が混乱しクラス経営に支障をきたすこともあります。事前情報があれば対処できることは少なくありません。学校生活のスタートで子どもができるだけ早く安定を得られ，学びにつながるように援助するのが引き継ぎです。提供される子どもの記録資料が，子どもの「取扱い説明書」にならないように注意が必要です。
　記録資料は保護者と一緒に作ることが望まれます。障がいにかかわる情報は取扱い注意の個人情報で，記された一つの言葉が保護者の感情的反応を引き起こすこともあります。保護者の同意を得た内容でないと小学校ではその情報を使いにくいのです。また，発達障がいでは園での姿と家庭での姿が違うことが珍しくありません。引き継ぎのために園と保護者が共同で記録資料を作成することで，園と保護者の両方にとって「その子」の理解が深まり，内実のある幼・小接続につながっていくでしょう。

(3) みんなの指導計画が豊かになる
　特別な援助が必要な子どもの記録は，その子どもに対する理解と援助だけのものにとどまりません。行事参加が難しいかと心配されたFくんについて見てみましょう。
　園では発表会に年長組が本格的な楽器の合奏をするのが恒例です。Fくんが参加できるように考えなくっちゃ，と担任の先生方で作戦会議となりました。彼の好きなものを合奏に組み込めるといいのだけれど……とFくんの記録の綴りを見返していた先生が，「ままごとのフライパンを棒で叩いて，子どもたちに『うるさい！』って言われていたことがあったよねえ。あれ，使えないかなあ」と提案します。ままごとに使われている本物のフライパンです。それなら

引き継ぎ
　引き継ぎの記録の様式は，県や市が作成するものや特別支援学校や療育機関が作成するものがあるが，園が独自に作っているものもある。私立木の花幼稚園（石川県金沢市）が保護者とともに作成している「育ちのノート」では，家庭からの情報として「生育歴で気になったこと」「家庭でのかかわりの姿：空間・モノ・ひと」「コミュニケーション」「生活（身辺自立）」「その他（文字・製作・運動・安全など）」「特徴的な事柄」の欄を設け，別頁に各欄に記入したことを表す具体的なエピソードが書かれる。園からの情報として「入園からの様子」「集団生活でのかかわりの姿：空間・モノ・ひと」「コミュニケーション」「行事の取り組みについて」「特徴的な事柄」の欄を設け，家庭からと同様にエピソードの頁が設けられている。

ば，と先生たちは園にある台所用品をあれこれ出して保育室に並べてみました。Fくんのために考えたことではあったのですが，あれこれ叩いて大喜びしたのはクラスの子どもたちでした。家にはないような大鍋を紐でぶら下げて太鼓のバチで叩いたり，金属製のボウルの中で泡立て器を動かしてシャカシャカ音を立てたり，まな板の上で包丁を刻むようにめん棒を上下させてリズムをつくったり，楽しい合奏づくりになっていきました。発表会当日，例年のように先生の指揮で進む合奏ではなく，子どもたちが顔を見合わせタイミングを合わせて進む合奏は，年長組だからこその友だち関係の姿を保護者に見ていただく場となりました。

　みんながすることにどうにかしてFくんを参加させるという発想ではなく，彼の興味をクラスの活動に生かすことをと保育者が考え，クラスの子どもたちはFくんがいなければできなかった活動を体験しました。個人記録で見つけたエピソードから一人の子どもの興味・関心に注目したことで，「例年通り」になりやすい行事の指導計画が見直された事例です。

（大井佳子）

4．「安全保育と危機管理」に関する記録

(1) 安全保育の記録

① 日常の保育の中で

　保育者は，毎日の保育の中で，子どもの生命を預かっています。ですから，子どもの健康と安全に十分配慮して保育を行うことは基本です。子どもの心身の状態，健康状態，発達経過に応じた保育をすることは，大切なことですから，常に目の前の子の状態を把握していることが求められます。そのため，登園時に行う視診や検温，保護者からの連絡情報などは，その日の子どもの心身の状態を正確に把握する手段となります。

　また，午睡時では一人ひとりの睡眠中の状態や寝つき・寝起きの状況に応じて適切な対応が必要となるでしょう。

　園内・園外保育においては，常に保育者が子どものケガおよび病気に対して迅速な対応ができるよう事故発生についての知識，その予防法の理解は大切です。特に，事故やケガなどに対しては，「事故防止マニュアル」として，安全保育に関する保育者の共通理解や体制づくりを図ります。しかし，保育者が防止ばかりにとらわれてしまい，子どもの心がワクワクするような大切な経験が閉ざされてしまわないよう，対応していきたいものです。

② 乳児保育の中で

　保育所では，1歳未満の赤ちゃんが生活しています。乳児の対応では，さら

「事故防止マニュアル」
（保育所保育指針解説書より）
第5章「健康と安全」
(2) 事故防止及び安全対策
③事故防止マニュアルの整備と事故予防
「事故防止のために，日常どのような点に留意すべきかについて，事故防止マニュアルを作成し，その周知を図る必要がある。
○日常的な事故予防：あと一歩で事故になるところだったという，ヒヤリ・ハッとした出来事（インシデント）を記録し分析して，事故予防対策に活用することが望まれる。」
（保育の中では，ヒヤリ・ハッとすることは日常茶飯事であろう。そのヒヤリ・ハッとするのは，保育者である。子どもにとってその出来事には，どのような意味があるだろうか，その子のその時の思いはどうなのかに目を向けていたい。マニュアル化されつつある事項は，誰のためのものか疑問に感じている。）

に細やかに留意します。特に，乳幼児突然死症候群（SIDS）という，元気だった赤ちゃんが睡眠中に何の前ぶれもなく死亡する，死亡原因は解剖検査によっても判断できない病気があります。これを防ぐために，赤ちゃんの睡眠時に点検をすることも必要になっています。下記のチェック表は睡眠時の確認するためのものです。皆さんだったら「✓」点だけで済ませますか。

表6-1　睡眠記録表

睡眠チェック表　　　日にち（　　月　　日　（　　曜日））

氏名	11:30	11:40	11:50	12:00	12:10	12:20	12:40	12:50	13:00	13:10	13:20	13:30	13:40	13:50	14:00	14:10	14:20
○○	✓	✓	✓	✓	✓												

例えば，その時の様子，寝顔はどうでしょう。一人ひとり違うでしょう。顔の向きはどこか好きな方向はあるでしょうか。息遣いは。肌の動きは。その子にとって，心地よい姿勢があるかもしれません。先生たちが，身体全体の感覚を使って感じることが，チェックなのではないでしょうか。

チェックは単なる作業ではなく，その子とともに生きていることを味わえる大切な瞬間なのかもしれません。

③　疫病などに対して

近年，アトピー性皮膚炎やアレルギー体質の乳幼児が増えています。その子に対しては，医師の指示に従った対応が必要になります。保護者との連絡を密にとり，食事制限を行うなど，いろいろな配慮を要します。

また，保育中に子どもの具合が悪くなった場合にも，嘱託医あるいは，かかりつけの医師への連絡などを行い，適切な処置が必要になります。

日々の保育における記録には，一人ひとりの子どもの特性やエピソードが記されています。病気にかかった子の様子を詳しく伝えるツールとなることがあるかもしれません。

(2) 危機管理の記録——災害への備えと避難訓練

保育における避難訓練は，消防署をはじめ，近隣の地域住民，そして家庭との連携のもとに行うことが必要です。避難訓練の計画，マニュアルによって，行われ，その後，報告書を記録します。その記録から改善点や問題点，気づきが生まれ，それによって，保育者の対応力が高まることに期待できるでしょう。

ここで，筆者が保育所で保育士をしていた時の避難訓練のエピソードを紹介してみます。「子どもにとって，保育者にとって，避難訓練とは何か」を考えてみましょう。

筆者は0歳児担当（乳児8名，保育士2名，看護師1名）であった。ある避難訓練の日，一人の保育士が体調不良で急に欠勤となり，乳児も一人欠席であった。

災害への備えと避難訓練
（保育所保育指針解説書より）
第5章「健康と安全」
(2) 事故防止及び安全対策
②災害への備えと避難訓練

火災や地震等の災害発生に備え，避難訓練計画，職員の役割分担の確認，緊急時の対応等について，マニュアルを作成し，その周知を図るとともに，定期的な避難訓練を実施することが求められます。（保育における避難訓練では，計画的にマニュアルが作成された状態で行っている。保育者にとっては，その時の移動，あるいは担当の行為など，安全確保の順序を把握することには役立っている。しかし，マニュアルにとらわれ過ぎて，保育者のとっさの判断力や瞬発力，察知力などが薄れてしまわないか。実際の災害時には，そのような保育者の力が重要であると感じている。）

その日は，火事を想定し，０歳児クラスの２階から滑り台で避難することになっていた。筆者は園長に，「この担当状態（乳児７名に対して大人２名）で避難訓練をしてもよいのか」と確認をした。園長は，「避難訓練というものは，いつ起きるかわからない災害を想定して行うものであるので，あなたと看護師と二人で対応してみなさい。どうしても必要なら保育士一人をクラスに送ります」ということであった。実際に，ベルが鳴り，避難開始！　まず，筆者はM児をおんぶ紐で背中に，H児は右腕で，S児を左腕で，A児を股にはさんで滑り台をスーッと降りた。看護師の方は一人をおんぶして，二人の子どもを股に前後に並べて滑り降りた。子どもとともに一心同体でチャレンジした気持ちであった。本当の危機感を味わい，４名の乳児と一体感を感じた瞬間であった。

　その日の振り返りでは，「あのような行為は乳児がケガをしてしまうのではないか。」「危なくて仕方なかった。」など，反省にあがっていたが，筆者にとっては，本当に火災になっていたら同じ行為をしていたはずであるので，身体全体を使って感覚で覚える貴重な体験であった。今でも懐かしく思い出します。

　子どもの生命を預かる保育者として，目の前の子どもたちのために，本当に大切なことは何なのかを考えていくことが必要なのではないでしょうか。

（熊田凡子）

考え深め話し合おう

1. 保育所・幼稚園・こども園での保育の記録について，どんな記録があるか調べてみましょう。
2. 実習記録を使って，皆さん自身を保育者として評価してみましょう。

Note

コラム　現場から見た保育原理 ⑤

保育評価とPDCAサイクル

　保育現場におけるPDCAとは，子どもの姿を介して自分の指導内容を見つめ直すということです。さまざまな家庭環境から集まった子どもたちは，まず集団の中でどのように立ち居振る舞いを取ったらよいのか知りません。子どもは正直なので，自分が育ってきた環境，親から受けたしつけや価値観に従って集団の中でも過ごします。ここに，保育の難しさがあります。

　私たちは，保育を進める際にカリキュラムに沿って計画を立てますが，計画通りに事が運ばないケースが多々あります。

　例えば「折り紙を折る」とします。あらかじめ立てたカリキュラムはおおむね実施する年齢の子どもの発達の平均値を基準にして作成されていますが，折り紙に興味のない子どももいれば，やりたいけど難しくてできないという子どももいます。家庭でたくさん経験している子どももいれば，ほとんど経験のない子どももいます。それらの子どもが同じ時間で同じ作業をするわけですから，あちらこちらでさまざまな子どもの反応が出てきて当然です。

　保育者がやりがちな評価の失敗例は，作品のできばえを見て手先が器用かそうでないか，説明を聞いて理解が早いかそうでないか，作業が丁寧か乱雑かなど，結果を見てからする子どもの判断です。結果は子どもの成長段階を確認する材料にはなりますが，それが評価ではありません。

　保育評価の本来の意味する目的は，できたかできなかったかということではなく，その作業を通じて子どもの心のどの部分が刺激され，どんな内容と向き合い，内面のどの部分が育ったのかということを観察することです。そのためにはできばえを評価するのではなく，作業の過程に目を向けます。そして，その子どもが

　①何に戸惑い，何に困難を感じたのか。
　②どんなことで喜び，どこに充実感をもったのか。
　③どんな内容ではがんばれて，どこでくじけたのか。

など，その子どもの姿から内面を評価していくことが求められます。

　そういう見方をしていくと，一人ひとりの正しい子どもの姿が見えてきて，今，発達段階のどの部分にいるのかがわかるようになります。

　正しいかかわり方を見つけるには，子どもの理解が欠かせません。

　①その子どもの大事にしているものは何か。
　②その子どもがひたむきに向き合っている課題は何か。
　③その子どもの心のどの部分が喜びや達成感を感じているのか。

などを読み取っていきます。そうすることにより，どのようなかかわり方をすればその子どもにとって有効なのか，という具体的な方向性が見えてきます。

　評価とは，保育者の価値観や目線で子どもの結果を評価することではなく，子どもの姿から保育者の取るべき指導のあり方を見つけ，改善するという目線で行われなければいけません。　　　（塩田寿美江）

7 章
子ども・子育て支援

――― この章で考えましょう ―――

　2012（平成24）年に成立した子ども・子育て関連3法に基づき，2015（平成27）年より子ども・子育て支援新制度が実施されています。この制度の趣旨のひとつに，地域の実情に応じた子ども・子育て支援があります。

　保育所保育指針や幼稚園教育要領では，保育所（園）や幼稚園は地域における子育て支援の拠点であることが述べられています。在籍児を守り育てる機能だけではなく，地域の子育てに関する相談や援助，情報提供および交流の場の提供などが求められています。

　現代社会において，親自身の体験が乏しく虐待の連鎖の中で子どもの命が守られないなど，子育て支援はさらに大きな役割を担っています。

　本章では，子ども・子育て支援新制度が成立した背景などを踏まえつつ，保育所（園）・幼稚園・認定こども園などでできる子ども・子育て支援について考えてみましょう。

（大橋）

1節　子育て支援とは

1．子育て支援の歴史

　かつての日本では，子どもは家族と地域の中で育てられていました。地域での子育てが活発化していた江戸時代を例にとりますと，子どもの誕生は単にその一家族にもたらされる慶び事ではなく，地域全体で迎え入れる喜び事であったのです。そして，"名付け親"に代表される多くの"仮親"が地域社会には存在し，地域ぐるみの子育てが行われていました。このように地域社会で子育てをする江戸時代の背景には，約4人に3人は死亡するという乳幼児の死亡率の高さ[1]が要因の一つにあります。そのため，生まれた子どもの命を守り育てることに親は心血を注ぎ，地域社会全体で協力して子育てをしていました[2]。

　時代は流れ，1950年代の日本は，衛生面や栄養面の向上，医療の発達により，乳幼児の死亡率は世界でも格段に低くなっていきます。また，工業化にともない，地方の若い労働力が集団就職などで都会に集まります。

　1960年代，ビルや高速道路の建設ラッシュ等の要因によって日本の高度成長は続き，合計特殊出生率は上昇し，都会で暮らすサラリーマンが増えます。この活気ある時代の様子を映画「ALWAYS 三丁目の夕日」で観ることができます。核家族は郊外の住宅に住み，専業主婦が増加し，地域のつながりが希薄化していきます。その頃，「男は仕事，女は家庭」という男女の固定的な役割分業が徹底されていました。そして，夫婦間に子どもが誕生すると，それまでの夫婦だけの生活から子どもの育児が最優先され，母親は掃除・洗濯・料理等の家事に追われ，家族や地域の子育て支援もなく，子育ての負担が母親に集中するようになりました。「あこがれの郊外での専業主婦」の現実は，子育てに協力を得られない「専業主婦の報われなさ」に変わり，育児不安になる母親も多く，合計特殊出生率が1975（昭和50）年から低下していきます（図7－1）[5]。

　1990（平成2）年に合計特殊出生率が過去最低の1.57となり，少子化対策を求める世論の高まりを受け，政府が少子化対策に乗り出したことが子育て支援の発端になりました。従来は公的支援の対象でなかった家庭も含め，全家庭を社会が支える子育ての社会化が訴えられ，国策として，1995（平成7）年に子どもを産み育てる保育サービスの充実を盛り込んだ「エンゼルプラン」が制定されました。また，2000（平成12）年に保育関係施設・サービス充実に対する支援を中心とする「新エンゼルプラン」が制定されました（図7－1）。

育児不安

「子どもの現状や将来，或いは育児のやり方や結果に対する漠然とした恐れを含む情緒の状態，また無気力や疲労感，或いは育児意欲の低下などの生理的現象を伴ってある期間持続している情緒の状態，或いは態度を意味する。」（牧野カツコ，1982）[3]

育児不安の表れ方は，育児への自信のなさ，心配，困惑，母親としての不適格感，子どもへの否定的な感情といった心理的なものから，攻撃性・衝動性を伴う行動までさまざまなものがある。（厚生労働省委託調査「子育て支援策等に関する調査研究報告書」2003）[4]

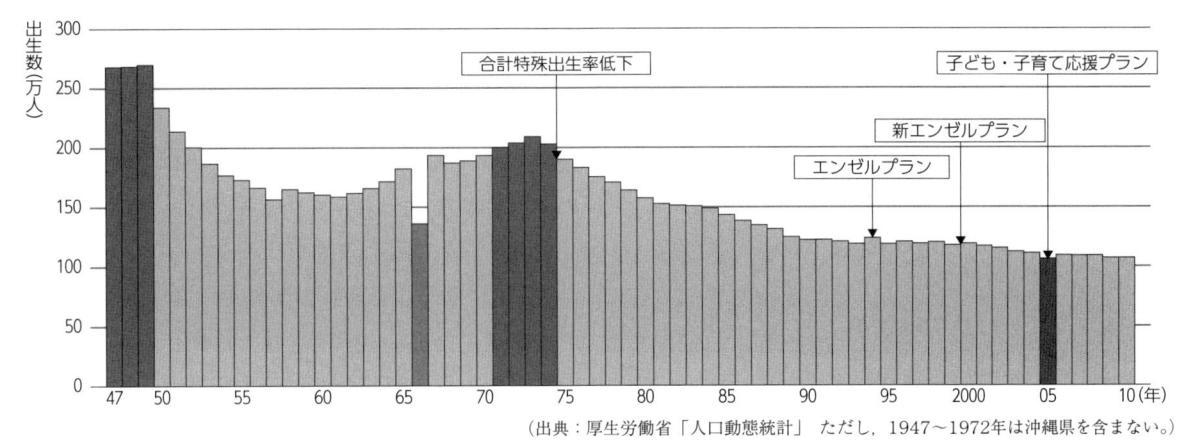

図7-1　出生数の年次推移と少子化対策（厚生労働省の統計資料に加筆）
（出典：厚生労働省「人口動態統計」　ただし，1947～1972年は沖縄県を含まない。）

　そして，2001（平成13）年の児童福祉法の一部改正をもって「子育て支援」という言葉が初めて制度上使用され，保育者の業務として「保護者（親）に対する保育の指導」が規定されました。

　しかし，少子化に歯止めはかかりませんでした。そこで2005（平成17）年から実施された「子ども・子育て応援プラン」では，「少子化社会対策基本法」（2003年成立）に基づく少子化対策大綱が示され，子育て世代の働き方と若者自立策にまで対策を拡大し，「子どもが健康に育つ社会」「子どもを生み，育てることに喜びを感じることのできる社会」という転換が図られることとなったのです。

　2008（平成20）年，「保育所保育指針」[6]第3次改定では，保育所における地域の子育て家庭への事業内容が示されました。このように，保育者が地域子育て支援を含む保護者支援の一端を業務として担うことが強調されてきたといえます。この政策的な動向を受けて，保育所はそれぞれがもつ特色を生かした多様な子育て支援の取り組みを展開し，地域の中に存在することになっていったのです。

　子育て支援事業を児童福祉法上位置づけられた2008年以降は，児童虐待や障がい児支援などの"要保護児童支援"中心から，「すべての子どもの健全育成」という"予防的支援"への転換期となり，保育者の専門性を生かした子育て支援が求められています。「子育て支援」には，"保育所における親支援，および地域の子育て支援活動"といった福祉専門職の要保護児童対策という目的よりも，むしろ家庭生活の変遷とその背景にある社会的状況への理解と，予防的支援に関する内容拡充がますます重要となっています。人間関係が希薄になった少子化社会において，子育て支援と保育の問題は今や身近なこととなっています。つまり，この子育て支援を推進するためには，子育てを行っている保護者

「子育て支援」と「子育ち支援」

　「子育て支援」の対象は親子であり，親の観点を重視してとらえている。
　一方，「子育ち支援」の対象は子どもである。子どもは自ら考え，主体的に「生きる力」を学び取るととらえている。

地域からの孤立

　自立生活ができる独身者の多くは，近所づきあいをわずらわしいと感じ，あまり重視されない傾向にある。しかしながら，ひとたび子どもをもてば，子どもを介して近所づきあいが始まるものである。
　子育てを通じたつきあいと母親の子育ての楽しさの関係を見ると，より親密なつきあいがある母親はつきあいのない母親に比較して，子育てを楽しいと感じている者が多く，辛いと感じる者は少なくなっている。地域と親密なつきあいのないことが，育児不安を助長しているものと思われる（厚生労働省，2003）。

7章 子ども・子育て支援　101

を保育者が理解することが必要不可欠なのです。

2．子育て支援の"いま"

　現代社会の中で，子育てをするのは保護者にとって大きな負担であり，安心して子育てができない環境の問題が顕在化してきています。その負担が出生率の減少傾向，未婚化・非婚化・晩婚化の進行に表れています。国立社会保障・人口問題研究所(2011)によりますと，子どもを産むことをためらう理由は，「子育てや教育にお金がかかりすぎるから」「高年齢で生むのは嫌だから」などがあげられています。そのような中，少子化対策として始まったのが子育て支援です。少子化対策とは一人でも多くの子どもを産み増やすことを意味しますが，本来の子育て支援とは"豊かな子育て"をめざすことに意義があるのです。

　子育て支援の対象は子どもと保護者です。"オギャ～"と泣いて産まれて間もない子どもは，いつの時代も変わりませんが，"いま"の保護者は変化しているのでしょうか。図7－2は，統計が取られるようになった1990年から23年間の児童相談所に寄せられた児童虐待の相談件数のデータです。その相談件数は年々増加し続けています。2013年度中に全国の児童相談所が対応した児童虐待相談対応件数は，過去最多の73,765件でした。

　一般的には児童虐待が急増していると問題視されていますが，実は，児童虐待の事件をきっかけに，地域住民らの問題意識が高まって，通報件数が増えたことや，相談窓口が社会的に認知され，保護者が相談しやすくなってきたことも増加の理由の一つだと考えられています。この件数が物語っているように，

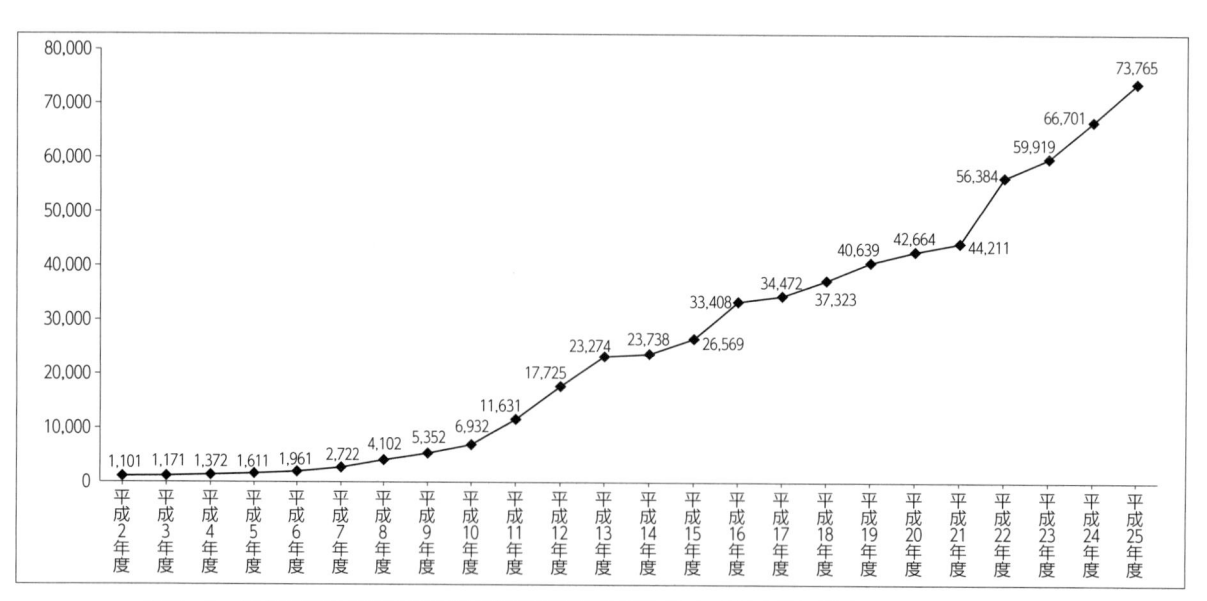

図7－2　児童相談所における児童虐待相談対応件数の推移（出典：厚生労働省「社会福祉行政業務報告 2014」）

子育てに悩む保護者は，児童相談所に助けを求めるほど，誰かに話を聞いてもらいたいと思っているのです。本当は，誰かに話を聞いてもらいたい時，"いま"の保護者は"公園デビュー"ならぬ"子育て支援デビュー"を行いたいと考えるでしょう。

　しかしながら，初めてのことに飛び込む自信のない保護者も多いのです。なぜならば，保護者が育ってきた1990年代以降は，経済不況が長期化する時代で，いじめ，不登校，キレルなどの子どもの問題が指摘されています。また，格差問題，貧困問題，基本的生活習慣の破壊，地域の子育て文化の衰退など，子育てが困難な社会であり，保護者も子育てに自己効力感をもてないでいるのです。

　保育者は，保護者の置かれている状況を理解したうえで，保護者とつきあっていかなければ，保護者との感覚がずれたまま，何かトラブルが起こった時は理解できないという深みにはまっていきます。例えば，何かと保育所に苦情を申し立てる保護者は，苦情を口に出すことによって自分自身を認めてほしいと自分の存在を他者にアピールし，保育所とつながっていたいという気持ちを深層に秘めていることも考えられます。保育者は「こんなに説明をしているのに，なぜ保護者は保育所側の気持ちがわからないのか」と憤慨する前に，保護者の状況を踏まえ，保護者が置かれている社会的背景と生活問題を理解しなければならないのです。

　具体的な子育て支援について，「保育所保育指針 第6章 保護者に対する支援」では，保育所における保護者に対する支援は保育者の業務としています。そして，「保育所保育指針」には「保育所における保護者に対する支援の基本」として，補足に記載した7つが定められています。

　子どもを産み育てるという個人の自己決定権や生き方の多様性を尊重しながら，社会のマイナスを少なくするために，2015（平成27）年4月に「子ども・子育て支援新制度」が施行されました。地域の実情に応じた子ども・子育て支援（利用者支援，地域子育て支援拠点，放課後児童クラブなどの「地域子ども・子育て支援事業」）の量の充実や質の向上を進めています。教育・保育施設を利用する子どもの家庭だけでなく，在宅の子育て家庭を含むすべての家庭および子どもを対象として，子育て支援を実施しています。

　具体的に，地域社会から求められている保育所の役割は，保育所内での保育（通常保育，障がい児保育，延長保育，夜間保育）と，地域の子育て家庭の保護者支援です。保育所は地域において最も身近な教育・福祉施設であり，そこで働く保育者の役割は重要で，助けを求めている保護者には保育者が大いに助けとならなければならないのです。

（大森弘子）

保育所における保護者に対する支援の基本（「保育所保育指針第6章」より抜粋）

1．子どもの最善の利益を考慮し，子どもの福祉を重視すること。
2．保護者とともに，子どもの成長の喜びを共有すること。
3．保育に関する知識や技術などの保育士の専門性や，子どもの集団が常に存在する環境など，保育所の特性を生かすこと。
4．一人一人の保護者の状況を踏まえ，子どもと保護者の安定した関係に配慮して，保護者の養育力の向上に資するよう，適切に支援すること。
5．子育て等に関する相談や助言に当たっては，保護者の気持ちを受け止め，相互の信頼関係を基本に，保護者一人一人の自己決定を尊重すること。
6．子どもの利益に反しない限りにおいて，保護者や子どものプライバシーの保護，知り得た事柄の秘密保持に留意すること。
7．地域の子育て支援に関する資源を積極的に活用するとともに，子育て支援に関する地域の関係機関，団体等との連携及び協力を図ること。

考え深め話し合おう

〈演習〉

1. あなたが保育者の場合，下のイラストを見て，母親にどのような言葉をかけますか。

① 子どものあそんでいる様子をにらんでいる母親。
② 保育者が母親に言葉かけをしている。 

おかあさん，

2. 右の4コマ漫画のイラストを見て，母親，子ども，保育者それぞれにセリフをつけてみましょう。また，母親と子どもそれぞれの気持ちや，保育者がこの場面で意図していることも考えてみましょう。

3. 考えたセリフを母親，子ども，保育者になりきり，グループごとに発表してみましょう。

（母親から子どもへ）

（子どもから母親へ）

（保育者から母親へ）

（母親からママ友へ）

2節　子どもを取り巻く環境の変貌

1．少子化の背景と対策

(1) 少子化の原因

　政府のさまざまな施策にもかかわらず，また，多くの人々が少子化の現状を一定の危機感をもってとらえているにもかかわらず，少子化改善の兆しは現在も見られません。厚生労働省によると，2013（平成25）年の子どもの出生数は，前年より7,431人少ない102万9,800人となり，過去最低数を記録しました。そこには，いったいどのような問題が潜んでいるのでしょうか。

　現代日本における少子化には，次のような原因と背景が考えられます。

　① 晩婚化・晩産化および未婚化の進行

　平均初婚年齢は，20年前の1993（平成5）年の夫28.4歳，妻26.1歳から，2013（平成25）年には夫30.9歳，妻29.3歳と大きく上昇しています。それにともなって，2011（平成23）年に初めて30歳を超えた第一子出生時の母親の平均年齢は，2013（平成25）年には30.4歳となり上昇を続けています。

　また，未婚化についても，例えば30～34歳の未婚率は，1980（昭和55）年頃には男性21.5％，女性9.1％でした。ところが，30年後の2010（平成22）年には，男性の47.3％，女性の34.5％が結婚していないことを，総務省の国勢調査は示しています。さらに，生涯未婚率についても，1980（昭和55）年の男性2.60％，女性4.45％に対して，2010（平成22）年には男性20.14％，女性10.61％とやはり急激な上昇が見られます。

　② 夫婦の出生力の低下

　夫婦のもつ子どもの数を示す合計結婚出生率は，1951（昭和26）年には3.61でしたが，2009（平成21）年には1.86と，やはり低下を示しています。今後，晩婚化の進行が止まっても，年齢的な限界等により子どもを産むことを断念せざるを得ない人も多く，出生率は低下傾向が続くのではないかという予測もあります。

(2) 少子化の背景

　それでは，晩婚化や未婚化の背景には，どのような要因があるのでしょうか。内閣府が行った「家族と地域における子育てに関する意識調査について」の中には，図7-5のような結果が見られます。

夫婦の出生力

　合計結婚出生率は，夫婦の最終的な出生子ども数を意味するが，結婚から15～19年の期間の夫婦の平均出生子ども数を「完結出生児数」という。厚生労働省の内部機関が1940年から5年ごとに調査しているが，2010年にその数は1.96となり，調査開始以来初めて2人を下回った。

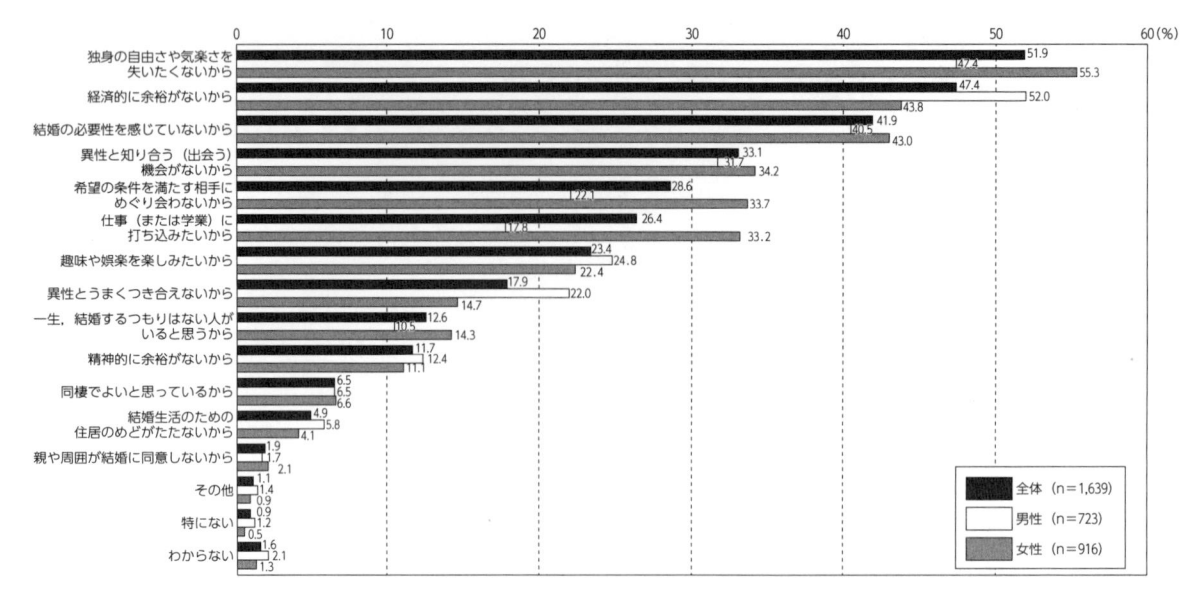

図7-5 若い世代で未婚・晩婚が増えている理由（出典：内閣府「平成26年版 少子化社会対策白書」）

独身の自由さや気楽さを失いたくない，結婚の必要性を感じていない，といった答えとともに，経済的・精神的なゆとりのなさが男女ともに高い割合であげられています。

(3) 少子化対策

少子化は日本の将来にとって深刻な問題です。しかし，子どもを国や社会の資源と見なし，そのために出生数を上げなければいけないといった考え方は，子どもの人権や主体性を尊重するものではありません。ましてや，仕事を含めた自己実現のために結婚をしないという選択や，結婚をしても子どもをもたないという選択も，本来は個人の自由であり，社会から批判を受けるようなものではないはずです。けれども，結婚や出産を望んでいるにもかかわらず，それが社会的な要因によって阻害されているような場合には，社会が支援の方法を確立していく必要があり，また，家庭で子どもを育てるにあたって，社会の情勢やライフスタイルの変化などによって子育てが困難な状況があるのであれば，それを取り除いていく方策を自治体や地域で考えなければなりません。

2015（平成27）年4月にスタートした「子ども子育て支援新制度」を支える「子ども・子育て支援法」は，出生率の低下に歯止めをかけるべく，「子どもを産み，育てやすい社会の創設」をめざして制定されました。①質の高い幼児期の学校教育・保育の総合的な提供，②保育の量的拡大・確保，③地域の子ども・子育て支援の充実，を主要点としていますが，その根底にワーク・ライフ・バランスの確立や経済的支援が不可欠であることはいうまでもありません。

ワーク・ライフ・バランス
仕事と生活の調和。国民一人ひとりがやりがいや充実感をもちながら働き，仕事上の責任を果たすとともに，家庭や地域生活などにおいても，子育て期，中高年期といった人生の各段階に応じて多様な生き方が選択・実現できることをいう。政府は，2007（平成19）年に「ワーク・ライフ・バランス憲章」を制定した。

2. 核家族化と保育

(1) 核家族化の背景

　子どもは，家族の中で生まれ，育てられます。家族がともに生活をする場としての家庭は，子どもの大切な安全基地でもあります。子どもは，その中で，生活に必要な技術や社会規範，価値観，倫理観などを身につけて育ちます。

　それぞれの家族には，独自の生活様式や生活習慣，文化的背景などがあるのですが，それらは，その家族構成によっていくつかの形態に分類されます。祖父母・親夫婦・子どもが同居する三世代家族，三世代家族にさらに叔父・叔母等の親族が同居する拡大家族，あるいは未婚，または子どもの独立や配偶者との死別・離別による単身者の世帯，そして，夫婦と未婚の子どもからなる核家族などです。第二次世界大戦から現在に至るまでを概観しても，三世代以上の大家族は確実に減少し，核家族の世帯数が増加してきているといえます。また，高齢化や未婚化が進むにつれ，単身世帯数も増加を示しています。

　では，核家族は，なぜ増加しているのでしょう。最も大きな原因として，戦後，地方から都市部への人口流出が相次いだことがあげられます。いわゆる高度経済成長期になると，人々の動きは地方の第一次産業からますます都市部での就労に向かいました。都市にある大学等に進学する若者が増え，親元には帰らずにそのまま就職，そして結婚し，核家族として都市部に定住していくことになります。

　そのような都市部への人口集中は，都市部での経済を活性化し繁栄をもたらすものではありますが，一方で，地方の過疎化を進め，経済力や活力の低下を招いています。さらに，都市においては，地域の教育力や文化の継承の崩壊が，次代を担う子どもたちに大きな影響を与えています。

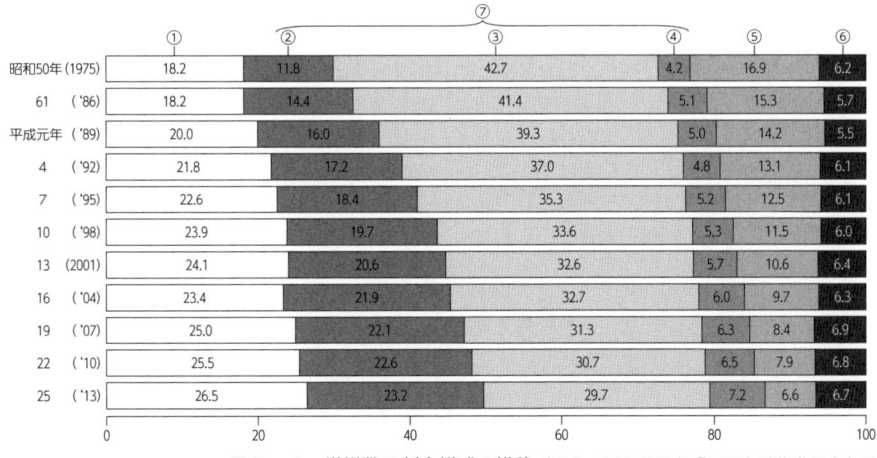

年	①単独世帯	②夫婦のみの世帯	③夫婦と未婚の子のみの世帯	④ひとり親と未婚の子のみの世帯	⑤三世代世帯	⑥その他の世帯
昭和50年(1975)	18.2	11.8	42.7	4.2	16.9	6.2
61 ('86)	18.2	14.4	41.4	5.1	15.3	5.7
平成元年('89)	20.0	16.0	39.3	5.0	14.2	5.5
4 ('92)	21.8	17.2	37.0	4.8	13.1	6.1
7 ('95)	22.6	18.4	35.3	5.2	12.5	6.1
10 ('98)	23.9	19.7	33.6	5.3	11.5	6.0
13 (2001)	24.1	20.6	32.6	5.7	10.6	6.4
16 ('04)	23.4	21.9	32.7	6.0	9.7	6.3
19 ('07)	25.0	22.1	31.3	6.3	8.4	6.9
22 ('10)	25.5	22.6	30.7	6.5	7.9	6.8
25 ('13)	26.5	23.2	29.7	7.2	6.6	6.7

①単独世帯 One-person household
②夫婦のみの世帯 household of couple only
③夫婦と未婚の子のみの世帯 household of couple with unmarried children
④ひとり親と未婚の子のみの世帯 household of single parent with unmarried children
⑤三世代世帯 three-generation-family household
⑥その他の世帯 Other households
⑦核家族世帯 Nuclear family household

図7-6　世帯数の割合構成の推移（出典：厚生労働省「国民生活基礎調査」平成26年）

三歳児神話

子どもが3歳になるまでは母親が育児に専念すべきであり、そうしないとその成長に影響を及ぼすであろうという考え方。1998年版「厚生白書」には、「少なくとも合理的な根拠は認められない」と記載されている。発達心理学者や児童保健学者等によって否定的な見地も多数述べられているが、世間一般にはこの考え方を肯定する風潮も根強くみられる。

(2) 核家族における育児

核家族の進行は、子どもや家庭にも影響を与え、育児のありようをも変化させてきました。従来、乳幼児の基本的生活習慣の形成は、家庭内で行われることが主となっていました。しかし、核家族で両親とも就労していれば、当然のことながら子どもは多くの時間を保育施設で過ごすことになります。もちろん、三歳児神話に代表されるように、育児の負担が物理的にも精神的にも働く母親を追いつめるような風潮は望ましいものではありませんが、子どもの大切な成長の節目である排泄や食事の自立が、家庭外の力にゆだねられて当たり前というような状況は、育児文化の継承に支障をきたすものであるといえます。

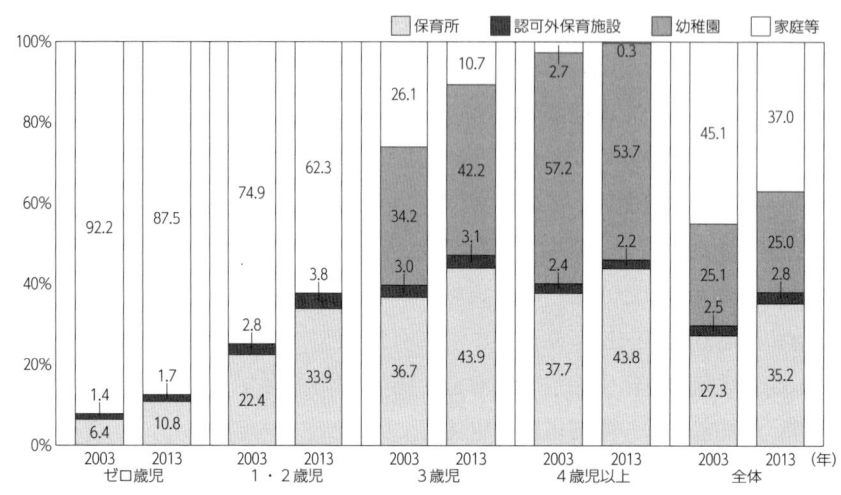

図7－7　就学前児童の保育状況　(出典：全国保育団体連絡会・保育研究所『2014　保育白書』)

(注1) 保育所入所児童数は福祉行政報告例（厚生労働省〈2013年4月1日現在〉）（概数）による。
(注2) 幼稚園在園児童数は学校基本調査（文部科学省〈2013年5月1日現在〉）による。
(注3) 認可外保育施設は厚生労働省の「認可外保育施設の現況」（2012年3月31日現在）による。
(注4) 就学前児童数（0〜5歳児人口）は人口推計（総務省統計局〈2012年10月1日現在〉）をもとに、以下のような修正を加え4月1日現在の人口を推計した。A歳児人口＝10月1日現在のA歳児人口×$\frac{6}{12}$＋10月1日現在の（A＋1）歳児人口×$\frac{6}{12}$
(注5) 合計は100.0％にならない場合がある。

(3) 子育て支援と保育

家庭外で、子どもの成長と親の生活を支える保育所は、子育て支援施設の最たるものであるといえるでしょう。保育所をはじめとする地域の保育関連施設では、さまざまな子育て支援活動に取り組んでいます。園庭開放や子育てに関する相談、一時保育などは、日常的に施設を利用する人々だけでなく、地域で暮らすすべての親子に開かれたサービスとなっています。利用者の側から考えれば、いつも利用するわけではないけれど、何かあればそこを訪ねればいい、その場所があるだけで安心できる、といった施設が地域にいくつも存在することが育児の不安を取り除いてくれるのです。

保育者の仕事は、多様化と多忙化をきわめています。しかし、保育専門職としての知識や経験によって、多くの子育て中の親を救うことができます。育児に必要な情報を発信する基地として、乳幼児の成長を支える環境づくりを配慮した保育の場での専門職による支援は、今後ますます充実が図られる必要があるといえます。

3．女性の社会進出と保育

　女性の働き方は，高度経済成長期を境にして変化しました。昭和初期には，農家や漁師の嫁として女性は労働力の一翼を担っていました。また，家族経営形態の仕事も多かったのですが，高度経済成長期以降は，企業等に雇用されて働く女性が増加します。一方で，専業主婦も登場し，「父親は外で働く一家の大黒柱」「母親は家事・育児の担い手」といった性別役割分担が明確になりました。常に子どもの傍らにいて愛情を注ぐのが当然といった理想の母親像が，現実の母親たちを次第に追いつめていくさまを大日向雅美は指摘しています。

　近年，女性の就労は，日本の経済を支えるうえでも奨励されています。電化製品の普及や食品・衣服等の既製品化も，女性が家庭外で働きやすい条件を生み出しました。また，1985（昭和60）年制定の男女雇用機会均等法によって，多くの職業で性差による区別がなくなり，女性が就ける職種の選択の幅が広がりました。一方で，配偶者のある女性は，家庭と仕事の両立の難しさや夫の扶養控除の関係で，あえてパートタイマーのような短時間労働を選択する場合も多く見られます。また，育児休暇の後に，もとの仕事に就けなかったり，正規雇用されることすらできなかったりといった壁にぶつかることもあります。最後まで正規職員として働きたい，能力や経験を発揮したいと，女性自身が希望しているのであれば，それを阻む障害を取り除き，改善策を講じなければなりません。

　女性が仕事と家庭の両立を図るためには，保育環境の整備は不可欠です。まずは，保育施設における待機児童の問題が解消され，安心して仕事に従事できる支援の体制が整わなければなりません。非正規雇用の女性が多いことや業種の幅が広がったこともあって，保育現場には多様なニーズが寄せられています。ただし，保育とは何かという原点に立ち返れば，そこには必ず子どもの最善の利益を優先する視点が必要になります。病児保育にしても夜間保育にしても，働く母親の強い味方であることは確かです。しかし，例えば幼い子どもが急な病気にかかったとき，両親のどちらかが，たとえ非正規職員であってもきちんと休暇が取れるようなシステムづくりを社会全体で考えていくことこそが大切なのではないでしょうか。

　施設の数やその設備の充実だけではなく，保育の質を高めていくことが求められています。保育所は，きめ細やかな保育の内容によって乳幼児に豊かな育ちを保障するとともに，保護者の精神的支えにもなり得る砦であるといえます。

大日向雅美
　神奈川県出身。1985（昭和60）年お茶の水女子大学大学院で博士号を取得。発達心理学を専門とする。子育てや少子化問題についても論じることが多く，内閣府の委員や懇談会での座長も多数務めている。親が喜びをもって子どもを育むためには，社会全体で子育てを支援する必要があることを提唱し，母性愛神話や三歳児神話に警鐘を鳴らした。

3節　社会の変容と子育ての変化

1．あそび場の減少とあそびの変化

　子どもにとって，あそびが発達の源泉であり，生活のほとんどを占める重要なものであることは，誰もが認めるところです。とりわけ，幼児期において，あそびのもつ意義は大きいといえますが，それは，単に子どもの一日の生活の大半をあそびという活動が占めるということだけではなく，あそびが，この時期の発達を支える中心的活動であるからにほかなりません。ところが，近年，あそばない，もしくはあそべない子どもが増えているといわれ，子どものあそびから，「時間」「空間」「仲間」という三つの「間」が失われ，さらに，あそびの「技術・方法」も伝達力の不足により，変化・消失してきています。

　本来，子どもたちの自由で開放的なあそびの数々は，野原や空き地のようなオープンスペースから生まれてきたものでした。しかしながら，住宅環境の変化により，また，必要以上に安全性が問題視されることによって，路地裏や廃屋のようなあそび場も減少していきました。例えば，家と家との間の舗装されていない路地は，1980年代頃までは子どもたちの格好のあそび場でした。玄関脇の死角を使ってかくれんぼや鬼ごっこを楽しんだり，道端に自生する草を草花あそびやままごとに利用したり……そこでは，動のあそびも静のあそびも行うことができたのです。そして，そこはまた，両側の家々から多くの大人の目が行き届く場所でもありました。

　そのようなあそび場の減少は，子どものあそびを屋外から屋内へと変えていきました。また，きょうだいも少なく，幼い頃から個人の部屋が与えられるような居心地のよさも，子どものあそびの屋内化に拍車をかける一因となったのです。

　現在のあそび場についての問題は，日本の社会が，経済効果を優先させるためには自然破壊もやむなしとしてきた結果なのでしょう。そのおかげで，子どもたちは，生き生きとしたダイナミックな活動ができるあそび場を奪われ，リスクを乗り越え挑戦することによって得られるあそびの楽しさを見失っているのではないでしょうか。現代の子どものあそびをめぐる危機的状況は深刻です。親や保育者はもちろん，地域で生活する住民一人ひとりが，子どものあそびが発達の源泉であることを再認識して，自由で豊かなあそびの場を子どもたちに保障するために行動を起こしていかなければならないのです。

2．子どもは誰とあそんで過ごしているのか

　現代社会においては，学校や保育所・幼稚園等の施設以外の場所で，子どもの仲間集団を形成することが難しくなっています。各々が塾やお稽古事などに追われ，集団であそぶことのできる時間を調整することは至難の業になっているのです。

　子どもは，集団であそぶことによって，人とかかわる基礎を培います。家族という限られた単位での生活から，仲間とともに過ごすことによって，コミュニケーション能力や相手の立場になって思いやる力，距離の取り方，トラブルの解決方法など，種々の社会性を身につけていくのです。また，今後社会で生活していくうえで必要なルールや規範といったものを，集団でのあそびの中から学んでいくことができます。何より，大勢で一つの世界を共有してあそぶ楽しさは幼少期の大切な思い出となることでしょう。

　けれども，近年，とりわけ異年齢であそぶ子どもの集団を見かけることは皆無に等しくなりました。地域で，年長の子どもから年少の子どもへと楽しいあそびの方法や知恵が受け継がれる道はほとんど閉ざされてしまったのです。そういう意味では，保育・幼児教育の場や小学校，そして学童保育は，あそびを伝承する集団を形成できる最後の砦であるといえるでしょう。保育者は，日々の保育の中で，そのことを意識し，子どもにとってのあそびの価値をしっかり認識する必要があります。

　異年齢の保育の中では，特に「伝承あそび」の意義を見直そうという動きもあります。伝承あそびは，それらを経験することによって，社会性や共同性，創意工夫する力や細やかな感性が育まれる可能性が高いことなどが評価されています。子どもにとっては，日常生活のさまざまな場面で，それらのあそびの布石が打たれていることも多く，伝承あそびを保育内容の中心に据えている保育所や幼稚園も見られます。そこで保育者が伝える役割を担う場合は，まず自らが体験を通して，あそびの楽しさや意義を理解しておく必要があることはいうまでもありません。

　さまざまな早期教育，早期能力開発にともなう塾やお稽古事が，小学生のみならず，幼児の生活からもあそびの時間や仲間を奪っているのが現状です。今日の少子社会の中で，多様な家庭環境をもつ子どもたちは，数少ない仲間とさえスケジュールの調整が困難になっています。先にも述べたように，異年齢の子どもたちが，ともに集うことで培ってきたあそびの伝承などはさらに難しく，地域でのあそびの発展を抑制してしまっているといえます。

伝承あそび
　「伝承あそび」という言葉が使われ始めたのは1960年代だといわれる。テレビのような新たなメディアの出現，高度経済成長期にともなう社会環境の変化等によって，子どものあそびの変容が危惧され始めた頃である。古くから受け継がれてきたあそびの重要性を見直そうという大人の思いの中には，社会性や協調性，集中力の体得はもちろん，年齢を問わず，世代を超えてあそべる，集まったメンバーの中で創意工夫ができる，特別な道具を必要としない，といった伝承あそびがもつ意義への期待がこめられている。

3. メディアの普及と子どものあそび

　現代の子どもは，生まれた時から種々のメディアに囲まれて生活しています。次々と出現する新たなメディアが，子どもの生活環境やあそびの質を大きく変えていくこともあります。ベネッセ教育総合研究所の調査では，乳幼児をもつ母親の6割がスマートフォンを利用しており，母親が使用している2歳児のうち，2割強がほとんど毎日スマートフォンに接していることがわかりました。乳幼児向けのアプリも増えており，特に学習系アプリについては，親が「知識が豊かになる」と期待していることもうかがえます。一方で，健康被害や依存症の心配など，親自身がメディアの扱いについて明確な意思をもっていないことも明らかになっています。

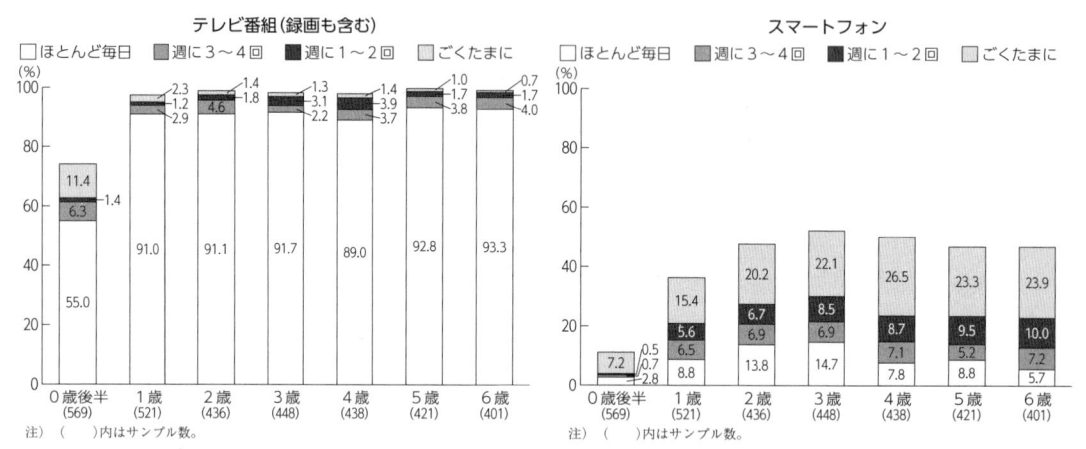

図7-8　子どもの1週間のメディア活用状況（出典：ベネッセ教育総合研究所「乳幼児の親子のメディア活用調査」2013）

　今や，機器を使ったあそびは，室内あそびの代表であるともいえますが，問題は，現実と虚構の区別をしっかりつけることのできない乳幼児や小学校低学年の子どもが，仮想空間・仮想現実の世界であそぶことにあります。子どもの発達の道筋において，実際の体験がその後の思考力の形成にいかに重要な役割を果たすかについては，多くの教育・心理学者によって論じられています。

　テレビのメリットは，通信装置があるかぎりどこへでも，同時に同一の内容が伝達されるということです。それは，地域格差の解消に大きく貢献しているといえるでしょう。いわゆる共通語の獲得はもちろん，さまざまな地域の言葉に触れる機会も増えることで，コミュニケーションの円滑化にも役立っています。しかし，同じように提供される情報の氾濫は，画一化というデメリットをも同時に生み出すのです。その結果，地域の中で伝統的に育まれてきた独自の文化が希薄になり，継承され難い状況にあります。地域住民が見直していくべき課題であるともいえるでしょう。

4節　子育て支援とあそび

　近年，政府の子育て支援施策の一環として，地域子育て支援拠点事業が整備され，各市町村においてセンター型およびひろば型事業として展開されています。センター型事業では，子育て総合支援センターを核として，保育所等の運営による地域子育て支援センターが設置され，交流の場の提供，育児不安等についての相談・指導および子育てサークル活動等の育成・支援が実施されており，また，さらにきめ細やかな地域全体での子育て支援体制を形成する目的で，同事業ひろば型，いわゆる「つどいの広場」事業の充実も図られています。これらは，主に0～3歳の乳幼児をもつ保護者が気軽に集い，語り合う中で，精神的な安心感等を得て子育てへの負担感を解消していくことをめざし，場の提供を行うものですが，乳幼児期のあそびの重要性に鑑み，多くの玩具や遊具も備えて，親子によるあそびを通した支援を行っています。

　また，子どもが「自分の責任で自由にあそぶ」ことをコンセプトに，冒険あそび場（プレーパーク）をはじめとするあそび場づくりの実践が進められています。冒険あそび場は，子どもが，自分の責任で自由にあそぶことのできるあそび場です。1975（昭和50）年，ヨーロッパの冒険あそび場に感銘を受けた親たちが中心になって，東京都世田谷区で活動が開始されました。1979（昭和54）年には，行政をも巻き込んで，国際児童年の記念事業として区立羽根木公園の中に「羽根木プレーパーク」が開設されることになりました。そして，それら

冒険あそび場（プレーパーク）
　今日の冒険あそび場の最初は，1943年にデンマークで造園家のソーレンセンがつくった「廃材あそび場」であるといわれている。大人がつくった小ぎれいなあそび場よりも，空き地や資材置き場の方が，子どもが生き生きと楽しそうにあそぶ姿を見て，提案されたものであった。遊具のメンテナンスの不備などによる危険（ハザード）は取り除くが，子どもが自分で挑戦しようとする時に起こる危険（リスク）については極力見守ろうという考え方を大切にしている。

図7-9　羽根木プレーパーク（東京都）

7章　子ども・子育て支援

の取り組みは，全国に広がることとなったのです。

　プレーリーダーが常駐する公民協働のあそび場づくりは，異年齢であそびの継承ができる機会を生み出し，学童期の子どもたちにとって意義のあるものですが，子育て支援活動の核となるものとしても高く評価できます。地域で子どもを育てるという認識を具現化していく第一歩として，子どもの目線で，子どもの感覚で，自由で楽しいあそびを保障していくことが大切であるといえます。

（川北典子）

プレーリーダー

　冒険あそび場には，プレーリーダーという大人が配置されているが，これは，子どものあそびを管理・指導する役割のものではない。あそび場であそびをつくりあげるのは子ども自身であり，プレーリーダーは，安全に配慮しながら，子どもがあそびやすい環境をつくり，活動の支援をする役目を担っている。冒険あそび場を子どもの居場所の一つと考えれば，時には子どもの話をじっくり聞いたり，相談にものれるソーシャルワーカー的な存在でもある。

考え深め話し合おう

1. 発達段階に応じた子どものあそびを分類しましょう。
2. あなたの住んでいる地域には，どのような子どものあそび場があるのか調べてみましょう。

8 章

「保育者」に求められるもの

―― この章で考えましょう ――

「ピアノが弾ける」「製作が上手だ」「ランクの高い大学の出身である」など，保育者を評価する時，このような小手先の保育技術やわかりやすい指標を求めることが多いように感じます。

しかし，保育現場で求められるのは，保育者としての総合的な人間としての魅力です。確かに成績がよいことはすばらしいことです。ただ，子ども側から見れば，それは具体的な魅力となりえるでしょうか？　私には疑問です。

成功より失敗，繁栄より挫折，勝利より敗北から学べる「打たれ強い」保育者をめざしてほしいと切に願います。

(上野)

1節　「保育者」になるために必要なこと

1．子どもに学ぶ保育

　保育活動とは，子どもと対峙して，子どもの成長・発達を促進するために適切な援助・介入・指導を行うことです。その過程で保育者は多くの「気づき」を子どもの言動から学ぶことになります。しかしながら，子どもが重要な示唆に富んだ行動・言動をしても，それに「気づく」感性が保育者側になければ，全く無意味なものになってしまいます。その観点から保育者は，知らず知らずのうちに子どもからその「気づき」を与えられている環境にある存在です。

　保育の対象である子どもは，未成熟・発展途上の子どもです。特に3歳未満児に対しては，「何かを知っている，できる」ことよりその子どもの生命を守ってやり，情緒を安定させることを第一義的に考えなければなりません。小学校以上の教員とは異なり，まず養護的性格（子どもの生命を保持し，情緒を安定させること）を期待されているのが保育者の仕事です。

　保育者は「人を育てる，子どもの成長・発達を助長する人的環境」として位置づけられるものです。前述したように小学校以上の児童生徒を対象とした教員も，広い意味で「人を育てる」仕事です。小学校教員は教科として学習のまとまりを授業を中心として子どもに教育する役割があるのに対して，保育者は活動や経験に取り組む「心情・意欲・態度」をどのように育むかという過程を大切にしなければなりません。

　その意味から保育者は近視眼的，短絡的に子どもを見るのではなく，「ひろい心」「温かな眼」をもって子どもに接していく姿勢が求められます。

　「子どもに学ぶ」というのは，子どもの言動にまず全面的共感で応えるという姿勢があって，初めて成立するものです。子どもの心に寄り添い，共感できる保育者は，自然に「子どもから学ぶ」という姿勢ができています。

　子どもには無限の可能性があります。この可能性は自然に伸長させることはできません。あくまで保育者の適切な「援助・指導・介入」があってこそ，その可能性が実を結ぶのです。

　特にクラス担任の先生のカラーは，子どもに影響を与えます。保育者としての自己の特性が子どもの将来を左右するといってもいいでしょう。そして子どもがこれからの学校・社会生活を過ごすために必要な基本的な姿勢・態度・ものの考え方など人間の根幹の部分に最も影響を与えるのが保育者だと考えればいいでしょう。

人的環境

　幼稚園教育要領でうたわれている「環境による教育」を構成するもの。子どもを取り巻く教材・遊具・教具などの「もの」的な「物的環境」に対して，保育者を中心とする「人」的なものを指す。その中でも保育者の雰囲気や援助・指導・介入の方法論などで保育効果は変化する。

心情・意欲・態度

　保育活動における活動後に，子どもたちにどのような事項が身についたかを考察するための指標を「ねらい」といい，その中の視点が，「心情・意欲・態度」となる。

2．真のやさしさとは何か

保育者の資質を考える場合，保育現場がどのような人物を保育者として求め，それに保育者養成校が具体的にどのように応えていくかが実り多い保育実践を遂行するためには必要不可欠です。

保育者の資質を「性格・資質群」「知識・能力群」に大別して考察してみます。前者・後者は下記の事項を具体的に示します。

保育者の資質
保育者の資質をはかる指標は多様であり，そのどの部分に重点を置くかは各々の保育現場で異なる。例えばピアノ・絵画製作の技術など日常の保育技術は評価されやすいが，保育者の人間性やコミュニケーション能力など，目に見えにくい指標をどのように評価するかが，問題である。

表8-1　保育者採用条件の具体的側面

性格・資質群	知識・能力群
①健康　②熱意・責任感 ③明朗・快活　④子どもの発達親に対する理解 ⑤創造性 ⑥職場における協調性	①保育者職に対する自覚 ②専門的技術・知識 ③社会常識　④実習評価 ⑤一般教養　⑥学業成績 ⑦運動能力
保育者に必要と思われるパーソナリティに関係する事項（基本的人間性）	保育者養成校において事前に評点化しやすい事項（教職的教養事項も含む）

「保育職に対する自覚」は本来なら性格・資質群に属するものと考えられますが，「自覚すること」も一つの能力であると考えて，あえて，知識・能力群のグループに入れて考えてみました。それは，保育職の仕事内容が他の職場と比較すれば専門職と呼ばれる異質なものであることに対する「自覚」を意味します。

保育者は絶えず子どもに観察され，その行動様式を知らず知らずのうちに子どもによって取り込まれる存在です。保育者は就学前段階における子どもの成長・発達を援助し，助長する存在です。それが結果的には，子どもが学校生活に順応でき，徐々に人間社会で自立することができるようになります。そのために保育者は子どもに対して感情的になり，叱り厳しい言葉で注意し，行動や態度を変容させる場合もあります。しかしながら，言葉や態度で威嚇して子どもを従わせても全く意味がありません。「大人と子ども」「立場的」なものを考えれば，子どもは保育者の指示に納得しなくても従います。ただそれは抑圧的なものによって，こちらの意図する方向へ導かれているだけであり，納得して，なぜそれが大切なのか，そのような行動をする必要があるのかを理解しているわけではないのです。

保育者がすばらしい保育哲学や実践力があったとしても，子どもたちが理解できる，納得できる方法として伝えることができなければ意味がありません。日名子は保育者の人柄として「自ら生きていること，生き生きしていること，

保育哲学
「子どもをどのように援助していくのか」「その結果，どのような子どもに育てようとしているのか」というような明確な方向性を保育者自らが身につけておくことが大切である。フレーベル，モンテッソーリ，デューイなどの思想を学んだ経験から，「保育哲学」を構築してもよい。

8章「保育者」に求められるもの　117

あそべ，愛することのできること，ユーモアの感覚をもち合わせていること」[1]等をあげ，何よりも保育者のもつ雰囲気が大切であると述べています。

　前述の要件を満たす保育者には真のやさしさがあります。加えてそのような保育者は子どもの言動をまず全面的共感をもって受け止め，適切な援助を行います。現在，子どもにおける個人差や特別に配慮を必要とする子どもに関する保育のあり方が問われています。そのような事柄に対応するためにも，宗教・芸術・文化等に関する総合的教養の必要性を再認識し，専門分野以外の幅広い教養の幅が，人間としての余裕や魅力として生かされ，保育の質の向上にもつながります。

3．一人ひとりを大切にする保育は保育者も大切にされる

　保育者は人的環境といわれるように，子どもは保育者と一日の丸ごとの生活をともに過ごすことでさまざまな刺激を受け，お互いに影響し合う関係になります。そのために保育者は常に子どものあそんでいる状態や心理的表現をすばやく受容し，個々の子どもに対応した援助・介入・指導などが要求されます。

　幼稚園教育要領，保育所保育指針ともに「一人一人の特性に応じ発達の課題に即した指導をする」ことの重要性が示されています。乳幼児期は子どもの心身の成長・発達は目ざましく，ある程度の共通の発達過程をたどります。よって保育者は各々の発達段階の子どもが示す「最大公約数」的な発達の姿を理解しておく必要があります。同時に一人ひとりの子どもに着目すれば，その発達の過程や姿は一様ではありません。個人差があり，それが個々の子どもにとってかけがえのない個性になるのです。

　個人差は一般的には二つの視点があります。

①個人間差（inter-individual difference）

　　同一年齢水準における子どもにおいても，その心身の発達の様相は異なります。単純に個々の子どもを多様な視点から比較し，その違いを把握することを示します。

②個人内差（intra-individual difference）

　　一人の子どもにおいても，すべての発達の側面が同じスピードで変化し，成長していくわけではありません。運動・身体諸機能の発達がより進んでいる子どももあれば，言語・情緒などの機能が進んでいる子どももあります。一人の子どもの特性を考えるうえで，いくつかの心身の各部面の成長・発達の特色やスピードの違いに着目する考え方です。

　「個を大切にする保育」と「よりよい保育集団の中での子どもの成長」は相対立する概念ではありません。大人や保育者の意向のみで統制された管理集団

個人差
　家庭環境を中心とする子どもの生活環境や保護者の子育てに関する考え方等で，最近は個人差が拡大する傾向にある。保育者は個々の子どもにおける差が個人差の範疇でおさまる程度のものか否かを判断する必要がある。

の中で行動させることが「集団性」を育んだり、「集団への適応」を促すことではありません。

表8-2　健常児における個人差把握の視点

配慮すべき視点	その内容と保育者の研究事項
家庭環境	家庭訪問や保護者面接によって、子どもの家庭環境や生育歴などについての資料作成。
日常の観察資料	子どもの生活場面における観察項目をできるだけ詳細にあげておき、その内容と主観的な意見を区別して記述しておく。
身体の成長・発達とその診断	定期的な健康診断や身体測定、体力テストにおける運動機能の記録を整理しておく。
日常の遊びの過程と資料	単なる保育活動の観察に加えて、子どもの作品、絵画や製作物は、子どもの精神状態を反映するものである。また、日常の逸話の記録は現在の子どもの興味・関心を探る重要な手がかりとなる。

（出典：上野恭裕『改訂　新保育方法論』保育出版社, p.91, 2010.）

運動機能の記録
　幼稚園の年長組を中心として、外部講師による運動テストを実施し、記録する。利き腕が発見できたり、一般的な運動機能の測定を多方面から実施する。

　健常児における個人差は表8-2を手がかりに、それを子どもの個性と認め伸長していく姿勢が大切になります。換言すれば個人差は個々の子どもにとってのかけがえのない個性ともいえましょう。保育者はそのことを十分理解し、子どもの心が安定し、人とかかわる楽しさを子ども自身が体得できるように、あそびや一日の生活経験を通して、スキンシップを図ることが求められるといえます。

4. コミュニケーション能力と保育に求められる人材

　保育者として、保育現場で仕事をするにあたって必要とされる免許・資格は、「採用試験」を受験することができる権利、いわばそのパスポートにすぎません。個々の学生は、自らの意欲や資質を採用する側が評価してくれるように、試験において自己発揮することが求められます。

　最近、スマートフォンを中心にして、自分の意思や考えをネット上でSNSを中心に広める機会が格段に増えました。その反面、人が人と対面して話すことや手紙をしたためるという習慣や機会が急速に失われたように思われます。実習におけるオリエンテーション時の電話のかけ方、お礼状やあいさつのしかたまで、マニュアル化して多くの養成校が指導徹底しなければならない現実があります。

　保育者は専門職として世間では認知されており、その需要も高い反面、一般企業へ就職する人材と比較すれば、その人間性が特別、優れているような実感

はありません。前述のように一般的社会常識すら欠落している学生もめずらしくありません。事実，国では初任者研修の名のもと，一から社会人マナーを含め，数々の最低限，社会人として獲得すべき「常識」について，指導が行われます。

　保育者は，日々，成長し発達しつづける子どもとかかわり，その成長・発達を援助していく職業です。そのためには子どもを見る目，そしてそれを客観的に分析する力が必要とされます。コミュニケーション能力とは子どもと単にかかわる力だけを指し示すものではありません。保育者としてクラスをまとめ，運営していく，園全体での仕事を他の保育者と協力してやっていくためにも，コミュニケーション力や協働力は不可欠です。

　採用試験では，この力を学生がどれほど身につけているかを判断するため，必ず面接を実施します。その場では，主として「自己紹介」「志望動機」について聞かれます。前者は「大学時代何をしてきたか」という内容，後者は「これから何をしたいのか（保育者としてどのようなスタンスで仕事に取り組むのか）」という内容が問われます。

　ほかに，その周辺的事項，「最近，読んだ本」「家族」「幼稚園・保育所の将来のあり方」などもよく質問される事項です。しかしながら，面接場面で重要視されるのは「自己紹介」「志望動機」だけと断言してもよいでしょう。逆にこれが，自分なりの言葉で答えられないかぎり，職場で活躍できることは難しくなるでしょう。

　すべての質問に対する答弁が自己PRに直結しなければなりません。そのためには，学生時代に多様な経験をすることが人間の幅になり，それが保育の幅につながります。もちろん，保育者として，最低限必要不可欠な保育技術の習得が前提であることはいうまでもありません。

2節　保育の専門機関に求められること

1．子どもの保育と家庭支援のニーズの増大

　近年，保育施設のあり方は多様化しています。従来の幼稚園・保育所に加え，認定こども園が生まれ，その中にも幼保連携型，幼稚園型，保育園型，地方裁量型などに細分化されています。加えて「小規模保育園」「保育ママ」の増設等は，一層，保育施設に対するニーズの高まりと需要が増大化していることの反映ともいえましょう。最大の要因は，男女共同参画社会，男女雇用機会均等

の法律が制定され，共働き家庭が政府予測より増え，結果，「待機児童」問題が国家レベルで問題視されるようになったからです。

「待機児童ゼロ作戦」等の文句によってその状態の克服に努めるために，母親が子どもを預けやすくする環境づくりを政府が行政レベルで実行した結果，さまざまな規制緩和がなされ，上記のような保育施設の複雑化につながりました。

これらの施策は子どもを預けやすくなったというメリットがある反面，いくつかの課題も指摘できます。保育所の収容枠の拡大は保育される子どもの数だけが増えることは確かですが，保育室のサイズは拡大されることなく，保育環境の悪化につながる恐れもあります。認証保育所は二重保育解消のために13時間という保育時間を義務づけていますが，この長時間保育を実施することが常態化してしまうと，逆に子どもと親の距離感を広げてしまうことにつながる危険性をはらんでいます。「休日保育」「病後児保育」なども同様，子どもの最善の利益を考えてのことですが，行政措置はそのすべてが，必ずしも子ども目線ではなく，大人の都合が優先される場合もあります。

今後，家庭支援という名のもとに子どもの福祉が縮小されることがあってはなりません。

2．子どもが育つ場としての専門機関に求められること

2012（平成24）年4月，日本の子ども・子育てをめぐる課題を解決するために，「子ども・子育て支援法」という法律ができました。それを受け「子ども・子育て支援制度」が2015（平成27）年4月に本格スタートしました。この新制度実施のために，消費税が10％になったことで生じる増収分から，毎年7000億円程度を財源として，子ども・子育て支援のために活用することになりました。

内閣府・文部科学省・厚生労働省から出されている『子ども・子育て支援新制度 なるほどBOOK』（平成27年10月改訂版）によりますと，上記の取り組みは以下の4点に集約できます。
①「認定子ども園」の普及に努めること
②待機児童を減らして，働きやすい社会をつくること
③子育て支援の量の拡充と質の向上を進める
④子ども減少地域への子育て支援に努めること

具体的には，現行の幼稚園・保育所の行政機関にプラスして，「認定子ども園」や「地域型保育」が新設され，待機児童が多い3歳未満児の保育が増強されます。整理してみると表8－3のようになります。

待機児童

認可保育所に入所を希望するが，定員等などの関係から入所できない子どものことを指す。全国で約23,000人いるといわれ，その解消のために都道府県において認可された「認証保育所」制度をはじめ，その対応が現在は内閣府を中心に行われている。

二重保育

行政上，保育時間は8時間なので，それ以上の時間のニーズには原則として対応できないために，複数の保育所を兼ねて子どもを預けること。勤務が継続できるような体制を構築することが求められている。

表8−3　認定子ども園と地域型保育の役割と特徴

	認定子ども園	地域型保育
目的	教育と保育を一体的に行う施設（0〜5歳）	施設（原則20人以上）より少人数単位で0〜2歳の子どもを預かる事業（0〜2歳）
内容とポイント	①保護者の就労の有無にかかわらず，3〜5歳のすべての子どもが教育と保育を一体的に受けることができる。 ②就労条件が変化しても通いなれた園を利用できます。 ③子育て支援の場が用意されていて，通園しているか否かにかかわらず，どの家庭も子育て相談や親子の交流の場などに参加できます。	①家庭的保育（保育ママ） 　少人数（定員5人以下）を対象にきめ細かい保育を実施します。 ②少人数（定員6〜19人）を対象に実施します。 ③事業所内容保育 　会社の事業所の保育施設などで，従業員の子どもと地域の子どもを一緒に保育します。 ④居宅訪問型保育 　障がい・疾患などで個別的なケアが必要な場合などで，保護者の自宅において1対1で個別保育を実施します。

　新制度によって，子育て支援の拡充が現実となりました。例えば家庭で子育てをする保護者も利用できる「一時預かり」や，身近なところで親子の交流や子育て相談ができる「地域子育て支援拠点」など，地域のさまざまな子育て支援が充実してきました。
　施設などを利用希望する保護者は利用のための申し込みや認定を受ける必要があります。認定は以下の三つに区分されます。

①1号認定（教育標準時間の認定）—幼稚園，認定子ども園
　　子どもが満3歳以上で教育を希望される場合
②2号認定（満3歳以上・保育認定）—保育所，認定子ども園
　　子どもが満3歳以上で「保育の必要な事由」に該当し，保育所等での保育を希望される場合
③3号認定（満3歳未満・保育認定）—保育所，認定子ども園，小規模保育
　　子どもが満3歳未満で「保育を必要とする事由」に該当し，保育所等での保育を希望される場合

（上野恭裕）

考え深め話し合おう

1. 保育者になるための自己の長所・短所を分析し，在学中の具体的な努力目標を箇条書きしてみましょう。
2. コミュニケーション能力が保育現場において，具体的にどのような場面で重要なのかを考えてみましょう。
3. 家庭支援のニーズが拡大するとき，保育者として，課せられる義務について考察してみましょう。

9 章
未来に向かう保育の展望と課題

―― この章で考えましょう ――

　2015年4月から子ども・子育て支援新制度が施行されました。将来の少子化，人口減少がこのままの状態で進むと，社会保障をはじめ国のシステムのすべてが崩壊します。

　現在の幼稚園・保育所の役割を多様化し，認定子ども園を広めることで，「子育てしやすい環境」を整備し，合計特殊出生率を高めていくことこそが，新制度の大きなねらいです。

　「エンゼルプラン」「新エンゼルプラン」と続いた国策はどれほど少子化に歯止めをかけることができたでしょうか。若者の一人ひとりがこの問題に日本の未来の存亡がかかっていることを認識してほしいと思います。

(上野)

1節　小学校教育への連続性

　幼稚園・保育所（以下，幼保と略）への入園（所）は義務ではありません。それぞれ，文部科学省，厚生労働省という管轄の違いから，「幼保連携」という言葉は早くからいわれていました。それに加えて，「幼保小連携」の表現もされています。

　それは義務教育ではありませんが，幼保の集団生活を経験して小学校へ入学する子どもが大半であることが起因しています。就学前教育は任意性であり，小学校教育は義務制であることは，制度的には小学校教育が幼保の営みを前提としないことを意味します。しかし現実は幼保における経験差，活動の違いが小学校低学年において，特に影響が大きく問題視されています。

　そこで幼保における就学前教育と小学校教育を比較して，その差異を検証してみましょう（表9−1参照）。

表9−1　幼保小の比較表

	幼稚園	保育所	小学校
所管	文部科学省	厚生労働省	文部科学省
教育・保育内容基準	幼稚園教育要領	保育所保育指針	学習指導要領
過程・結果および評価	子どもの心身の成長・発達において5領域の視点に基づいて，保育後にどのようなものが獲得されたのかということについて，「心情・意欲・態度」を中心にしてねらいを考える。	満3歳以上は幼稚園教育要領に準ずる。保育目標として現在をもっともよく生き，望ましい未来をつくり出す力の基礎が培われるように，養護にかかわる事項および5領域の視点を反映した教育面にかかわる事項がある。	「教科」における理解度・達成度を評価基準と評価規準によって評価する。

　表9−1のように，幼保における幼稚園教育要領・保育所保育指針では，保育現場の最大公約数的な方向づけを示したものです。よって具体的な日々の活動や経験または入園してから卒園するまでの教育課程・保育計画は現場の意思にゆだねられています。

　つまり，就学前教育段階における子どもの育ちには差があるような仕組みになっています。例えばモンテッソーリ教育を導入している園は，「子どもの集中力」の養成に力点を置いています。他方，自由保育的発想からあくまで「子どもの自由あそび」を中心にしたカリキュラムも存在します。

　その結果，就学前段階である幼保の環境差に加えて家庭環境を中心とする子

どもを取り巻く社会等の差が子どもにおける「態度差」をつくります。

最近、話題になっている「小1プロブレム」は、従来の「学級崩壊」ではありません。これらの子どもたちは学校・先生・級友などもすべて好きです。しかしながら、授業中の自己の態度形成が未完成な（自分でどう対応したらいいかわからない）ため、学校教育に順応できないのです。小学校低学年では、子どもの態度差だけで、極端な学力差は見られません。

この子どもの態度差はやがて小学校高学年になると、理系科目を中心に学力差を生みます。図9-1は、小学校における学力分布図を示しています。

小1プロブレム
　幼稚園・保育所の活動に差異があるため、小学校教育に順応できない子どもを指す。低学年においては、単に「態度差」でとどまっているが、高学年になると理数系を中心として、それが「学力差」として顕著に現れ、自治体によっては、能力別編成を科目ごとに設定している学校もある。

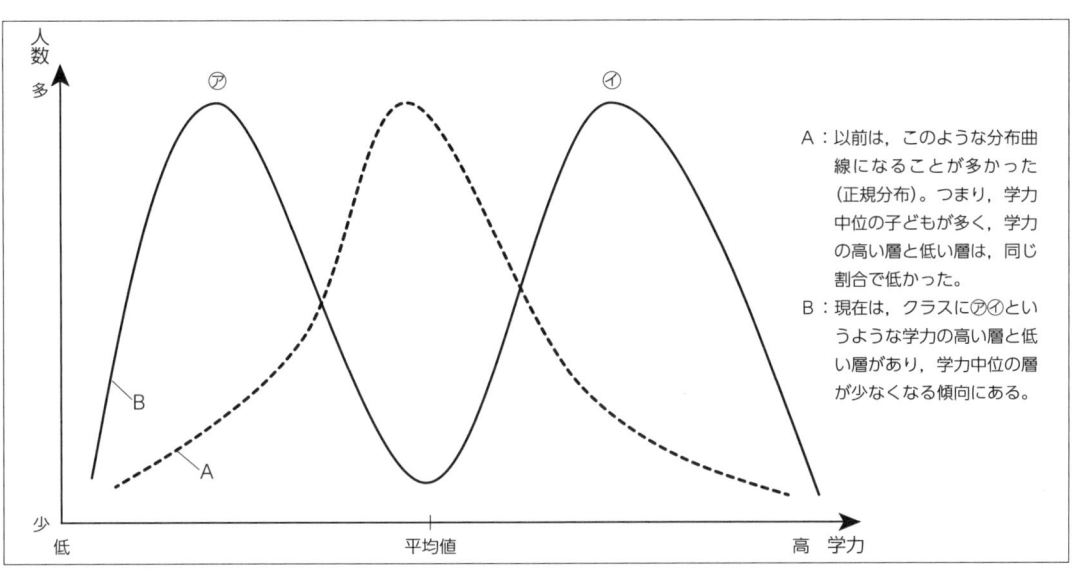

A：以前は、このような分布曲線になることが多かった（正規分布）。つまり、学力中位の子どもが多く、学力の高い層と低い層は、同じ割合で低かった。
B：現在は、クラスに㋐㋑というような学力の高い層と低い層があり、学力中位の層が少なくなる傾向にある。

図9-1　小学校高学年学級における学力分布（筆者作成）

2節　子育て支援の理念

1．子育て責任の所在

「子育て支援」の言葉が広く知られるきっかけは、1994（平成6）年の四省大臣合意による「今後の子育て支援のための施策の基本的方向について」（エンゼルプラン）の発表がその始まりです。

公的な幼保における取り組みや活動は「保育」とは異なり、「子育て」は家庭における私的な営みが色濃くあったのですが、その営みに公的社会的機能が積極的に支援にかかわろうとする動きが約20年以上前から取り組まれました。

しかしながら、そのような時代背景が移り変わっても、子育ての最終的責任

エンゼルプラン
　「子どもを産み育てる環境」を国全体が整備し、さまざまな事業を展開することを指す。

9章　未来に向かう保育の展望と課題　　125

は保護者です。以前にも増して「親になる」ことの精神的成熟が求められているにもかかわらず，その養育責任が果たせなくなるケースが多くなったように考えます。児童福祉法第2条で規定されている「児童育成の責任」に相当する案件が特別なことを意味します。

家庭における子育て環境の変容は幼保のあり方にも新しい性格が加味されました。保育所は行政上の「措置」から主体的な「選択」も可能となり，家庭における子育てへの支援が努力義務とされました。幼稚園は幼児教育についての相談事項，園機能の拡大と開放，教育時間外の保育活動，すなわち「預かり保育」についても明記されるようになりました。

このような変化は，保育ニーズの多様化に合わせて前述の新たな機能が付加されたことになります。換言すれば家庭における教育機能全般が低下したことにもつながります。

2．子育て支援が必要になってきた背景

1950年代半ばに起こった急激な高度経済成長によってわが国は「経済大国」となりました。これを境に子どもを取り巻く社会・家庭・教育環境は激変しました。

それまでの日本社会は，子だくさん，三世代同居の家庭が多く，近隣住民との関係性や絆も強固なものがありました。子育て環境もそのような日常において行われてきたので，老若男女共同参画における広範な中で実践されてきたのです。身近な相談相手や手助けをしてくれる人々に囲まれた社会は子育てにとって恵まれた環境だったといえましょう。

近代化は都会での人口ドーナツ化現象を促進し，農業・林業などの第一次産業は衰退し，第二次・第三次産業を中心とする労働のサラリーマン化が進みました。その時代は「猛烈サラリーマン」とも呼ばれる労働者が日本経済を支え，その男性を支えるのが家庭を守る専業主婦という図式ができ上がりました。

このような労働形態の変化は，家族の縮小化，「大家族制度」から「核家族化」への移行と少子化現象を生み出しました。加えて女性の高学歴化にともなうジェンダーフリーの流れは，男女共同参画社会への動きを強め，晩婚化，非婚化の進行は，より一層，少子化に拍車をかけました。生涯未婚率は内閣府男女共同参画局によると図9－2のように2010（平成22）年では，男性20.1％，女性10.6％となっています。

預かり保育
　幼稚園における通常時間外の保育を指す。この時間帯において，「特色のある保育」を展開する幼稚園が多い。

a．生涯未婚率の推移

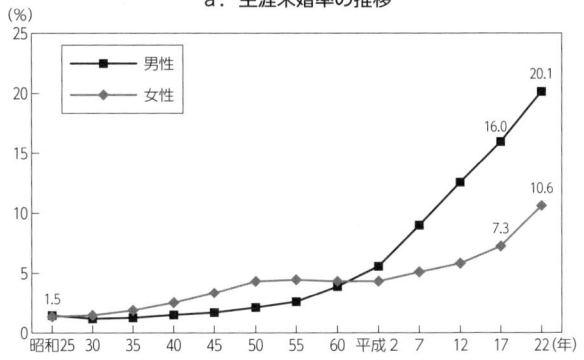

(備考) 1．総務省「国勢調査」より作成。
2．生涯未婚率は50歳時の未婚率であり、45～49歳と50～54歳の未婚率の単純平均より算出。
3．配偶関係不詳を除く。
4．(b．について) 卒業者 (学歴不詳)、在学者、未就学者は含まない。

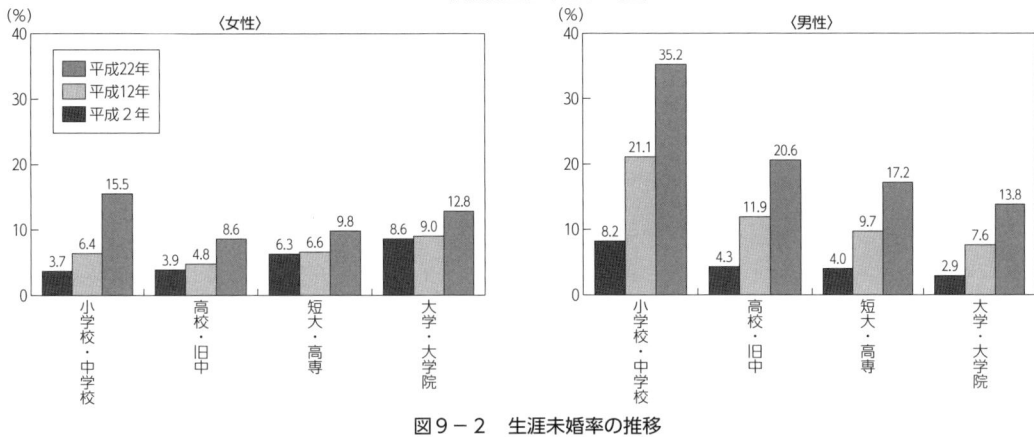

b．教育別生涯未婚率の推移

図9−2　生涯未婚率の推移
（出典：内閣府『男女共同参画白書平成25年版』http://www.gender.go.jp/about_danjo/whitepaper/）

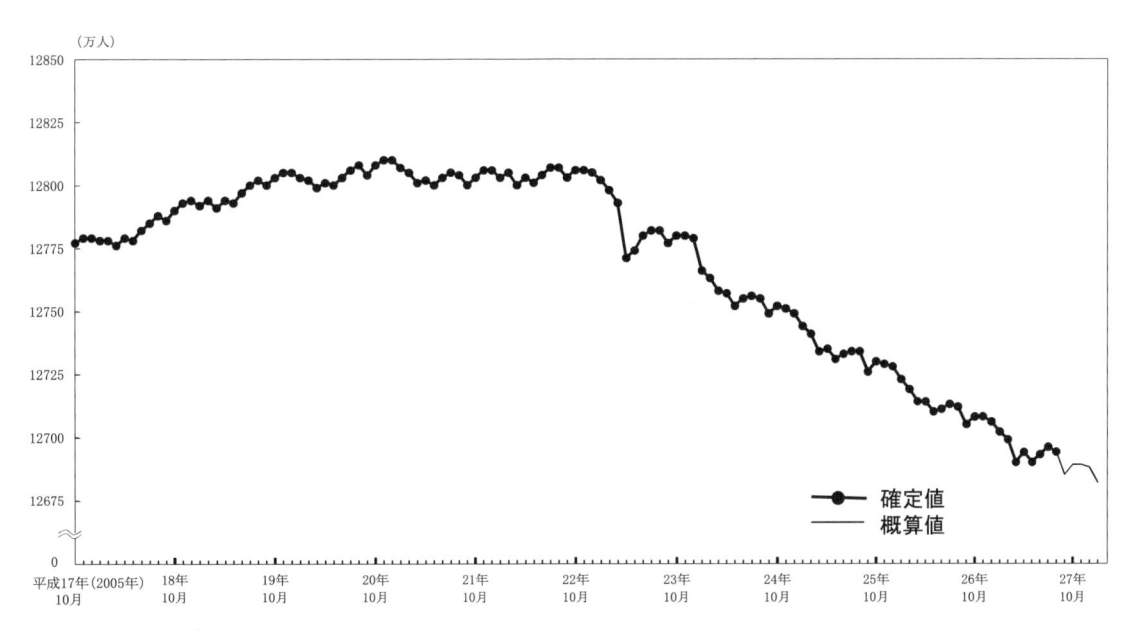

図9−3　総人口の推移（出典：総務省統計局　平成28年1月報）

9章 未来に向かう保育の展望と課題　127

統計的に全体的に未婚率は上昇していることが理解されます。近年の未婚化・晩婚化の進行は社会的，意図的な要因が関連しています。最近，結婚観・価値観などの個人意識の変化，特に「コストパフォーマンス」から結婚そのものをはかる傾向があります。つまり結婚することによる利益，不利益を計算する人が多くなったといえます。晩婚化，非婚化は結果として晩産化，w-income，no kids といわれる夫婦形態を生み出しました。

一人の女性が一生のうちに産み育てる子どもの数のことを合計特殊出生率といいます。この数値は1971年～74年の第二次ベビーブーム時には2.14であったのですが，そこから現在まで右肩下がりを続け，現在は1.3前後で推移しています。少子化は，保護者の子どもに対する意識や配慮が行き届く反面，子育てのスタンスが，過保護・過干渉になる傾向があります。それが結果的には，子ども自身の親に対する依存性を高め，自主性・社会性の育ちを妨げ，基本的生活習慣形成が遅れることにつながります。

前述した産業構造形態の変化は人口の都市部一極集中を招き，都市化が進展しました。子どもにとっては，安全で友だちとあそびを共有できる空間が減少し，必然的に活動性の高い「自己開発型」，例えば野原や自然環境の中で探検や冒険などをするあそびから，活動性の低い「休息型」，その中でも家や屋内でのゲームあそびが急増しています。

3．近年の子育て支援の変遷

前述の核家族化が一般化し，並行して都市化・情報化が進展するに至って子どもを取り巻く子育て環境は，家庭・地域社会の教育力が総体的に低下したために，悪化したといえるでしょう。子ども同士であそぶ経験がないまま幼保の集団生活に突入し，四季の移り変わりを感じない生活環境や情報過多の状態は，子どもから豊かな感性の芽生えを奪い取ってしまいました。

幼保をはじめ国全体で子育てを支援する体制を構築することが急務になりました。21世紀の少子化社会に対応するため1994（平成6）年エンゼルプラン，その後1999（平成11）年に5か年計画として新エンゼルプランが策定されました。

表9－2　少子化対策の主な経緯

年日	政策
1994（平成6）年12月	エンゼルプラン，緊急保育対策等5か条
1999（平成11）年12月	少子化対策推進基本方針，新エンゼルプラン
2003（平成15）年7月	少子化社会対策基本法
2004（平成16）年6月	少子化社会対策大綱
2004（平成16）年12月	子ども・子育て応援プラン（新々エンゼルプラン）

エンゼルプランには以下の三つの基本施策が示されています。
① 安心して出産や育児ができる環境を整える
② 家庭における子育てを基本として「子育て支援社会」を構築する
③ 子どもの利益が最大限尊重されるように配慮すること

エンゼルプランの基本的施策の方向性は5つに大別できます。
Ⅰ．子育てと仕事の両立支援
Ⅱ．家庭における子育て支援
Ⅲ．子育てのための住宅および生活環境の整備
Ⅳ．ゆとりのある教育の実現と健全育成の推進
Ⅴ．子育てコストの削減

エンゼルプランの具体化として，多様な保育サービスを充実させるための一環として，低年齢児（0～2歳児）保育や延長保育，保育所入所定員枠の増加，一時保育等の普及と量的拡大，地域子育て支援センターの整備などがあげられました。

新エンゼルプランは，従来のエンゼルプランと「緊急保育対策等5か年事業」から一歩踏み込んで，見直したものであり，その主な内容は以下の8点です。

a）保育サービス等子育て支援サービスの充実
b）仕事と子育て両立のための雇用環境の整備
c）働き方についての固定的な性役割分業や職場優先の企業風土の是正
d）母子保健医療体制の整備
e）地域で子どもを育てる教育環境の整備
f）子どもたちが伸び伸び育つ教育環境の実現
g）教育にともなう経済的負担の軽減
h）住まいづくりやまちづくりによる子育て支援

このように新エンゼルプランは，母子保健・雇用・教育費の見直し・雇用促進など保育サービス拡充をよりワイドな視点でとらえています。

2004（平成16）年，子ども・子育て応援プランが，前年に成立した「次世代育成支援対策推進法」の行動計画づくりと連動して策定されました。今までのプランは法的根拠をもちませんでしたが，次世代法による企業・自治体に課せられたものですので，新々エンゼルプランは一定の法的根拠があります。その特徴は以下の6点に集約できます。
① 保育事業中心から，若者の自立・教育・働き方の見直し等を含めた幅広いプランへ
② おおむね10年後を展望した「めざすべき社会の姿」を提示

9章 未来に向かう保育の展望と課題

③「働き方の見直し」の分野において積極的な目標設定
④体験学習を通じた「たくましい子どもの育ち」など教育分野において積極的な目標設定
⑤「待機児童ゼロ作戦」とともに，きめ細かい地域の子育て支援や児童虐待防止対策など，すべての子どもと子育てを大切にする取り組みを推進
⑥市町村が策定中の次世代育成支援に関する行動計画も踏まえて数値目標を設定

4．子育て支援対策の実際

幼稚園が低年齢児保育や長時間保育にも重点を置き，幼稚園の保育所化が進んでいます。同時に保育所の役割も小学校就学を見据えた中で「幼保小連携」という言葉も誕生しました。幼保のボーダレス化は，全国的には幼保そのものが，地域実情に合った適正配置がされていない，いわゆる「幼保の地域的偏在」状態であることからも理解できます（表9-3参照）。

> **幼保のボーダレス化**
> 幼稚園・保育所の役割が明確ではなく，同時に「幼保の地域的偏在」（地域的にみて幼保の設置数に偏りがある現象）もあり，幼稚園の保育所化，保育所における幼児教育の重視なども含め，幼保一体化，一元化の流れが加速している。

表9-3　保幼の5歳児在籍率

	保育所在籍率	幼稚園在籍率
沖縄	8.8%	91.7%
長野	70.2%	26.2%
全国平均	30.4%	64%

（出典：上野恭裕編著『実践的保育原理』三晃書房，p.15，2012．）

幼稚園における「預かり保育」，つまり通常保育の終了後に実践される活動については，1998（平成10）年に改訂された「幼稚園教育要領」で「教育課程に係る教育時間の終了後に希望する者を対象に行う教育活動」と表記されました。その後2008（平成20）年の改訂では「終了後」の後に「等」が入り，「教育時間の終了後等に希望する者」を対象に行う活動に改められました。

このような幼稚園の「長時間保育」の実施に加え，長期休暇中に通常保育として「預かり保育」を実施する園が公立59.7％，私立94.2％あります（文部科学省「平成24年度幼児教育実態調査」による）。

表9-4　長期休暇中における預かり保育の実態（％）

	公立	私立
夏季のみ	9.5	10.5
冬季のみ	0.1	0.0
春季のみ	0.1	0.0
夏季及び冬季	6.3	4.9
夏季及び春季	0.3	1.9
冬季及び春季	0.0	0.3
夏季・冬季・春季	34.3	66.4

（出典：文部科学省「平成24年度幼児教育実態調査」）

2002（平成14）年，構造改革特別区域法第14条により，構造改革特区限定で2歳児就園が認められました。その後，法律改正によって，「子育て支援」の一環として2歳児を受け入れることに，その実態の意味が変更になりました。

　保育所においては，非定型保育サービス事業と緊急保育サービス事業から成り立っていた一時保育事業が拡大運用されることになりました。それにより，家庭を含めた子どもを取り巻く個別事情に力点を置き，文部科学省の示す「幼稚園の人的・物的環境を適切に活用し，個別のかかわりに重点を置いた子育て支援としての受け入れ形態」の中で実施が進められています。

3節　国際化・情報化に対応する保育のあり方

1．国際化と保育

　国際理解教育の原則は，1948（昭和23）年「世界人権宣言」において以下のように述べられています。

> 教育は，人格の完全な発展ならびに人権および基本的自由の尊重の強化を目的としなければならない。教育は，すべての国または人権的もしくは宗教的集団の担当理解，寛容および友好関係を増進し，かつ，国際連合の活動を促進するものでなければならない。
> 　　　　　　　　　　　　　　　　　　　　　　（「世界人権宣言」第26条2）

　1970年代になり，東西冷戦構造崩壊にともなう国際情勢の複雑化，食糧，人口，資源エネルギー，環境などの世界共通課題，問題が深刻してきました。その中でも多くの発展途上国は人権・人権問題，先進諸国は人権と基本的自由を確立するための教育の要請が高まりを見せました。それに呼応するかたちで1974（昭和49）年のユネスコ総会で「国際理解」についての議論を総括して「国際理解教育」に関する決議が勧告されました。

　わが国では臨教審が教育改革の視点として，「変化の対応」を提示し，初等教育から高等教育まで外国語教育の見直しによって，外国語指導助手（ALT）の導入などで英語コミュニケーション力の向上を図ることが強化されるようになりました。

　国際化とは以下の三つの視点があります。

① Internationalism
　国家間の相互関係，EU連合，APECなどの国民国家間の相互依存関係の強化を示す

② transnationalism

　国民・国家や民族を超えた文化概念としての「脱国家・超国家」を意味し，情報化社会に見られる情報の共有，交通手段の発達にともなう国境が消失した状態を示す

③ glovalism

　世界の諸国民・諸国家が①，②のような状況下でボーダレス化し，諸国家の相互依存が高まり，環境・人権・人口・食料・資源問題などを地球規模で解決する事態を示す

　就学前段階では，このようなことを踏まえて，個人差や個性がある者同士が「宇宙船地球号」という「地球社会」の幅で協力し合って生活していくことの大切さを，さまざまな経験や活動を通して習得していく必要があります。

2．情報化と保育

　保育の場としての「社会」というのは，実際，そこで直接，保育活動が展開されるわけではありません。しかし社会が有する子どもに対する刺激要因は決して無視することはできません。とりわけ現代社会における「情報化」の進展は，他の保育の場の変容にも少なからず影響を及ぼしています。

　「情報化」とは一般的には，情報が大量に供給・消費され，社会システムの中で情報の占める割合が増していくような現象を意味します。情報化の主役をなすものとして，1）テレビジョン（映像），2）本・新聞・雑誌媒体（紙ベースのもの），3）インターネット（パソコン・スマートフォンなど）があげられます。

　以前は，その中でもテレビジョンを中心とする映像メディアが視覚的情報の中心的な存在でした（図9-4参照）。

　しかしながら，その役割は映像的なものからインターネットを中心とする

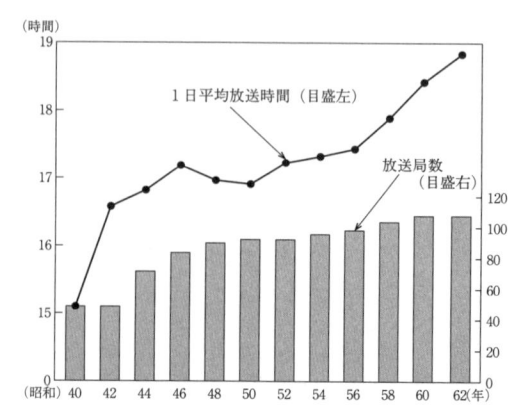

図9-4　増加するテレビの放映時間（出典：経済企画庁『平成2年　国民生活白書』p.153）

ITの方向にウェイトが移動しました。現在はスマートフォンが普及するにつれて，情報量，伝達量が増大し，何よりも情報そのもののスピードが急速に上がっています。その結果，個人が主体的に情報を収集し，活用できる機会が想像以上に拡大しました。反面，人間に次のような悪影響を及ぼす場合もあります。

①間接経験に頼りすぎて，社会性の希薄な人間や人とのかかわりを苦手とする者が増える傾向にあります。これは直接経験がなくても情報による疑似体験が可能になったことが考えられます。

②メディアからの過多の情報量を処理して，その中から必要な情報のみを取捨選択して活用していく能力が欠ける傾向にあります。つまり，思考力が欠如していることが指摘されています。

子育てや保育・教育に関する情報も他の一般的な情報同様，乳幼児をもつ両親のもとへ流れていきます。情報化に対する国民意識は高年齢層より若年層にその実感が高いことがうかがえます（図9-5参照）。

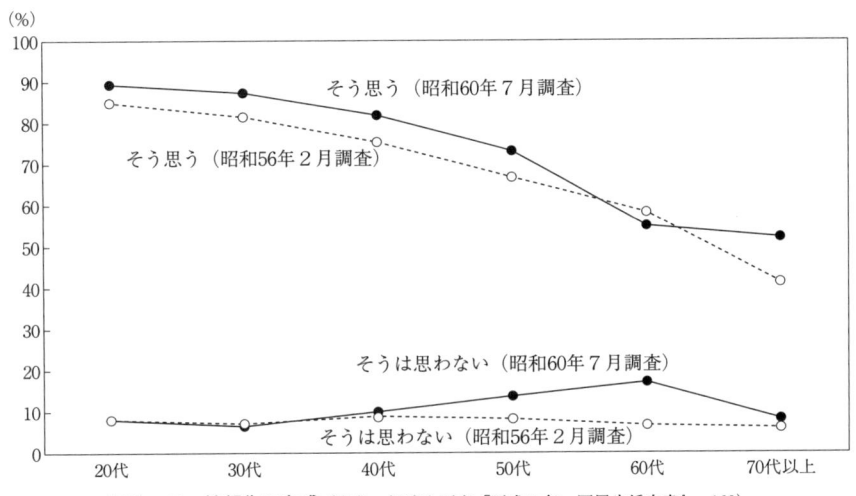

図9-5　情報化の実感（出典：経済企画庁『平成2年　国民生活白書』p.163）

手軽にこれらの情報が手に入るために，短絡的，安易に子育てや教育を考えている親がアクセスしているように感じます。また，育児雑誌が多数出版され，子育てに関するTV番組も増加傾向にあります。

確かに表面的な子育てに関する知識は情報化の進展で増えた環境になりました。しかしそこで得られた情報や子育てに関するノウハウはすべての子どもに等しくあてはまるものではありません。自分の目の前にいる子どもにとって有益だと考えられるものを取捨選択していく情報処理能力こそが，現代の親にとって求められる資質です。子どもの個性と自由を保証し，その子どもの可能性

を伸長させ，創造的な人間の育成に努めることが，この情報化時代に生きている親の責務といえるでしょう。

3．国際化と情報化

　前述した情報化・国際化の流れを「子育て」というキーワードでどのように読み解くかを考察していくことが大切です。同時にこの情報化・国際化は個々にその現象をとらえることよりも，両者を関連づけて考えることが必要だと思われます。

　幼児期には，子ども同士の違いを認め合い，その中でともに育ち合うことの大切さを学ばなければなりません。それは世界というステージにおいても同様です。他の人と異なることの全体，その人がその人であることの存在意義として「個性」があるのです。英語では，individualityと表記されていますが，個性そのものには分割できない特性があるのです。それは国籍が異なっても同じです。他の国籍の子どものよさや違いも認め，それを尊重することです。

　ある意味，人類の未来は異質なものと共生することが求められています。ある特定の基準や価値観によって系列化するのではなく，個々の価値観を大切にして，子どもを援助し評価していく姿勢が大切です。

　情報化によって，子育てに関する情報や同年齢の子どもに関する情報も，大量にまたたく間に手に入る時代になりました。そのような時代では，親が知らず知らずのうちに子どもを他の子どもと比較しやすい情報のもとに置かれているともいえましょう。そのような時代だからこそ先入観，固定観念にとらわれず身近なところから調査や実験をし，事実を確認していく姿勢が尊重されなければなりません。

　21世紀を担う子どもたちは，身近な地域住民に他国籍の人がいる環境で生活していくことになるかもしれません。幼児期から，他民族，文化への理解をあそびや生活の中で自然に体得させることができるような，新しい保育活動の展開が今後期待されるでしょう。

（上野恭裕）

考え深め話し合おう

1. 子育て支援の具体策が，現実として「少子化解消」につながっているのか検討してみましょう。
2. 国際化・情報化の流れに即応するために，保育者として留意するべき事項を整理してみましょう。
3. 子育ての責任の所在を保護者，社会，国家等のフレームワークを通して，そのあり方を考察してみましょう。

Note

10 章
これまでの保育思潮

=== この章で考えましょう ===

　これまで多くの先駆者が保育に関する歴史的な流れを築いてきました。保育思潮とは，その時代の社会的な背景によって築き上げられた保育に関する思想をいいます。保育思潮は，長い歴史の中で脈々と引き継がれてきました。

　現在，私たちが乳幼児の保育について学習している内容は，数百年も前から現代に至るまでの間に，多くの先駆者によって理論化され構築されてきた成果です。

　その理論化された内容には，子どもと接したり観察したりする中で誕生した発達の理論があります。また，乳幼児の発達を支える教育玩具や障がいをもつ子どもの療育に使用される玩具として実験的に使用され，その成果を保育と療育の関係で理論化された文献もあります。そして今も，新たな理論が研究の成果として構築されています。

　本章では，保育理論を構築した先駆者と歴史的な視点での保育の流れから多くの学びを得て，これからの保育について考えていくことにしましょう。

(大橋)

## 1．コメニウス
（Comenius, J.A.）

キーワード
自然主義／直感主義
主要著作物
『大教授学』『母親学校指針』
『世界図絵』

(1) 辛い経験を支えた教育

コメニウス（1592〜1670）は「近代教育の父」といわれ，新しい近代的教育論を体系化し，近代幼児教育思想の先駆者として認められています。コメニウスの幼児教育思想の原点に，彼の生い立ちが影響を与えているといえます。コメニウスはモラヴィア（現在のチェコ東部）に生まれましたが，幼い頃に両親を亡くし，結婚後も妻と二人の息子を亡くすという身近な人の死を早期に経験しています。コメニウスはこの別れという辛い経験をしたにもかかわらず，人との出会いと教育によって乗り越えました。

(2) 「すべての人に教育を」

コメニウスは著書『大教授学』の中で，「すべての人に教育を」という合理的な教授の方法を構想しました。子どもの年齢と発達段階に応じた教育学の体系を考案し，0〜6歳までの「母親学校」，7〜12歳までを「母国語学校」，13〜18歳までを「ラテン語学校」，19〜24歳までを「大学」と区分しています。今日の同一年齢，同時入学，同一学年，同一内容，同時卒業といった仕組みは，コメニウスの構想がもととなっています。また，効率よく教育を行うために，集団の場で一人の教師が多数の子どもに対しての一斉教育を提唱しました。また，コメニウスは母親学校で行われる幼児教育の必要性から，世界最初の幼児教育の本『母親学校指針』を著しました。乳幼児期は「母親（養育者）の膝の上」で，触れ合いの中で行われる家庭的な保育がよいということを示しています。

(3) 世界初の子ども向け世界図絵を出版

母親学校での学習には，視覚教材である絵入り本が有効であるとされていました。これが18世紀に聖書に次ぐベストセラーとなった『世界図絵』で，世界初の子ども向けの絵入り図鑑であると同時にラテン語の教科書でもあります。コメニウスはこの本で，人体・職業・世界的な諸宗教にいたるまで，偏見のない普遍的な教養を絵と文章で示しています。子どもがこの絵と文章を読むことによって，知識に目覚め，ものごとを直感的にとらえることができるようになります。

(4) 自然主義の観点に立って

コメニウスは，基本的に人間が本来宿している能力の内的な成熟を待つという自然主義の観点に立っています。子どもが集うクラスが子どもにとって楽しい場所で，子どもの目に魅力的に映らなければなりません。そのためにはクラス内は明るくて清潔にし，壁は絵画で飾られなければならないのです。また，庭園があって，子どもは時々そこへ行って，木や花や植物を見て，目を楽しますことができる環境構成の大切さを主張しました。さらに，コメニウスの教授学では「直感」が重要視され，子どもの五感という感覚を刺激するあそびの大切さを訴えています。

コメニウスはこうした学校のあり方を通じて，人々の知識の共有化がなされ，平和な社会になると考えました。

2．ルソー
（Jean-Jacques Rousseau）

キーワード
発達段階に応じた教育／感覚教育／子どもの権利
主要著作物
『社会契約論』『エミール』

(1) 人間としての子どもを発見

「近代教育思想の始祖」と呼ばれ，童謡『むすんでひらいて』のメロディを作曲したルソー（1712～1778）は，スイスのジュネーブで生まれました。彼は生後9日目にして母を失い，続いて父も失踪，兄も家出したため，正規の学校教育を受けることができず，徒弟奉公で世間の厳しい境遇を体験しました。ルソーが生きた時代，子どもは「大人の小型で未熟な存在である」という考え方が一般的でした。しかし，ルソーは「子どもには子どもの考え方や感じ方があり，子どもの価値に大人が気づくこと」「人格をもつ個人である子どもの権利」を発見しました。つまり，教育の対象である子どもをよく観察して，よく理解することが教育の基本であると説いたのです。ルソーは身をもって喜怒愛楽を体験し，人間としての子どもを発見しました。

(2) フランス革命に影響を与えた著書『社会契約論』

ルソーがフランスのパリで書いた『社会契約論』（1761）は，フランス革命にも影響を与えました。社会契約論とは，個人が互いの権利を保つために結んだ契約によって国家が成立するというものです。社会契約論は，人間は生まれながらに自由などの権利をもち，その権利を維持するため，個人相互が契約を結んで成立したのが国家であると考えるものです。社会契約論は選挙への参加などとして現代にも影響を与えています。多くの人が社会全体の幸福を実現させるため，選挙に参加するという考え方の基盤になったのです。

(3) 『エミール』と自然に即した感覚教育

ルソーが書いた教育論『エミール』（1762）では，一人の教師が生まれたての架空のエミールという子どもを一人前に育てていく様子が描かれています。ルソーは子どもの個性を大切にする教育を主張しました。ルソーは「知識を与える前に，その道具である諸器官を完成させよ。感覚器官の訓練によって理性を準備する教育を。」と訴えています。ルソーは大人になるまでの子どもがどういうものかを明らかにしました。また，ルソーは子どもの心身の発達段階に合わせて行う自然に即した教育を主張しました。教育において大切なことは早期教育や詰め込み教育ではなく，子どもの自然の発達を育み，よい環境を整え，子どもの自然の歩みを見守って行う教育のことです。ルソーは自然の歩みに従った教育のあり方を提示し，子ども時代には子どもらしく育て，子どもに大人のようなことを期待してはいけないことを提示しました。そして，ルソーは子どもを学ぶ主体・権利の主体としてとらえ，人間愛に目覚めた人間へと成長してほしいと望みました。

以上のように，ルソーは人間としての子どもを発見して，子ども中心主義の教育理念を追求しました。このルソーの考えは現在の近代的教育観の基礎になっているといえます。その後，子どもの外側ではなく内側から育てていくものという教育の本質は，ペスタロッチ，フレーベルに受け継がれていきました。

3．ペスタロッチ
(Johann Heinrich Pestalozzi)

キーワード
心・手・頭／直観教育／
家庭教育の重視
主要著作物
『隠者の夕暮れ』
『幼児教育の書簡』

(1) 人を救う保育・教育の実践

スイスの教育思想家であるペスタロッチ（1746～1827）は，ルソーの教育思想を継承し，保育・教育の実践を行いました。彼は5歳の時に外科医であった父親を亡くし，母親と牧師の祖父に育てられ，社会正義について学びました。その後，障がいのある子どもを含む親のない子どもたちを集め，児童養護施設を開設し，生活から生まれた教育学を著作『隠者の夕暮』（1780）としてまとめています。ペスタロッチはこの冒頭で，「人間，玉座に坐っている人も，あばら家に住んでいる人も，同じであるといわれるときの人間，つまり人間の本質，それはいったい何であろうか」と述べています。ペスタロッチは，すべての人間は平等であり尊厳性のある存在であると考え，貧富の差を超えて「平等に教育を受ける権利」を主張しました。

(2) 家庭教育の重視

ペスタロッチは教員養成コースをあわせもつ学校を創設し，教授法や学校組織について明確にしました。著書『ゲルトルートはいかにその子らを教えるか』（1801）の中で，「居間の教育学」として，家庭と母親の教育感化力を重視しています。「居間の教育学」とは，家庭での母子関係を主軸にして，地域社会との人間関係を円滑に形成していくことを意味しています。つまり，彼の幼児教育の基底には，家庭教育の重視があります。

ペスタロッチの生きた時代は，農業や徒弟制度から工業化への移行期にありました。かつて，人は生活経験上，家族や地域の子どもと触れ合いながら親になる時のための準備をし，保育に必要な能力を身につけることができました。子どもは家族と地域の連携で育ちますが，移行期のように地域が崩壊しつつある場合，厳しい現実にあった社会的養護を必要とする子どもの教育問題などが生まれます。「生活が陶冶する」という言葉にも表れているように，ペスタロッチは家庭的な温かい生活の中でこそ，道徳的な人間を育成するための基盤が育ち，生きる力が育成されると考えました。

(3) 子ども観と理想の教育

ペスタロッチの子ども観は，『幼児教育の書簡』（1818）で示されています。ペスタロッチは「人間の心は生まれた時は白紙の状態であった」というロックの「白紙説」を否定し，あらゆる能力がその芽のかたちで子どもに与えられているとしています。この能力とは，①心（道徳），②手（技術），③頭（知識）であり，この三つがバランスよく成長できる教育です。また，ペスタロッチは知識を言葉で伝えるのではなく，子どもの五感を通して伝え，感覚器官を育てた後に理性の教育へと展開する「直感教育」を主張しました。

ペスタロッチの教育思想は現在の幼児教育に大きな影響を及ぼしています。時代背景が異なるため，彼の教育方法がそのまま現代に通用するわけではありませんが，正しい幼児観に基づいた情熱的な実践は，何年たっても人の心に響いています。

4．フレーベル
(Friedrich Wilhelm August Fröbel)

キーワード
幼稚園創設／恩物／幼児教育の父
主要著作物
『人間の教育』
『母の歌と愛撫の歌』

(1) 世界初の幼稚園開設について

　ドイツの牧師の家に生まれた教育学者であるフレーベル（1782～1852）は，1840年に世界初の幼稚園をドイツに開設しました。彼はペスタロッチの影響を大きく受け，このドイツ初の幼稚園には，子どもの預かり保育だけでなく，親の育ちの場でもあったのです。彼は幼少の頃に母を亡くし，その辛い経験から，「子どもの教育には，母の愛がなにより大切である。母と子を切り離すことはできない」と言っています。愛の必要性を痛感していたフレーベルは，子どもらと一緒に野山を駆け回りました。
　フレーベルの幼稚園には園庭・花壇・遊具などがあり，お遊戯・お絵描き・生活体験などの中に幼児教育を組み入れ，現代の幼稚園のスタイルの基礎を確立しました。

(2) 子どもとともに

　フレーベルは"Kommt, Lasst und unsern Kindern leben!"（「いざや，われらが子らに生きようではないか！」）という有名な言葉を後世に残しました。この言葉には「子どもの発達段階に即した子どもらしい生活を大切に」，「大人が子どもの視点に立って，子どもと心をつなぎ，子どもともに社会をつくっていこう」という二つの意味がこめられています。また，彼は「保育者や親は子どもの才能を伸ばし，創造の心を正しく導かなくてはならない」という理論を『人間の教育』（1826年）の中でまとめて，保育者や親による連続的働きかけによって，子どもの精神は満たされ発達して進歩していくと説いています。そのためフレーベルは「家庭を教育的にすることが大切であり，親に自分たちの気高い使命に気づいてほしい」と述べています。子どもに内在している能力を十分に発揮させるために，「親育ち」の重要性を幼児教育の原点に唱えているのです。このように彼は「子どもらとともに生きる」という信念をもち続け，幼児教育の発展に先駆的な役割を果たしたことによって，「幼児教育の父」と呼ばれています。

(3) 恩物（gabe：神からの贈り物）とは

　フレーベルは恩物（1838）と呼ばれる教育遊具を考案しました。フレーベルの提唱した恩物は，子どもたちが楽しくあそびながら，表現や認識力・想像力を自然に身につけるというものです。恩物には第一恩物から第十恩物まであり，子どもたちが実際に，握ったり，転がしたり，積み上げたりして，自分の力で学んでいくことができます。この恩物は，丸・三角・四角の基本的な形態からなり，赤・黄・青の3原色と，緑・紫・橙の3補色を基本色としています。フレーベルは，子どものあそびに恩物を用いることで，子どもの発達段階に応じたさまざまなあそびができ，またそれぞれを組み合わせることであそびを次々に発展させることができるようにしたのです。恩物はあそびの中で，自ら学ぶ力と想像力を育む，子どもの視点に立った遊具です。

5. コンディヤック
(E. B. Condillac)

キーワード
特別支援教育思想
主要著作物
『人間認識起源論』『感覚論』

(1) 感覚論と特別支援教育思想の基盤

　フランスの哲学者であり医師でもあるコンディヤック（1714～1780）は，イギリスのジョン・ロック（John Locke, 1632～1704）に影響を受け，認識論の研究を行いました。また，コンディヤックはルソーと哲学を語り合いながら交流を深め，ルソーの感覚教育からも影響を受けました。コンディヤックは「あらゆる認識や知識は感覚に由来する」とし，認識論を感覚論へ発展させました。彼によると，乳幼児の場合，認識の出発は五感で，近位感覚（臭覚・触覚・味覚）から遠位感覚（視覚・聴覚）へと推移していくことになります。その働きの生成過程を『人間認識起源論』（1746）や『感覚論』（1754）で明らかにしています。コンディヤックは感覚論を基礎として，そこに他者との言葉による関係性の中で認識を発達させ知識を育むとし，言語の訓練の必要性を主張しました。その後，コンディヤックの「人間の観念が感覚的経験に依存している」という考え方が，イタールの『アヴェロンの野生児』への教育に影響を与え，世間から高く評価されました。そして，コンディヤックは特別支援教育思想の基盤をつくったといわれる人物になりました。

6. イタール
(Jean Marc Gaspard Itard)

キーワード
アヴェロンの野生児，教具

(1) アヴェロンの野生児への教育

　フランスの医学者であり障がい児教育の夜明けを告げたイタール（1774～1838）は，外科医として働いていました。1800年，パリのろうあ研究所の主任医に就任し，そこで「アヴェロンの野生児」に出会います。この野生児はカンヌの森アヴェロンで，裸体で発見され，乱暴で言葉ももたない状態でした。野生児はヴィクトールと名づけられました。ヴィクトールは推定年齢11～12歳で，集中力や判断力が弱く，感覚器官もほとんど麻痺した状態でした。コンディヤックの哲学を信じていたイタールは，ヴィクトールに6年間にわたる感覚訓練に重点を置いた教育を熱心に行いました。ここで教具として，はめこみ盤や文字盤が考案されました。この教育は世間から「遺伝か環境か」という観点から注目されました。その結果，ヴィクトールは基本的生活習慣の形成や感覚感情機能など，新しい環境へのいくつかの適応と改善が見られ，特別支援教育の重要性を立証しました。ヴィクトールへの教育や，聴力を失った人たちに対する訓練などを通して，イタールはろうあ教育や特別支援教育の先駆者として評価されています。イタールが発展させた教具は，モンテッソーリによって改良され，現在，幼児教育現場で人気の教具になっています。

7．セガン
(Edouard O. Seguin)

キーワード
特別支援教育の使徒／平行棒／セガン教具

(1) 特別支援教育の使徒

フランスの「特別支援教育の使徒」であり医師でもあるセガン（1812～1880）は，フランスの高名な医家の子どもとして家庭での教育を中心に少年時代を過ごしました。セガンの両親は，ルソーの『エミール』の強い影響を受け，家庭生活の中で自発的活動による事物と経験を通しての教育をセガンに行いました。自由・平等・博愛精神を重んじるフランスで，セガンは医学校で医学と外科学を学び，イタールの弟子となりました。その後，イタールの「アヴェロンの野生児」の教育実験を再考察したセガンは，「発達に障がいがある子どもは，適切な処置によって，最高の知的水準までとはいかないが，社会生活や日常生活を送ることはできるようになる」との結論に達しました。また，セガンとイタールは共同して特別支援教育に携わりました。セガンはその生涯を特別支援教育と福祉の確立のために捧げました。

(2) 発達障がいのある子どものための平行棒を考案

セガンは師匠のイタールの経験とその感覚訓練の方法から学び取りながら，セガン独自の生理学的教育法とよばれる方法をあみだしました。この教育法は，知育偏重ではなく，活動・思考力・意志の三つの機能をバランスよく発達させるため，運動を通しての訓練や感覚訓練，関連性と系統性をもった教え方です。具体的な方法の一例として，セガンは障がいのある子どものための平行棒を考案しました（図10－1）。

図10－1　セガンが最初に考案した障がいのある子どものための平行棒

セガンは，障がいのある子どもに適応する教育の開拓を私塾で行いました。この私塾での成果をフランスの公的施設「救済院」でも行いました。「セガン教具」を用いる特別支援教育は多くの人々に注目されるようになり，セガンは体系化された教育論を教科書で発表しました。

(3) アメリカの特別支援学校の基盤に

1848年，セガンは家族とともにアメリカに移住し，アメリカの特別支援学校の基盤を確立しました。セガンはアメリカで特別支援学校設立のための運動をしている人々に深い影響を与え，アメリカに特別支援学校が設立される原動力になりました。

セガンは当時，人間として扱われず，治療も教育も不必要と見なされていた障がいのある子どもの運動や感覚訓練を行い，障がいのある子どもへの教育の可能性を見いだしました。その活動や成果は多くの国に影響を与えたことは間違いありません。そして自ら特別支援学校をつくることで，障がいのある子どもの学びの場をつくったのです。セガンは，障がいのある子どもにも教育を受ける権利があると考え，その生涯を特別支援教育に全力を注ぎました。セガンの概念（個別支援と訓練，生理学的教育法）は，現在の特別支援教育に受け継がれています。

8．石井亮一

キーワード
日本の知的障がい児教育・福祉の父／
滝乃川学園

日本初の知的障がい児施設の創始者

　石井亮一（1867〜1937）は，1891（明治24）年の濃尾大震災で被災した孤児のため，岡山孤児院（現：児童養護施設）の石井十次とともに孤児の救済にあたりました。そして，自宅を開放して「聖三一弧女学院」を開設しました。たまたまその孤児のうち2人に知的障がいがあったことを契機として，石井は知的障がい児のための特別支援教育機関の必要性を感じたのです。当時の日本では，知的障がい児に関する療育などの研究は実施されていませんでした。そこで，渡米し，セガン夫人の小規模施設を訪問したり，ハーバード大学図書館に通いながら特別支援教育についての見識を深めました。そして，1897（明治30）年に聖三一弧女学院を「滝乃川学園」へと改称し，日本初の知的障がい児施設としました。

　彼は「人は誰かを支えている時には，自分のことばかり考えるけれど，実は相手からどれだけ恵みをもらっているかは，気づかないものだよ」という名言を残し，特別支援教育の基本を「忍耐と愛情」「寝食を共にする事」「献身家」としています。石井の妻　筆子の内助を得て，学園は研究所や保育士養成所などを含む一大総合福祉施設と成長しました。

9. モンテッソーリ
(Maria Montessori)

キーワード
子どもの家／整えられた環境／感覚教育／モンテッソーリ教具
主要著作物
『子どもの発見』

(1) スラム街に「子どもの家」を開設

　イタリアの幼児教育思想家であり医師でもあるモンテッソーリ（1870～1952）は、イタリア初の女性医師として障がいのある子どもの治療を行いました。その時、彼女が直面したのは、働く親が日々生きるのに精いっぱいで、わが子の教育および保育にまで手が回らない姿でした。そこで彼女はローマのスラム街に「子どもの家」（Case dei Bambini）という保育所を開設し、子どもたちが自発的に活動に取り組む自由を保障するために「整えられた環境」を準備しました。この「整えられた環境」とは、①子どもが自分で自由に教具を選べる環境構成、②子どもがやってみたいなと思うような教具、③社会性・協調性を促すための異年齢保育（縦割り保育）、④子どもそれぞれの発達段階に適した環境、です。また、子どもの家の保育者は子どもを観察し、子どもの自主活動を援助する人的環境と考えられています。

(2) モンテッソーリ教具の開発

　人格形成の基盤となる乳児期に愛着関係や絶対的信頼関係を築くために、保育者は子どもの発達段階を系統立てて援助することが必要です。そのため子どもの家では、系統立てられた「モンテッソーリ教具」が用意されました。その一つが異なる円柱を、視覚で識別しながら同じ大きさの穴にはめ込む感覚教具「円柱さし」（図10-2）です。子どもが聴覚で音の高低を識別する「音感ベル」などの遊具もあります。また、モンテッソーリは、日常生活に用いる教具等は清潔で子どもが扱いやすく、色彩や形が魅力的であるべきであり、陶器やガラス製、木製などの本物の教具を使うことで本物のもつ美しさを感じ、また、壊さないように慎重に扱ったりすることができるようになると考えました。

(3) 自立した子どもを育てる教育思想

　モンテッソーリ教育の目的は「自立した子ども」を育てることです。モンテッソーリは、子どもは自ら成長し発達する力をもって生まれてくるため、保育者は子どもたちの自発的な活動を援助する存在に徹しなければならないと考えていました。モンテッソーリ教育の実践課目には、「日常生活の練習」「感覚教育」「言語教育」「算数教育」があり、子どもの自立性を尊重することが重要視されています。友だちとのあそびから、待つことを覚えたり、社会性やマナーを身につけることができます。

　1909年頃、モンテッソーリ教育は、子どもの家に通っていた子どもたちの知的水準を上げるという効果が見られ、世界中に広がりました。その後、モンテッソーリは世界平和と子どもの尊厳を訴える活動を世界各国で展開しました。

図10-2　モンテッソーリ教具「円柱さし」

10. デューイ
（John Dewey）

キーワード
児童中心主義／経験主義教育
主要著作物
『学校と社会』『経験と教育』

(1) 苦学生から大学教授に

　アメリカ合衆国を代表する教育哲学者であり教育思想家であるジョン・デューイ（1859～1952）は，新教育の理論的支柱として，今日まで教育に絶大な影響を与え続けています。デューイは資本主義がすさまじい勢いで発展する時期に，食料品店を営む父親と教育熱心な母親によって育てられました。デューイの少年時代，家があまり裕福ではなく，彼は新聞配達や農場の手伝いなどをして小遣いを稼いでいました。彼は大学で，進化論や実証主義を学んでいます。大学卒業後，高校と小学校の教師を経験したデューイは，大学院で学び直し，大学の哲学の教授となりました。

(2) アメリカ的な幼児教育を

　デューイの生きた時代のアメリカの保育思潮は，1860年にアメリカ人による初のフレーベル主義の幼稚園が開設されて以来，「恩物重視」のフレーベル教育方法一辺倒で形式化していました。しかし，小学校は教師と教科書が中心の訓練主義でしたので，今でいう保・幼・小連携を取ることができませんでした。デューイは「新しい幼稚園が小学校の基礎となる」進歩的な教育を主張し，子どもの生活に即した幼稚園教育の展開を説きました。そして20世紀初旬には，アメリカ資本主義の繁栄と自由主義の発達に応じた「児童中心主義」と「経験主義教育」を2本柱として，アメリカの幼稚園教育実践がアメリカ全体へと広がっていきました。デューイはこの進歩的な幼稚園での教育実践を発展させ，理論化したといえます。その後，デューイは教育学の発展のため，理論化のみならず蓄積された理論を検証する研究の場として「実験学校」を創設しました。

(3) 児童中心主義と経験主義教育

　「児童中心主義」の教育とは，常に子どもを中心に，実経験や生活の中での学習機会を通して，子どもの個性を伸ばして育んでいくことです。デューイの児童中心主義は，「教育の自然性」を説いたルソーの教育をそのまま継承したのではなく，子どもを自然に放任せず，子どもに適切な精神的・物理的・社会的環境を与え，子どもの社会性に目を向けたのです。彼の教育思想は，『学校と社会』『民主主義と教育』『経験と教育』などで明確に示されています。

　「経験主義教育」では，子どもを中心に据え，主体である子どもと環境の相互作用である経験の連続性の過程を教育の本質としています。具体的には，体験を通して学んだことを生活のさまざまな場面に応用できるようにすることです。デューイはこうした体験学習から，民主主義社会を支える社会の一員となっていく能力が身につくと考えました。デューイの学習論から出てくる問題解決学習は，世界初の4年制看護学部誕生時に，その教育方法の根底として大きな影響を与えたのです。デューイの駆け抜けた時代は，めまぐるしく変動する社会であり，デューイは現実社会の問題を自らの力で解決することができる子どもの「教育」を問い続けました。

11. キルパトリック
(William Heard Kilpatrick)

キーワード
進歩主義教育
主要著作物
『プロジェクト・メソッド』
『モンテッソーリ教育理論の検討』

(1) 進歩主義教育のリーダー

アメリカ合衆国の教育学者であるキルパトリック（1871～1965）は，デューイのもとで学び，『プロジェクト・メソッド』(1918) という論文を発表しました。プロジェクト・メソッドとは，目的，計画，判断，実行という一連の流れを定式化する方法です。この方法では，子どもの性格・態度・道徳を形成することに重点が置かれていました。これが子どもの人間形成に最もよい教育理論の一つとして評価され，世界的に反響を生みました。これによって，キルパトリックはデューイの実験主義教育を一般化させ，1900年代初頭の進歩主義教育のリーダーとして活躍しました。

(2) モンテッソーリ教育理論から進歩主義教育へ

キルパトリックは，フレーベル主義幼児教育の改善のためにアメリカに出現したモンテッソーリ教育理論について，「子どもたちが適切な世話をしてもらえない場合には，幼稚園の教師たちが一日中世話をするということは，まことに望ましいことであろう」とモンテッソーリの保育を評価していますが，その一方で，「3R's（reading, writing, arithmetic：読み・書き・算）を就学前の子どもに教えるべきではない」「協同的な学びがない」と痛烈に批判しています。この批判によって，モンテッソーリ教育理論への世間の関心は薄れ，時代は進歩主義教育を求めて保育思潮は動き始めました。

12. 関信三

キーワード
日本の幼稚園の開祖
主要著作物
『幼稚園創設法』
『幼稚園法二十遊嬉』

日本の幼稚園の開祖

僧侶でもあった関信三（1843～1880）は，東本願寺の命を受け2年間イギリスで学びました。帰国後，英語教師を経て，1876（明治9）年に設立された東京女子師範学校付属幼稚園の初代監事（園長）になりました。彼は，フレーベルの保育方法を学んだ主席保姆（現：保育士）であるドイツ人の松野クララとともに，3～6歳の子どもを対象としてフレーベルの恩物を中心とした一斉指導を実践しました。ここから日本の幼稚園の歴史の幕が開いたのです。

関が『幼稚園創設法』(1878) で幼稚園は人間の成長にとって重要であることを解説し，『幼稚園法二十遊嬉』(1879) で恩物について説明しました。このように，日本の幼稚園は海外の幼児教育の模倣から始まりました。もっとも，当時幼稚園に通うことができたのは上流家庭の子どもであり，多くの子どもは託児施設を利用していました。長い時間と多くの人々の尽力により，幼児教育は次第に普及し，近代日本における幼児教育の基本的形態が形成されていきました。その最初の一歩を切り開いたのが，関信三その人だったのです。

13. 倉橋惣三

キーワード
東京女子高等師範学校／誘導保育／育ての心／「生活を，生活で，生活へ！」

(1) 保育改革を進めた日本のフレーベル

児童心理学者である倉橋惣三（1882～1955）は，日本初の幼稚園である東京女子師範学校附属幼稚園（1876年設立の現・お茶の水女子大学附属幼稚園）の主事を長年務めました。

当時の日本では，1926（大正15）年に「幼稚園令」が発布され，幼稚園は上級家庭の子ども向けから対象が広がり，一般化されていきました。倉橋は，アメリカ留学（1920～1922）で学んだ児童中心の進歩的な保育を提唱しました。彼は，明治以降に間違って導入されたフレーベル主義的な，堅苦しく細かすぎる指導保育の方法の改革に努め，「保育要領－幼児教育の手引き」(1948) においては，「幼児期は人生の中でも特別な時期」と位置づけています。その後，「幼稚園教育要領」(1956) を作り，改定されながら幼稚園教育の指針として保育・教育で活用されています。さらに，日本保育学会を設立するなど幼児教育の発展に寄与した倉橋は，「日本のフレーベル」とも呼ばれました。

(2) 子どもを中心とした誘導保育

倉橋は，「園において何より大事なものは子どもの遊びということになる」「園の第一の役目は先ず子どもの遊びに満足を与えてやること」と述べています。園の役目は子どもが満足するあそびを提供することであり，そこで働く保育者はあふれる愛情をもって子どもの活動を引き出す人ということです。

このような「誘導保育」や「育ての心」などのフレーベル思想を受け継いだ倉橋の思想は，当時としては画期的でした。当時，世界では新教育運動が盛んで，日本でもデューイの進歩主義的な教育方法を取り入れようとする動きがあり，保育でも「子どもを中心にしよう，自由にさせよう」といった新保育運動が展開されました。そういった時代の流れと倉橋の思想がマッチしていたのです。

(3) 現代でも輝く倉橋のメッセージ

倉橋の誘導保育では「自由あそび」を中心に「自己充実」をめざします。子どもの生活を尊重し，「生活を，生活で，生活へ！」と子どもを導く倉橋の言葉は，現代でも輝いています。

現在，人間関係の希薄さによって子どもたちがあそびを考えたり，あそびのルールを創意工夫する直接体験が減少しています。子どもを中心にして地域の人々とともに子どもに適切な（人・物・社会）環境を設定し，子どものいのちを守ることがますます保育者に求められています。

倉橋の墓碑に「自ら育つものを育たせようとする心　それが育ての心である　世の中にこんな楽しい心があろうか」という言葉が残されています。子どもとともにあること，楽しむことが保育・教育の原点だと示される，時代を超えても色あせることのない彼のメッセージなのです。この日本の保育・教育の流れをつくってきたのが倉橋惣三その人なのです。

14. 橋詰良一

キーワード
家なき幼稚園／
小学校との連絡

家なき幼稚園～家制度と家屋からの解放を～

　大阪毎日新聞社に勤務していた文化人の橋詰良一（1871～1934）は，ヨーロッパ外遊時に目にした子どもたちの姿から，「子どもは子ども同士の世界に住まわせ，家という建物の枠から開放して，自然の中で育てるのが何よりの幸福である」という思いをもつようになりました。そこで，彼は屋外保育の理念に基づく外国の幼稚園「ハウスレス・キンダー・ガーデン（建物をもたない幼稚園）」を手本にして，1922（大正11）年に大阪府池田市内の（日本初分譲型住宅の中心にある）呉服（くれは）神社の境内に「家なき幼稚園」（現・室町幼稚園）を設立しました。家族制度と家屋から子どもを自由にするという橋詰の理念から，この園では自動車で子どもを大自然に連れ出し露店保育を行い，別名「自動車幼稚園」と呼ばれました。倉橋惣三が保育誌に取り上げたこともあり，一時は6園の「家なき幼稚園」が創設されました。橋詰は『家なき幼稚園の主張と実際』（1928）を刊行し，「幼稚園の一般化」「小学校との連絡」などを主張しました。これらは今日，民主主義の発展，自由主義的な運動，風潮，思潮の総称である大正デモクラシーの成果と評価されています。

15. ディック・ブルーナ (Hendric Magdalenus Bruna)

キーワード
ミッフィー
主要著作物
『ちいさなうさこちゃん』

世界一有名なウサギの生みの親

　「『ミッフィー』の生みの親が引退　高齢で既に創作停止」（日本経済新聞，2014年7月31日）とのニュースが駆けめぐりました。世界で愛され続けるウサギのキャラクター『ミッフィー』の生みの親が，オランダのグラフィックデザイナーであり絵本作家のディック・ブルーナ（1927～）です。

　ブルーナはオランダで出版社を営む家に生まれ，絵が大好きでいつもスケッチブックに絵を描いていました。少年期の第二次世界大戦体験や，出版社の後継者にしたかった父親への反発を経て，ウサギを主人公とした字のない絵本を刊行しました。彼の絵本は，「ブルーナカラー」と呼ばれる赤，青，白，緑，黄色を使い，シンプルで力強い線で作られていて，多くの子どもたちから支持を得ました。オランダでは「ナインチェ」と呼ばれるミッフィーの絵本を，ブルーナは1955年から出版し，世界中で多くの言語に翻訳されて，世界の子どもたちから親しまれています。1964年に日本でも「ちいさなうさこちゃん」（石井桃子訳）として刊行されました。ブルーナに影響された人物には，絵本作家の五味太郎（1945～）がいます。

16. ジェローム・シーモア・ブルーナー
（Jerome Seymour Bruner）

キーワード
発見学習／教科書の構造化
主要著作物
『教育の過程』

(1) 教科中心主義

スプートニック・ショック（1957年10月のロシア（旧ソビエト連邦）によるスプートニックという人類初の人工衛星打ち上げ成功がアメリカを代表とする西側諸国にもたらした衝撃や危機感）によって，ピアジェやモンテッソーリが再度注目されるようになりました。特にアメリカでは，ピアジェとヴィゴツキーの理論を吸収したブルーナー（1915～）の理論に強い関心が寄せられました。彼の研究は教育の方法へと拡大し，『教育の過程』でその成果報告がまとめられました。ここで彼は，「この教材を，この学年の，この子どもに，この方法で教えると，このような成果が得られる」「どの教科でも知的性格をそのままに保って，発達のどの段階の子どもにも効果的に教えることができる」と教材中心主義を力説しました。

デューイの児童中心主義からブルーナーの教材中心主義へと保育思潮が動きました。

(2) ヘッドスタート計画に影響

ブルーナーの乳幼児期の発達に関する研究は，1960年代半ばから始まったアメリカのヘッドスタート計画に組み込まれました。これは主に，貧困層や移民の就学前の子どもたちへの読書や計算などに焦点を当てた発達支援です。保護者や保育者が，子どもと一緒にあそび，コミュニケーションを取ることが，その後の学校教育で役立つと考えられました。幼児向け教育番組『セサミ・ストリート』も，子どもの学力の底上げをねらった番組で，ヘッドスタート計画の一環です。

17. レフ・セミョノヴィチ・ヴィゴツキー
（Lev Semenovich Vygotsky）

キーワード
外言と内言／発達の最近接領域
主要著作物
『思考と言語』

(1) 心理学のモーツァルト

　ロシア（旧ソビエト連邦）の心理学者ヴィゴツキー（1896～1934）は，38歳の若さで世を去りましたが，後世に残る実験的・理論的研究を行い，「心理学のモーツァルト」と呼ばれました。彼は『思考と言語』（1934）の中で，心理学諸説における理論を検討し，発達と教育の関連性を整理しました。具体的な彼の言語発達の考え方は，生まれたばかりの子どもには，頭の中で何か考えてから話をしているものではなく，「外言（他者とのコミュニケーションで使う言葉）」を獲得してから「内言（頭の中で使う言葉）」を獲得するというものでした。

(2) 発達の最近接領域の提唱

　保育園での生活発表会での作品を子ども一人で作っていたら完成していなかったのに，保育者やお友だちなどに助言をもらったことによって，作品ができるようになったという経験者もいると思います。これが，発達と教育の関係について研究して提唱したヴィゴツキーの有名な理論「発達の最近接領域（zone of proximal development：ZPD）」の典型例です。「発達の最近接領域」とは，「ひとりでできる」ことと「みんなとならできる」ことの間にある能力の差なのです。ヴィゴツキーは，人間の精神は社会的活動とコミュニケーションを通じて発達すると考えました。そして，彼は，子どもの発達における保育者の役割として，保育者が直接援助することや，子ども同士が育ち合う環境を用意し見守ることを主張しています。

(3) ヴィゴツキー VS ピアジェ

　ヴィゴツキーは，彼と同じ年に生まれたスイスの児童心理学者ピアジェ（1896～1980）と，「外言」「内言」に関する論争を展開しました。ピアジェは，認知機能の発達を段階的に描き，生後から18歳頃までの発達をみて認知発達の4段階を導き出しました。それは，①感覚運動期（0～2歳），②前操作期（2～7歳），③具体的操作期（7～12歳），④形式的操作期（12～18歳ごろ）の4段階です。ピアジェは人間の発達段階を18歳頃までしか想定していませんでしたが，一人の子どもの認知発達過程をとらえたのがピアジェであり，「最近接領域」に働きかけて発達を引き上げていくことができると説いたのがヴィゴツキーです。これが決定的な違いになっています。

　ヴィゴツキーは，「子どもの教育は，学校教育が始まるずっと以前から始まっている」と主張し，彼の理論は人間の精神発達における社会性や歴史性を明確にとらえています。つまり，「教育は，発達の最近接領域に適合したものである必要がある」とヴィゴツキーは主張しました。

18. セレスタン・フレネ
(Celestin Freinet)

キーワード
フレネ教育／自発的なグループ活動／校内新聞／学級文庫

(1) 辛い体験から新たな教育方法へ

　フランスの幼児教育者セレスタン・フレネ（1896～1966）はヴィゴツキーやピアジェと同じ年に生まれました。彼は師範学校在学中に第一次世界大戦が勃発し、代用教員となった後に戦場へと送られました。そこでドイツ軍の毒ガスによって、70%の肺を切除する不幸に見舞われ、彼は、後遺症で大きな声を出すことができないというハンディキャップを負ったのです。しかしそれを契機に、フレネ教育の創始者として新しい教育思想と方法を編み出したのです。

　フレネは教え込みを主とする伝権威主義的な教育方法に対して疑問を感じていました。彼は教師になりたての頃、赴任先の小学校低学年の子どもたちが数分も座って話を聞けないことに頭を悩ましていました。そこで、子どもたちを学校の外に連れ出し、散歩しながら、人々の生活の様子や自然を観察するように促しました。教室に戻ってきた子どもたちに、外で見聞したことについて自由に表現させ、板書しました。すると、教科書の文章には何の興味ももてない子どもたちが、板書をノートに書き写すことができたのです。これが「子どものありのままの姿から教育を出発しなければならない」という彼の新たな教育の始まりでした。

(2) 校内新聞や学級文庫の発明

　フレネは、自発的なグループ活動を通して、子どもたちの人間性を養うことを目的に、「子ども中心の教育」「個性尊重の教育」を主張し、教育界に対して改革をもたらしました。彼は、ただ与えられた問題を解決していくだけの教育ではなく、子ども自らが困っている子どもを助けながら、さまざまな疑問や問題を子どもたち自らの力で解決する方法を探し出していかなければならないと考えました。そこで、彼は学校教育には子どもたちの手にする校内新聞や通信などの印刷物を取り込みました。また、子どもたちが教科書に頼ることなく自分の力で研究を進めていくため、資料カードや小冊子が整えられた学級文庫を誕生させたのです。

　フレネは、自分が経験した退屈な学校生活と悲惨な戦争への批判を胸に秘め、新しい教育を求めて、開かれた教育改革運動に加わりました。「フレネは羊飼いのような嗅覚をもっていて、それによって彼が迎え入れた子どもたちを教育した」と記されています。ドイツやロシアの学校を訪ね、スイスの新教育国際会議などにも参加する模索の道程を始めました。1957年、フレネは現代学校運動国際連盟（FIMEM）を創設しました。

（大森弘子）

資 料 編

○子ども・子育て支援新制度（平成27年10月）
○幼保連携型認定こども園教育・保育要領〈抄〉
（平成26年4月30日）
○幼稚園教育要領〈抄〉（平成20年3月）
○保育所保育指針〈抄〉（平成20年3月28日）

● 資料編

子ども・子育て支援新制度
（平成27年10月）

子ども・子育て支援新制度のポイント

○自公民3党合意を踏まえ，子ども・子育て関連3法が成立（平成24年8月）。幼児教育・保育・地域の子ども・子育て支援を総合的に推進。

○消費税の引き上げにより確保する0.7兆円程度を含め，追加の恒久財源を確保し，すべての子ども・子育て家庭を対象に，幼児教育，保育，地域の子ども・子育て支援の質・量の拡充を図る。

○新制度は平成27年4月に本格施行。市町村が，地方版子ども・子育て会議の意見を聴きながら，子ども・子育て支援事業計画を策定し，実施。

（出典：内閣府子ども・子育て本部「子ども・子育て支援新制度について」p.3，平成27年10月．）

子ども・子育て支援新制度の概要

認定こども園・幼稚園・保育所・小規模保育など 共通の財政支援

施設型給付

- 認定こども園 0～5歳
  - 幼保連携型
    - ※幼保連携型については，認可・指導監督の一本化，学校及び児童福祉施設としての法的位置づけを与える等，制度改善を実施
  - 幼稚園型　保育所型　地方裁量型
- 幼稚園 3～5歳
- 保育所 0～5歳

※私立保育所については，児童福祉法第24条により市町村が保育の実施義務を担うことに基づく措置として，委託費を支弁

地域型保育給付

- 小規模保育，家庭的保育，居宅訪問型保育，事業所内保育

地域の実情に応じた子育て支援

地域子ども・子育て支援事業

- 利用者支援事業（新規）
- 地域子育て支援拠点事業
- 一時預かり事業
- 乳児家庭全戸訪問事業
- 養育支援訪問事業等
- 子育て短期支援事業
- 子育て援助活動支援事業（ファミリー・サポート・センター事業）
- 延長保育事業
- 病児保育事業
- 放課後児童クラブ
- 妊婦健診
- 実費徴収に係る補足給付を行う事業
- 多様な事業者の参入促進・能力活用事業

（出典：内閣府子ども・子育て本部「子ども・子育て支援新制度について」p.6，平成27年10月．）

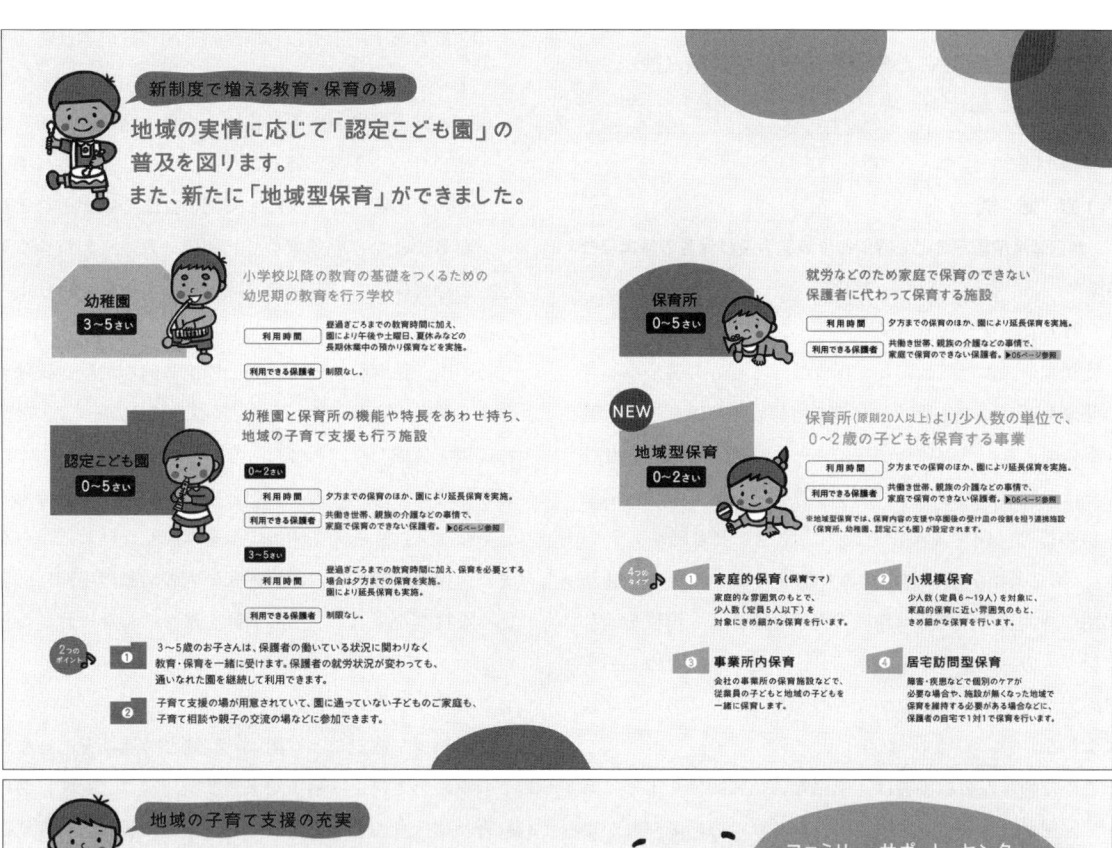

資料編

新制度で増える教育・保育の場

地域の実情に応じて「認定こども園」の普及を図ります。
また、新たに「地域型保育」ができました。

幼稚園（3〜5さい）
小学校以降の教育の基礎をつくるための幼児期の教育を行う学校
- 利用時間：昼過ぎごろまでの教育時間に加え、園により午後や土曜日、夏休みなどの長期休業中の預かり保育などを実施。
- 利用できる保護者：制限なし。

保育所（0〜5さい）
就労などのため家庭で保育のできない保護者に代わって保育する施設
- 利用時間：夕方までの保育のほか、園により延長保育を実施。
- 利用できる保護者：共働き世帯、親族の介護などの事情で、家庭で保育のできない保護者。▶06ページ参照

認定こども園（0〜5さい）
幼稚園と保育所の機能や特長をあわせ持ち、地域の子育て支援も行う施設
- 0〜2さい
  - 利用時間：夕方までの保育のほか、園により延長保育を実施。
  - 利用できる保護者：共働き世帯、親族の介護などの事情で、家庭で保育のできない保護者。▶06ページ参照
- 3〜5さい
  - 利用時間：昼過ぎごろまでの教育時間に加え、保育を必要とする場合は夕方までの保育を実施。園により延長保育も実施。
  - 利用できる保護者：制限なし。

NEW 地域型保育（0〜2さい）
保育所（原則20人以上）より少人数の単位で、0〜2歳の子どもを保育する事業
- 利用時間：夕方までの保育のほか、園により延長保育を実施。
- 利用できる保護者：共働き世帯、親族の介護などの事情で、家庭で保育のできない保護者。▶06ページ参照
※地域型保育では、保育内容の支援や卒園後の受け皿の役割を担う連携施設（保育所、幼稚園、認定こども園）が設定されます。

4つのタイプ
1. 家庭的保育（保育ママ）：家庭的な雰囲気のもとで、少人数（定員5人以下）を対象にきめ細かな保育を行います。
2. 小規模保育：少人数（定員6〜19人）を対象に、家庭的保育に近い雰囲気のもと、きめ細かな保育を行います。
3. 事業所内保育：会社の事業所の保育施設などで、従業員の子どもと地域の子どもを一緒に保育します。
4. 居宅訪問型保育：障がい・疾患などで個別のケアが必要な場合や、施設が無くなった地域で保育を維持する必要がある場合などに、保護者の自宅で1対1で保育を行います。

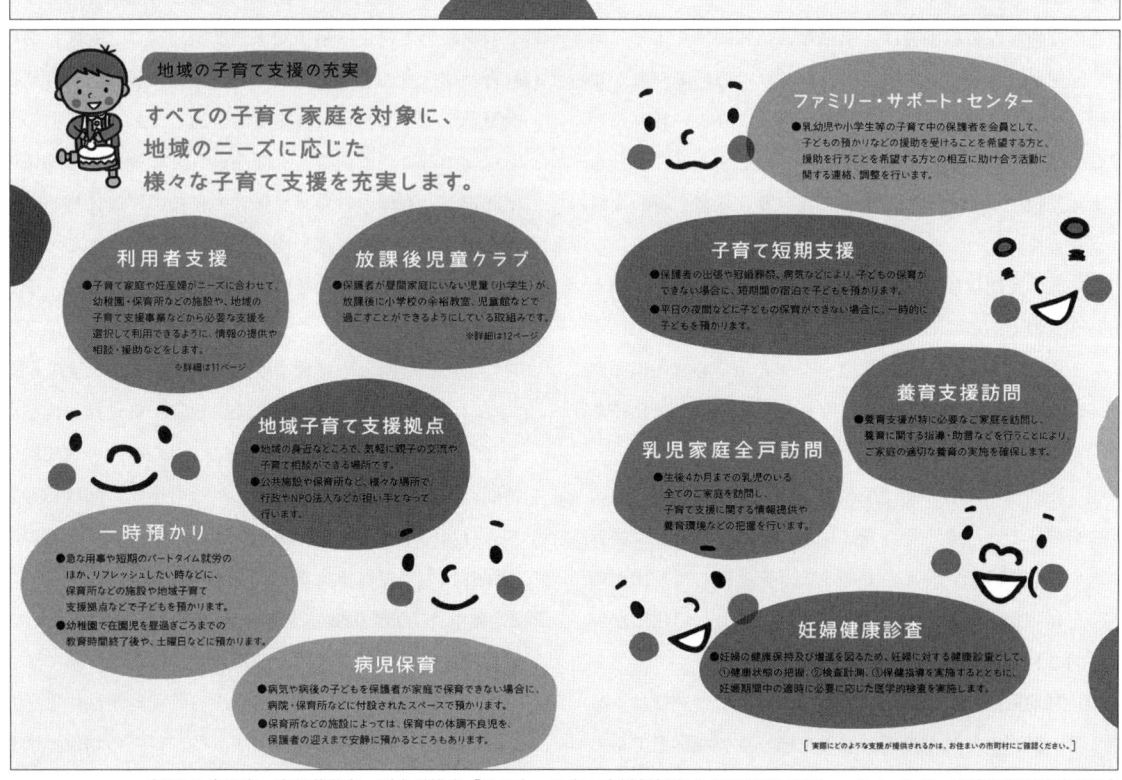

2つのポイント
1. 3〜5歳のお子さんは、保護者の働いている状況に関わりなく教育・保育を一緒に受けます。保護者の就労状況が変わっても、通いなれた園を継続して利用できます。
2. 子育て支援の場が用意されていて、園に通っていない子どものご家庭も、子育て相談や親子の交流の場などに参加できます。

地域の子育て支援の充実

すべての子育て家庭を対象に、地域のニーズに応じた様々な子育て支援を充実します。

利用者支援
- 子育て家庭や妊産婦のニーズに合わせて、幼稚園・保育所などの施設や、地域の子育て支援事業などから必要な支援を選択して利用できるように、情報の提供や相談・援助などを行います。
※詳細は11ページ

放課後児童クラブ
- 保護者が昼間家庭にいない児童（小学生）が、放課後に小学校の余裕教室、児童館などで過ごすことができるようにしている取組み。
※詳細は12ページ

子育て短期支援
- 保護者の出張や冠婚葬祭、病気などにより、子どもの保育ができない場合に、短期間の宿泊で子どもを預かります。
- 平日の夜間などに子どもの保育ができない場合に、一時的に子どもを預かります。

ファミリー・サポート・センター
- 乳幼児や小学生等の子育て中の保護者を会員として、子どもの預かりなどの援助を受けることを希望する方と、援助を行うことを希望する方との相互に助け合う活動に関する連絡、調整を行います。

地域子育て支援拠点
- 地域の身近なところで、気軽に親子の交流や子育て相談ができる場所です。
- 公共施設や保育所など、様々な場所で行政やNPO法人などが担い手となって行います。

乳児家庭全戸訪問
- 生後4か月までの乳児のいる全てのご家庭を訪問し、子育てに関する情報提供や養育環境などの把握を行います。

養育支援訪問
- 養育支援が特に必要なご家庭を訪問し、養育に関する指導・助言などを行うことにより、ご家庭の適切な養育の実施を確保します。

一時預かり
- 急な用事や短期のパートタイム就労のほか、リフレッシュしたい時などに、保育所などの施設や地域子育て支援拠点などで子どもを預かります。
- 幼稚園で在園児を昼過ぎごろまでの教育時間終了後や、土曜日などに預かります。

病児保育
- 病気や病後の子どもを保護者が家庭で保育できない場合に、病院・保育所などに付設されたスペースで預かります。
- 保育所などの施設によっては、保育中の体調不良児を、保護者の迎えまで安静に預かるところもあります。

妊婦健康診査
- 妊婦の健康保持及び増進を図るため、妊婦に対する健康診査として、①健康状態の把握、②検査計画、③保健指導を実施するとともに、妊娠期間中の適時に必要に応じた医学的検査を実施します。

[実際にどのような支援が提供されるかは、お住まいの市町村にご確認ください。]

（出典：内閣府・文部科学省・厚生労働省『子ども・子育て支援新制度 なるほどBOOK』pp.3-4, 9-10, 平成27年10月改訂版.）

● 資 料 編

幼保連携型認定こども園教育・保育要領〈抄〉
（平成26年4月30日）

第1章 総則
第1 幼保連携型認定こども園における教育及び保育の基本及び目標

1 教育及び保育の基本

乳幼児期における教育及び保育は，子どもの健全な心身の発達を図りつつ生涯にわたる人格形成の基礎を培う重要なものであり，幼保連携型認定こども園における教育及び保育は，就学前の子どもに関する教育，保育等の総合的な提供の推進に関する法律（以下「認定こども園法」という。）第2条第7項に規定する目的を達成するため，乳幼児期の特性及び保護者や地域の実態を踏まえ，環境を通して行うものであることを基本とし，家庭や地域での生活を含め園児の生活全体が豊かなものとなるように努めなければならない。

このため，保育教諭等は，園児との信頼関係を十分に築き，園児が自ら安心して環境にかかわりその活動が豊かに展開されるよう環境を整え，園児と共によりよい教育及び保育の環境を創造するように努めるものとする。これらを踏まえ，次に示す事項を重視して教育及び保育を行わなければならない。

(1) 乳幼児期は周囲への依存を基盤にしつつ自立に向かうものであることを考慮して，周囲との信頼関係に支えられた生活の中で，園児一人一人が安心感と信頼感を持っていろいろな活動に取り組む体験を十分に積み重ねられるようにすること。

(2) 乳幼児期においては生命の保持が図られ安定した情緒の下で自己を十分に発揮することにより発達に必要な体験を得ていくものであることを考慮して，園児の主体的な活動を促し，乳幼児期にふさわしい生活が展開されるようにすること。

(3) 乳幼児期における自発的な活動としての遊びは，心身の調和のとれた発達の基礎を培う重要な学習であることを考慮して，遊びを通しての指導を中心として第2章の第1に示すねらいが総合的に達成されるようにすること。

(4) 乳幼児期における発達は，心身の諸側面が相互に関連し合い，多様な経過をたどって成し遂げられていくものであること，また，園児の生活経験がそれぞれ異なることなどを考慮して，園児一人一人の特性や発達の過程に応じ，発達の課題に即した指導を行うようにすること。

その際，保育教諭等は，園児の主体的な活動が確保されるよう園児一人一人の行動の理解と予想に基づき，計画的に環境を構成しなければならない。この場合において，保育教諭等は，園児と人やものとのかかわりが重要であることを踏まえ，物的・空間的環境を構成しなければならない。また，保育教諭等は，園児一人一人の活動の場面に応じて，様々な役割を果たし，その活動を豊かにしなければならない。

2 教育及び保育の目標

幼保連携型認定こども園は，家庭との連携を図りながら，この章の第1の1に示す幼保連携型認定こども園における教育及び保育の基本に基づいて一体的に展開される幼保連携型認定こども園における生活を通して，生きる力の基礎を育成するよう認定こども園法第9条に規定する幼保連携型認定こども園の教育及び保育の目標の達成に努めなければならない。幼保連携型認定こども園は，このことにより，義務教育及びその後の教育の基礎を培うとともに，子どもの最善の利益を考慮しつつ，その生活を保障し，保護者と共に園児を心身ともに健やかに育成するものとする。

なお，認定こども園法第9条に規定する幼保連携型認定こども園の教育及び保育の目標については，小学校就学の始期に達するまでの時期を通じ，その達成に向けて努力すべき目当てとなるものであることから，満3歳未満の園児の保育にも当てはまることに留意すること。

第2 教育及び保育の内容に関する全体的な計画の作成

各幼保連携型認定こども園においては，教育基本法（平成18年法律第120号），児童福祉法（昭和22年法律第164号）及び認定こども園法その他の法令並びにこの幼保連携型認定こども園教育・保育要領の示すところに従い，教育及び

保育を一体的に提供するため，創意工夫を生かし，園児の心身の発達と幼保連携型認定こども園，家庭及び地域の実態に即応した適切な教育及び保育の内容に関する全体的な計画を作成するものとする。

1　幼保連携型認定こども園における生活の全体を通して第2章の第1に示すねらいが総合的に達成されるよう，教育課程に係る教育期間や園児の生活経験や発達の過程などを考慮して具体的なねらいと内容を組織しなければならない。この場合においては，特に，自我が芽生え，他者の存在を意識し，自己を抑制しようとする気持ちが生まれるなどの乳幼児期の発達の特性を踏まえ，入園から修了に至るまでの長期的な視野を持って充実した生活が展開できるように配慮しなければならないこと。

2　幼保連携型認定こども園の毎学年の教育課程に係る教育週数は，特別の事情のある場合を除き，39週を下ってはならないこと。

3　幼保連携型認定こども園の1日の教育課程に係る教育時間は，4時間を標準とすること。ただし，園児の心身の発達の程度や季節などに適切に配慮すること。

4　幼保連携型認定こども園の保育を必要とする子どもに該当する園児に対する教育及び保育の時間（満3歳以上の保育を必要とする子どもに該当する園児については，この章の第2の3に規定する教育時間を含む。）は，1日につき8時間を原則とし，園長がこれを定めること。ただし，その地方における園児の保護者の労働時間その他家庭の状況等を考慮すること。

第3　幼保連携型認定こども園として特に配慮すべき事項

幼保連携型認定こども園における教育及び保育を行うに当たっては，次の事項について特に配慮しなければならない。

1　当該幼保連携型認定こども園に入園した年齢により集団生活の経験年数が異なる園児がいることに配慮する等，0歳から小学校就学前までの一貫した教育及び保育を園児の発達の連続性を考慮して展開していくこと。

2　園児の一日の生活の連続性及びリズムの多様性に配慮するとともに，保護者の生活形態を反映した園児の在園時間の長短，入園時期や登園日数の違いを踏まえ，園児一人一人の状況に応じ，教育及び保育の内容やその展開について工夫をすること。特に，入園及び年度当初においては，家庭との連携の下，園児一人一人の生活の仕方やリズムに十分に配慮して一日の自然な生活の流れをつくり出していくようにすること。

3　環境を通して行う教育及び保育の活動の充実を図るため，幼保連携型認定こども園における教育及び保育の環境の構成に当たっては，乳幼児期の特性を踏まえ，次の事項に留意すること。

(1) 0歳から小学校就学前までの様々な年齢の園児の発達の特性を踏まえ，満3歳未満の園児については特に健康，安全や発達の確保を十分に図るとともに，満3歳以上の園児については同一学年の園児で編制される学級による集団活動の中で遊びを中心とする園児の主体的な活動を通して発達を促す経験が得られるよう工夫をすること。

(2) 在園時間が異なる多様な園児がいることを踏まえ，園児の生活が安定するよう，家庭や地域，幼保連携型認定こども園における生活の連続性を確保するとともに，一日の生活のリズムを整えるよう工夫をすること。特に満3歳未満の園児については睡眠時間等の個人差に配慮するとともに，満3歳以上の園児については集中して遊ぶ場と家庭的な雰囲気の中でくつろぐ場との適切な調和等の工夫をすること。

(3) 家庭や地域において異年齢の子どもとかかわる機会が減少していることを踏まえ，満3歳以上の園児については，学級による集団活動とともに，満3歳未満の園児を含む異年齢の園児による活動を，園児の発達の状況にも配慮しつつ適切に組み合わせて設定するなどの工夫をすること。

4　養護の行き届いた環境の下生命の保持や情緒の安定を図るため，幼保連携型認定こども園における教育及び保育を展開するに当たっては，次の事項に留意すること。

(1) 園児一人一人が，快適にかつ健康で安全に過ごせるようにするとともに，その生理的欲求が十分に満たされ，健康増進が積極的に図られるようにするため，次の事項に留意するものとする。

● 資 料 編

ア　園児一人一人の平常の健康状態や発育及び発達の状態を的確に把握し，異常を感じる場合は，速やかに適切に対応すること。

イ　家庭との連携を密にし，学校医等との連携を図りながら，園児の疾病や事故防止に関する認識を深め，保健的で安全な環境の維持及び向上に努めること。

ウ　清潔で安全な環境を整え，適切な援助や応答的なかかわりを通して，園児の生理的欲求を満たしていくこと。また，家庭と協力しながら，園児の発達の過程等に応じた適切な生活のリズムがつくられていくようにすること。

エ　園児の発達の過程等に応じて，適度な運動と休息をとることができるようにすること。また，食事，排泄，睡眠，衣類の着脱，身の回りを清潔にすることなどについて，園児が意欲的に生活できるよう適切に援助すること。

(2)　園児一人一人が安定感を持って過ごし，自分の気持ちを安心して表すことができるようにするとともに，周囲から主体として受け止められ主体として育ち，自分を肯定する気持ちが育まれていくようにし，心身の疲れが癒やされるようにするため，次の事項に留意するものとする。

ア　園児一人一人の置かれている状態や発達の過程などを的確に把握し，園児の欲求を適切に満たしながら，応答的な触れ合いや言葉掛けを行うこと。

イ　園児一人一人の気持ちを受容し，共感しながら，園児との継続的な信頼関係を築いていくこと。

ウ　保育教諭等との信頼関係を基盤に，園児一人一人が主体的に活動し，自発性や探索意欲などを高めるとともに，自分への自信を持つことができるよう成長の過程を見守り，適切に働き掛けること。

エ　園児一人一人の生活のリズム，発達の過程，在園時間などに応じて，活動内容のバランスや調和を図りながら，適切な食事や休息がとれるようにすること。

5　園児の健康及び安全は，園児の生命の保持と健やかな生活の基本であることから，次の事項に留意するものとする。

(1)　健康支援

ア　健康状態や発育及び発達の状態の把握

(ｱ)　園児の心身の状態に応じた教育及び保育を行うために，園児の健康状態や発育及び発達の状態について，定期的，継続的に，また，必要に応じて随時，把握すること。

(ｲ)　保護者からの情報とともに，登園時及び在園時に園児の状態を観察し，何らかの疾病が疑われる状態や傷害が認められた場合には，保護者に連絡するとともに，学校医と相談するなど適切な対応を図ること。

(ｳ)　園児の心身の状態等を観察し，不適切な養育の兆候が見られる場合には，市町村（特別区を含む。以下同じ。）や関係機関と連携し，児童福祉法第25条の２第１項に規定する要保護児童対策地域協議会（以下「要保護児童対策地域協議会」という。）で検討するなど適切な対応を図ること。また，虐待が疑われる場合には，速やかに市町村又は児童相談所に通告し，適切な対応を図ること。

イ　健康増進

(ｱ)　認定こども園法第27条において準用する学校保健安全法（昭和33年法律第56号）第５条の学校保健計画を作成する際は，全ての職員がそのねらいや内容を明確にしながら，園児一人一人の健康の保持及び増進に努めていくこと。

(ｲ)　認定こども園法第27条において準用する学校保健安全法第13条第１項の健康診断を行ったときは，認定こども園法第27条において準用する学校保健安全法第14条の措置を行い，教育及び保育に活用するとともに，保護者が園児の状態を理解し，日常生活に活用できるようにすること。

ウ　疾病等への対応

(ｱ)　在園時に体調不良や傷害が発生した場合には，その園児の状態等に応じて，保護者に連絡するとともに，適宜，学校医やかかりつけ医等と相談し，適切な処置を行うこと。養護教諭や看護師等が配

置されている場合には，その専門性を生かした対応を図ること。
　(イ)　感染症やその他の疾病の発生予防に努め，その発生や疑いがある場合には必要に応じて学校医，市町村，保健所等に連絡し，その指示に従うとともに，保護者や全ての職員に連絡し，協力を求めること。また，感染症に関する幼保連携型認定こども園の対応方法等について，あらかじめ関係機関の協力を得ておくこと。養護教諭や看護師等が配置されている場合には，その専門性を生かした対応を図ること。
　(ウ)　園児の疾病等の事態に備え，保健室等の環境を整え，救急用の薬品，材料等を常備し，適切な管理の下に全ての職員が対応できるようにしておくこと。
(2) 環境及び衛生管理並びに安全管理
　ア　環境及び衛生管理
　　(ア)　認定こども園法第27条において準用する学校保健安全法第6条の学校環境衛生基準に基づき幼保連携型認定こども園の適切な環境の維持に努めるとともに，施設内外の設備，用具等の衛生管理に努めること。
　　(イ)　認定こども園法第27条において準用する学校保健安全法第6条の学校環境衛生基準に基づき幼保連携型認定こども園の適切な環境の維持に努めるとともに，園児及び職員が手洗い等により清潔を保つようにすること。
　イ　事故防止及び安全対策
　　(ア)　在園時の事故防止のために，園児の心身の状態等を踏まえつつ，認定こども園法第27条において準用する学校保健安全法第27条の学校安全計画の策定等を通じ，職員の共通理解と体制づくりを図るとともに，家庭や地域の諸機関の協力の下に安全指導を行うこと。
　　(イ)　認定こども園法第27条において準用する学校保健安全法第29条の危険等発生時対処要領に基づき，災害や事故の発生に備えるとともに外部からの不審者等の侵入防止のための措置や訓練など不測の事態に備え必要な対応を図ること。また，園児の精神保健面における対応に留意すること。

(3) 食育の推進
　幼保連携型認定こども園における食育は，健康な生活の基本としての食を営む力の育成に向け，その基礎を培うことを目標として，次の事項に留意するものとする。
　ア　園児が生活と遊びの中で，意欲を持って食にかかわる体験を積み重ね，食べることを楽しみ，食事を楽しみ合う園児に成長していくことを期待するものであること。
　イ　乳幼児期にふさわしい食生活が展開され，適切な援助が行われるよう，食事の提供を含む食育の計画を作成し，教育及び保育の内容に関する全体的な計画並びに指導計画に位置付けるとともに，その評価及び改善に努めること。
　ウ　園児が自らの感覚や体験を通して，自然の恵みとしての食材や調理する人への感謝の気持ちが育つように，園児と調理員とのかかわりや，調理室など食に関する環境に配慮すること。栄養教諭や栄養士等が配置されている場合は，専門性を生かした対応を図ること。
　エ　体調不良，食物アレルギー，障害のある園児など，園児一人一人の心身の状態等に応じ，学校医，かかりつけ医等の指示や協力の下に適切に対応すること。栄養教諭や栄養士等が配置されている場合は，専門性を生かした対応を図ること。

6　保護者に対する子育ての支援に当たっては，この章の第1に示す幼保連携型認定こども園における教育及び保育の基本及び目標を踏まえ，子どもに対する学校としての教育及び児童福祉施設としての保育並びに保護者に対する子育ての支援について相互に有機的な連携が図られるよう，保護者及び地域の子育てを自ら実践する力を高める観点に立って，次の事項に留意するものとする。
(1) 幼保連携型認定こども園の園児の保護者に対する子育ての支援
　ア　園児の送迎時の対応，相談や助言，連絡や通信，

● 資料編

会合や行事など日常の教育及び保育に関連した様々な機会を活用して行うこと。
イ　園児の様子や日々の教育及び保育の意図などの説明を通じ、保護者との相互理解を図るよう努めること。
ウ　教育及び保育の活動に対する保護者の積極的な参加は、保護者の子育てを自ら実践する力の向上に寄与するだけでなく、地域社会における家庭や住民の子育てを自ら実践する力の向上及び子育ての経験の継承につながることから、これを促すこと。その際、保護者の生活形態が異なることを踏まえ、全ての保護者の相互理解が深まるように配慮すること。
エ　保護者の就労と子育ての両立等を支援するため、病児保育事業など多様な事業を実施する場合には、保護者の状況に配慮するとともに、園児の福祉が尊重されるよう努めること。
オ　地域の実態や保護者の要請により教育を行う標準的な時間の終了後等に希望する者を対象に一時預かり事業などとして行う活動については、園児の心身の負担に配慮するとともに、地域の実態や保護者の事情とともに園児の生活のリズムを踏まえつつ、例えば実施日数や時間などについて、弾力的な運用に配慮すること。その際、教育を行う標準的な時間の活動と保育を必要とする園児に対する教育を行う標準的な時間終了後の保育における活動との関連を考慮すること。
カ　園児に障害や発達上の課題が見られる場合には、市町村や関係機関と連携及び協力を図りつつ、保護者に対する個別の支援を行うよう努めること。
キ　保護者に育児不安等が見られる場合には、保護者の希望に応じて個別の支援を行うよう努めること。
ク　保護者に不適切な養育等が疑われる場合には、市町村や関係機関と連携し、要保護児童対策地域協議会で検討するなど適切な対応を図ること。また、虐待が疑われる場合には、速やかに市町村又は児童相談所に通告し、適切な対応を図ること。
(2) 地域における子育て家庭の保護者等に対する支援

ア　幼保連携型認定こども園において、認定こども園法第2条第12項に規定する子育て支援事業を実施する際には、当該幼保連携型認定こども園が持つ地域性や専門性などを十分に考慮して当該地域において必要と認められるものを適切に実施すること。
イ　市町村の支援を得て、地域の関係機関等との積極的な連携及び協力を図るとともに、子育ての支援に関する地域の人材の積極的な活用を図るよう努めること。また、地域の要保護児童への対応など、地域の子どもを巡る諸課題に対し、要保護児童対策地域協議会など関係機関等と連携及び協力して取り組むよう努めること。

第2章　ねらい及び内容並びに配慮事項

この章に示すねらいは、幼保連携型認定こども園修了までに育つことが期待される生きる力の基礎となる心情、意欲、態度などであり、内容は、ねらいを達成するために指導する事項である。これらを園児の発達の側面から、心身の健康に関する領域「健康」、人とのかかわりに関する領域「人間関係」、身近な環境とのかかわりに関する領域「環境」、言葉の獲得に関する領域「言葉」及び感性と表現に関する領域「表現」としてまとめ、示したものである。

各領域に示すねらいは、幼保連携型認定こども園における生活の全体を通じ、園児が様々な体験を積み重ねる中で相互に関連を持ちながら次第に達成に向かうものであること、内容は、園児が環境にかかわって展開する具体的な活動を通して総合的に指導されるものであることに留意しなければならない。

この章に示すねらい及び内容は、主として教育にかかわるねらい及び内容であり、保育の実施に当たっては、園児一人一人の発達の過程やその連続性を踏まえ、この章の第1に示すねらい及び内容を柔軟に取り扱うとともに、この章の第2に示す保育の実施上の配慮事項を踏まえなければならない。その際、教育及び保育の内容が相互に関連を持つよう留意する必要がある。

なお、特に必要な場合には、各領域に示すねらいの趣旨に基づいて適切な、具体的な内容を工夫し、それを加えても差

し支えないが，その場合には，それが第1章の第1に示す幼保連携型認定こども園における教育及び保育の基本及び目標を逸脱しないよう慎重に配慮する必要がある。

　　　　　　　　　　（略）

第3章　指導計画作成に当たって配慮すべき事項

　幼保連携型認定こども園における教育及び保育は，園児が自ら意欲を持って環境とかかわることによりつくり出される具体的な活動を通して，その目標の達成を図るものである。

　幼保連携型認定こども園においてはこのことを踏まえ，乳幼児期にふさわしい生活が展開され，適切な指導が行われるよう，次の事項に留意して調和のとれた組織的，発展的な指導計画を作成し，園児の活動に沿った柔軟な指導を行わなければならない。

第1　一般的な配慮事項

1　指導計画は，園児の発達に即して園児一人一人が乳幼児期にふさわしい生活を展開し，必要な体験を得られるようにするために，具体的に作成すること。また，指導計画の作成に当たっては，次に示すところにより，具体的なねらい及び内容を明確に設定し，適切な環境を構成することなどにより活動が選択・展開されるようにすること。

　(1)　具体的なねらい及び内容は，幼保連携型認定こども園の生活における園児の発達の過程を見通し，園児の生活の連続性，季節の変化などを考慮して，園児の興味や関心，発達の実情などに応じて設定すること。

　(2)　環境は，具体的なねらいを達成するために適切なものとなるように構成し，園児が自らその環境にかかわることにより様々な活動を展開しつつ必要な体験を得られるようにすること。その際，園児の生活する姿や発想を大切にし，常にその環境が適切なものとなるようにすること。

　(3)　園児の行う具体的な活動は，生活の流れの中で様々に変化するものであることに留意し，園児が望ましい方向に向かって自ら活動を展開していくことができるよう必要な援助をすること。

　　その際，園児の実態及び園児を取り巻く状況の変化な

どに即して指導の過程についての反省や評価を適切に行い，常に指導計画の改善を図ること。

2　園児の生活は，入園当初の一人一人の遊びや保育教諭等との触れ合いを通して幼保連携型認定こども園の生活に親しみ，安定していく時期から，やがて友達同士で目的を持って幼保連携型認定こども園の生活を展開し，深めていく時期などに至るまでの過程を様々に経ながら広げられていくものであることを考慮し，活動がそれぞれの時期にふさわしく展開されるようにすること。また，園児の入園当初の教育及び保育に当たっては，既に在園している園児に不安や動揺を与えないようにしつつ，可能な限り個別的に対応し，園児が安定感を得て，次第に幼保連携型認定こども園の生活になじんでいくよう配慮すること。

3　園児が様々な人やものとのかかわりを通して，多様な体験をし，心身の調和のとれた発達を促すようにしていくこと。その際，心が動かされる体験が次の活動を生み出すことを考慮し，一つ一つの体験が相互に結び付き，幼保連携型認定こども園の生活が充実するようにすること。

4　長期的に発達を見通した年，学期，月などにわたる長期の指導計画やこれとの関連を保ちながらより具体的な園児の生活に即した週，日などの短期の指導計画を作成し，適切な指導が行われるようにすること。特に，週，日などの短期の指導計画については，園児の生活のリズムに配慮し，園児の意識や興味の連続性のある活動が相互に関連して幼保連携型認定こども園の生活の自然な流れの中に組み込まれるようにすること。

5　園児の行う活動は，個人，グループ，学級全体などで多様に展開されるものであるが，いずれの場合にも，幼保連携型認定こども園全体の職員による協力体制をつくりながら，園児一人一人が興味や欲求を十分に満足させるよう適切な援助を行うようにすること。

6　園児の主体的な活動を促すためには，保育教諭等が多様なかかわりを持つことが重要であることを踏まえ，保育教諭等は，理解者，共同作業者など様々な役割を果たし，園児の情緒の安定や発達に必要な豊かな体験が得ら

●資料編

れるよう，活動の場面に応じて，園児の人権や園児一人一人の個人差等に配慮した適切な指導を行うようにすること。

7 幼保連携型認定こども園においては，その教育及び保育が，小学校以降の生活や学習の基盤の育成につながることに配慮し，乳幼児期にふさわしい生活を通して，創造的な思考や主体的な生活態度などの基礎を培うようにすること。

第2 特に配慮すべき事項

1 園児の発達の個人差，入園した年齢の違いなどによる集団生活の経験年数の差，家庭環境等を踏まえ，園児一人一人の発達の特性や課題に十分留意すること。特に満3歳未満の園児については，大人への依存度が極めて高い等の特性があることから，個別的な対応を図ること。また，園児の集団生活への円滑な接続について，家庭との連携及び協力を図る等十分留意すること。

2 園児の発達の連続性を考慮した教育及び保育を展開する際には，次の事項に留意すること。
  (1) 満3歳未満の園児については，園児一人一人の生育歴，心身の発達，活動の実態等に即して，個別的な計画を作成すること。
  (2) 満3歳以上の園児については，個の成長と，園児相互の関係や協同的な活動が促されるよう配慮すること。
  (3) 異年齢で構成されるグループ等での指導に当たっては，園児一人一人の生活や経験，発達の過程などを把握し，適切な指導や環境の構成ができるよう配慮すること。

3 一日の生活のリズムや在園時間が異なる園児が共に過ごすことを踏まえ，活動と休息，緊張感と解放感等の調和を図るとともに，園児に不安や動揺を与えないようにする等の配慮を行うこと。

4 午睡は生活のリズムを構成する重要な要素であり，安心して眠ることのできる環境を確保するとともに，在園時間が異なることや，睡眠時間は園児の発達の状況や個人によって差があることから，一律とならないよう配慮すること。

5 長時間にわたる保育については，園児の発達の過程，生活のリズム及び心身の状態に十分配慮して，保育の内容や方法，職員の協力体制，家庭との連携などを指導計画に位置付けること。

6 障害のある園児の指導に当たっては，集団の中で生活することを通して全体的な発達を促していくことに配慮し，適切な環境の下で，障害のある園児が他の園児との生活を通して共に成長できるよう，特別支援学校などの助言又は援助を活用しつつ，例えば指導についての計画又は家庭や医療，福祉などの業務を行う関係機関と連携した支援のための計画を個別に作成することなどにより，個々の園児の障害の状態などに応じた指導内容や指導方法の工夫を計画的，組織的に行うこと。

7 園児の社会性や豊かな人間性を育むため，地域や幼保連携型認定こども園の実態等により，特別支援学校などの障害のある子どもとの活動を共にする機会を積極的に設けるよう配慮すること。

8 健康状態，発達の状況，家庭環境等から特別に配慮を要する園児について，一人一人の状況を的確に把握し，専門機関との連携を含め，適切な環境の下で健やかな発達が図られるよう留意すること。

9 行事の指導に当たっては，幼保連携型認定こども園の生活の自然な流れの中で生活に変化や潤いを与え，園児が主体的に楽しく活動できるようにすること。なお，それぞれの行事については教育的及び保育的価値を十分検討し，適切なものを精選し，園児の負担にならないようにすること。

10 園児の発達や学びの連続性を確保する観点から，小学校教育への円滑な接続に向けた教育及び保育の内容の工夫を図るとともに，幼保連携型認定こども園の園児と小学校の児童の交流の機会を設けたり，小学校の教師との意見交換や合同の研究の機会を設けたりするなど，連携を通じた質の向上を図ること。

11 園児の生活は，家庭を基盤として地域社会を通じて次第に広がりを持つものであることに留意し，家庭との連携を十分に図るなど，幼保連携型認定こども園における生活が家庭や地域社会と連続性を保ちつつ展開されるようにすること。その際，地域の自然，人材，行事や公共

施設などの地域の資源を積極的に活用し，園児が豊かな生活体験を得られるように工夫をすること。また，家庭との連携に当たっては，保護者との情報交換の機会を設けたり，保護者と園児との活動の機会を設けたりなどすることを通じて，保護者の乳幼児期の教育及び保育に関する理解が深まるよう配慮すること。

幼稚園教育要領〈抄〉

（平成20年3月）

第1章　総　則
第1　幼稚園教育の基本

　幼児期における教育は，生涯にわたる人格形成の基礎を培う重要なものであり，幼稚園教育は，学校教育法第22条に規定する目的を達成するため，幼児期の特性を踏まえ，環境を通して行うものであることを基本とする。

　このため，教師は幼児との信頼関係を十分に築き，幼児と共によりよい教育環境を創造するように努めるものとする。これらを踏まえ，次に示す事項を重視して教育を行わなければならない。

1　幼児は安定した情緒の下で自己を十分に発揮することにより発達に必要な体験を得ていくものであることを考慮して，幼児の主体的な活動を促し，幼児期にふさわしい生活が展開されるようにすること。

2　幼児の自発的な活動としての遊びは，心身の調和のとれた発達の基礎を培う重要な学習であることを考慮して，遊びを通しての指導を中心として第2章に示すねらいが総合的に達成されるようにすること。

3　幼児の発達は，心身の諸側面が相互に関連し合い，多様な経過をたどって成し遂げられていくものであること，また，幼児の生活経験がそれぞれ異なることなどを考慮して，幼児一人一人の特性に応じ，発達の課題に即した指導を行うようにすること。

　その際，教師は，幼児の主体的な活動が確保されるよう幼児一人一人の行動の理解と予想に基づき，計画的に環境を構成しなければならない。この場合において，教師は，幼児と人やものとのかかわりが重要であることを踏まえ，物的・空間的環境を構成しなければならない。また，教師は，幼児一人一人の活動の場面に応じて，様々な役割を果たし，その活動を豊かにしなければならない。

第2　教育課程の編成

　幼稚園は，家庭との連携を図りながら，この章の第1に示す幼稚園教育の基本に基づいて展開される幼稚園生活を

● 資料編

通して，生きる力の基礎を育成するよう学校教育法第23条に規定する幼稚園教育の目標の達成に努めなければならない。幼稚園は，このことにより，義務教育及びその後の教育の基礎を培うものとする。これらを踏まえ，各幼稚園においては，教育基本法及び学校教育法その他の法令並びにこの幼稚園教育要領の示すところに従い，創意工夫を生かし，幼児の心身の発達と幼稚園及び地域の実態に即応した適切な教育課程を編成するものとする。

1　幼稚園生活の全体を通して第2章に示すねらいが総合的に達成されるよう，教育課程に係る教育期間や幼児の生活経験や発達の過程などを考慮して具体的なねらいと内容を組織しなければならないこと。この場合においては，特に，自我が芽生え，他者の存在を意識し，自己を抑制しようとする気持ちが生まれる幼児期の発達の特性を踏まえ，入園から修了に至るまでの長期的な視野をもって充実した生活が展開できるように配慮しなければならないこと。

2　幼稚園の毎学年の教育課程に係る教育週数は，特別の事情のある場合を除き，39週を下ってはならないこと。

3　幼稚園の1日の教育課程に係る教育時間は，4時間を標準とすること。ただし，幼児の心身の発達の程度や季節などに適切に配慮すること。

第3　教育課程に係る教育時間の終了後等に行う教育活動など

幼稚園は，地域の実態や保護者の要請により教育課程に係る教育時間の終了後等に希望する者を対象に行う教育活動について，学校教育法第22条及び第23条並びにこの章の第1に示す幼稚園教育の基本を踏まえ実施すること。また，幼稚園の目的の達成に資するため，幼児の生活全体が豊かなものとなるよう家庭や地域における幼児期の教育の支援に努めること。

第2章　ねらい及び内容

この章に示すねらいは，幼稚園修了までに育つことが期待される生きる力の基礎となる心情，意欲，態度などであり，内容は，ねらいを達成するために指導する事項である。これらを幼児の発達の側面から，心身の健康に関する領域「健康」，人とのかかわりに関する領域「人間関係」，身近な環境とのかかわりに関する領域「環境」，言葉の獲得に関する領域「言葉」及び感性と表現に関する領域「表現」としてまとめ，示したものである。

各領域に示すねらいは，幼稚園における生活の全体を通じ，幼児が様々な体験を積み重ねる中で相互に関連をもちながら次第に達成に向かうものであること，内容は，幼児が環境にかかわって展開する具体的な活動を通して総合的に指導されるものであることに留意しなければならない。

なお，特に必要な場合には，各領域に示すねらいの趣旨に基づいて適切な，具体的な内容を工夫し，それを加えても差し支えないが，その場合には，それが第1章の第1に示す幼稚園教育の基本を逸脱しないよう慎重に配慮する必要がある。

（略）

第3章　指導計画及び教育課程に係る教育時間の終了後等に行う教育活動などの留意事項

第1　指導計画の作成に当たっての留意事項

幼稚園教育は，幼児が自ら意欲をもって環境とかかわることによりつくり出される具体的な活動を通して，その目標の達成を図るものである。

幼稚園においてはこのことを踏まえ，幼児期にふさわしい生活が展開され，適切な指導が行われるよう，次の事項に留意して調和のとれた組織的，発展的な指導計画を作成し，幼児の活動に沿った柔軟な指導を行わなければならない。

1　一般的な留意事項

（1）指導計画は，幼児の発達に即して一人一人の幼児が幼児期にふさわしい生活を展開し，必要な体験を得られるようにするために，具体的に作成すること。

（2）指導計画の作成に当たっては，次に示すところにより，具体的なねらい及び内容を明確に設定し，適切な環境を構成することなどにより活動が選択・展開されるようにすること。

ア　具体的なねらい及び内容は，幼稚園生活における幼児の発達の過程を見通し，幼児の生活の連続性，季節の変化などを考慮して，幼児の興味や関心，発達の実情などに応じて設定すること。

イ　環境は，具体的なねらいを達成するために適切なものとなるように構成し，幼児が自らその環境にかかわることにより様々な活動を展開しつつ必要な体験を得られるようにすること。その際，幼児の生活する姿や発想を大切にし，常にその環境が適切なものとなるようにすること。

ウ　幼児の行う具体的な活動は，生活の流れの中で様々に変化するものであることに留意し，幼児が望ましい方向に向かって自ら活動を展開していくことができるよう必要な援助をすること。

その際，幼児の実態及び幼児を取り巻く状況の変化などに即して指導の過程についての反省や評価を適切に行い，常に指導計画の改善を図ること。

(3) 幼児の生活は，入園当初の一人一人の遊びや教師との触れ合いを通して幼稚園生活に親しみ，安定していく時期から，やがて友達同士で目的をもって幼稚園生活を展開し，深めていく時期などに至るまでの過程を様々に経ながら広げられていくものであることを考慮し，活動がそれぞれの時期にふさわしく展開されるようにすること。その際，入園当初，特に，3歳児の入園については，家庭との連携を緊密にし，生活のリズムや安全面に十分配慮すること。また，認定こども園（就学前の子どもに関する教育，保育等の総合的な提供の推進に関する法律（平成18年法律第77号）第6条第2項に規定する認定こども園をいう。）である幼稚園については，幼稚園入園前の当該認定こども園における生活経験に配慮すること。

(4) 幼児が様々な人やものとのかかわりを通して，多様な体験をし，心身の調和のとれた発達を促すようにしていくこと。その際，心が動かされる体験が次の活動を生み出すことを考慮し，一つ一つの体験が相互に結び付き，幼稚園生活が充実するようにすること。

(5) 長期的に発達を見通した年，学期，月などにわたる長期の指導計画やこれとの関連を保ちながらより具体的な幼児の生活に即した週，日などの短期の指導計画を作成し，適切な指導が行われるようにすること。特に，週，日などの短期の指導計画については，幼児の生活のリズムに配慮し，幼児の意識や興味の連続性のある活動が相互に関連して幼稚園生活の自然な流れの中に組み込まれるようにすること。

(6) 幼児の行う活動は，個人，グループ，学級全体などで多様に展開されるものであるが，いずれの場合にも，幼稚園全体の教師による協力体制をつくりながら，一人一人の幼児が興味や欲求を十分に満足させるよう適切な援助を行うようにすること。

(7) 幼児の主体的な活動を促すためには，教師が多様なかかわりをもつことが重要であることを踏まえ，教師は，理解者，共同作業者など様々な役割を果たし，幼児の発達に必要な豊かな体験が得られるよう，活動の場面に応じて，適切な指導を行うようにすること。

(8) 幼児の生活は，家庭を基盤として地域社会を通じて次第に広がりをもつものであることに留意し，家庭との連携を十分に図るなど，幼稚園における生活が家庭や地域社会と連続性を保ちつつ展開されるようにすること。その際，地域の自然，人材，行事や公共施設などの地域の資源を積極的に活用し，幼児が豊かな生活体験を得られるように工夫すること。また，家庭との連携に当たっては，保護者との情報交換の機会を設けたり，保護者と幼児との活動の機会を設けたりなどすることを通じて，保護者の幼児期の教育に関する理解が深まるよう配慮すること。

(9) 幼稚園においては，幼稚園教育が，小学校以降の生活や学習の基盤の育成につながることに配慮し，幼児期にふさわしい生活を通して，創造的な思考や主体的な生活態度などの基礎を培うようにすること。

2　特に留意する事項

(1) 安全に関する指導に当たっては，情緒の安定を図り，遊びを通して状況に応じて機敏に自分の体を動かすことができるようにするとともに，危険な場所や事物などが分かり，安全についての理解を深めるようにすること。また，交通安全の習慣を身に付けるようにするとともに，災害などの緊急時に適切な行動がとれるようにするための訓練なども行うようにすること。

(2) 障害のある幼児の指導に当たっては，集団の中で生

活することを通して全体的な発達を促していくことに配慮し，特別支援学校などの助言又は援助を活用しつつ，例えば指導についての計画又は家庭や医療，福祉などの業務を行う関係機関と連携した支援のための計画を個別に作成することなどにより，個々の幼児の障害の状態などに応じた指導内容や指導方法の工夫を計画的，組織的に行うこと。

(3) 幼児の社会性や豊かな人間性をはぐくむため，地域や幼稚園の実態等により，特別支援学校などの障害のある幼児との活動を共にする機会を積極的に設けるよう配慮すること。

(4) 行事の指導に当たっては，幼稚園生活の自然の流れの中で生活に変化や潤いを与え，幼児が主体的に楽しく活動できるようにすること。なお，それぞれの行事についてはその教育的価値を十分検討し，適切なものを精選し，幼児の負担にならないようにすること。

(5) 幼稚園教育と小学校教育との円滑な接続のため，幼児と児童の交流の機会を設けたり，小学校の教師との意見交換や合同の研究の機会を設けたりするなど，連携を図るようにすること。

第2 教育課程に係る教育時間の終了後等に行う教育活動などの留意事項

1 地域の実態や保護者の要請により，教育課程に係る教育時間の終了後等に希望する者を対象に行う教育活動については，幼児の心身の負担に配慮すること。また，以下の点にも留意すること。

(1) 教育課程に基づく活動を考慮し，幼児期にふさわしい無理のないものとなるようにすること。その際，教育課程に基づく活動を担当する教師と緊密な連携を図るようにすること。

(2) 家庭や地域での幼児の生活も考慮し，教育課程に係る教育時間の終了後等に行う教育活動の計画を作成するようにすること。その際，地域の様々な資源を活用しつつ，多様な体験ができるようにすること。

(3) 家庭との緊密な連携を図るようにすること。その際，情報交換の機会を設けたりするなど，保護者が，幼稚園と共に幼児を育てるという意識が高まるようにすること。

(4) 地域の実態や保護者の事情とともに幼児の生活のリズムを踏まえつつ，例えば実施日数や時間などについて，弾力的な運用に配慮すること。

(5) 適切な指導体制を整備した上で，幼稚園の教師の責任と指導の下に行うようにすること。

2 幼稚園の運営に当たっては，子育ての支援のために保護者や地域の人々に機能や施設を開放して，園内体制の整備や関係機関との連携及び協力に配慮しつつ，幼児期の教育に関する相談に応じたり，情報を提供したり，幼児と保護者との登園を受け入れたり，保護者同士の交流の機会を提供したりするなど，地域における幼児期の教育のセンターとしての役割を果たすよう努めること。

保育所保育指針〈抄〉

（平成20年3月28日）

第1章　総則

1　趣旨
(1) この指針は、児童福祉施設最低基準（昭和23年厚生省令第63号）第35条の規定に基づき、保育所における保育の内容に関する事項及びこれに関連する運営に関する事項を定めるものである。
(2) 各保育所は、この指針において規定される保育の内容に係る基本原則に関する事項等を踏まえ、各保育所の実情に応じて創意工夫を図り、保育所の機能及び質の向上に努めなければならない。

2　保育所の役割
(1) 保育所は、児童福祉法（昭和22年法律第164号）第39条の規定に基づき、保育に欠ける子どもの保育を行い、その健全な心身の発達を図ることを目的とする児童福祉施設であり、入所する子どもの最善の利益を考慮し、その福祉を積極的に増進することに最もふさわしい生活の場でなければならない。
(2) 保育所は、その目的を達成するために、保育に関する専門性を有する職員が、家庭との緊密な連携の下に、子どもの状況や発達過程を踏まえ、保育所における環境を通して、養護及び教育を一体的に行うことを特性としている。
(3) 保育所は、入所する子どもを保育するとともに、家庭や地域の様々な社会資源との連携を図りながら、入所する子どもの保護者に対する支援及び地域の子育て家庭に対する支援等を行う役割を担うものである。
(4) 保育所における保育士は、児童福祉法第18条の4の規定を踏まえ、保育所の役割及び機能が適切に発揮されるように、倫理観に裏付けられた専門的知識、技術及び判断をもって、子どもを保育するとともに、子どもの保護者に対する保育に関する指導を行うものである。

3　保育の原理

(1) 保育の目標

ア　保育所は、子どもが生涯にわたる人間形成にとって極めて重要な時期に、その生活時間の大半を過ごす場である。このため、保育所の保育は、子どもが現在を最も良く生き、望ましい未来をつくり出す力の基礎を培うために、次の目標を目指して行わなければならない。

(ｱ) 十分に養護の行き届いた環境の下に、くつろいだ雰囲気の中で子どもの様々な欲求を満たし、生命の保持及び情緒の安定を図ること。

(ｲ) 健康、安全など生活に必要な基本的な習慣や態度を養い、心身の健康の基礎を培うこと。

(ｳ) 人との関わりの中で、人に対する愛情と信頼感、そして人権を大切にする心を育てるとともに、自主、自立及び協調の態度を養い、道徳性の芽生えを培うこと。

(ｴ) 生命、自然及び社会の事象についての興味や関心を育て、それらに対する豊かな心情や思考力の芽生えを培うこと。

(ｵ) 生活の中で、言葉への興味や関心を育て、話したり、聞いたり、相手の話を理解しようとするなど、言葉の豊かさを養うこと。

(ｶ) 様々な体験を通して、豊かな感性や表現力を育み、創造性の芽生えを培うこと。

イ　保育所は、入所する子どもの保護者に対し、その意向を受け止め、子どもと保護者の安定した関係に配慮し、保育所の特性や保育士等の専門性を生かして、その援助に当たらなければならない。

(2) 保育の方法

保育の目標を達成するために、保育士等は、次の事項に留意して保育しなければならない。

ア　一人一人の子どもの状況や家庭及び地域社会での生活の実態を把握するとともに、子どもが安心感と信頼感を持って活動できるよう、子どもの主体としての思いや願いを受け止めること。

イ　子どもの生活リズムを大切にし、健康、安全で情緒

● 資 料 編

の安定した生活ができる環境や，自己を十分に発揮できる環境を整えること。

ウ　子どもの発達について理解し，一人一人の発達過程に応じて保育すること。その際，子どもの個人差に十分配慮すること。

エ　子ども相互の関係作りや互いに尊重する心を大切にし，集団における活動を効果あるものにするよう援助すること。

オ　子どもが自発的，意欲的に関われるような環境を構成し，子どもの主体的な活動や子ども相互の関わりを大切にすること。特に，乳幼児期にふさわしい体験が得られるように，生活や遊びを通して総合的に保育すること。

カ　一人一人の保護者の状況やその意向を理解，受容し，それぞれの親子関係や家庭生活等に配慮しながら，様々な機会をとらえ，適切に援助すること。

(3) 保育の環境

保育の環境には，保育士等や子どもなどの人的環境，施設や遊具などの物的環境，更には自然や社会の事象などがある。保育所は，こうした人，物，場などの環境が相互に関連し合い，子どもの生活が豊かなものとなるよう，次の事項に留意しつつ，計画的に環境を構成し，工夫して保育しなければならない。

ア　子ども自らが環境に関わり，自発的に活動し，様々な経験を積んでいくことができるよう配慮すること。

イ　子どもの活動が豊かに展開されるよう，保育所の設備や環境を整え，保育所の保健的環境や安全の確保などに努めること。

ウ　保育室は，温かな親しみとくつろぎの場となるとともに，生き生きと活動できる場となるように配慮すること。

エ　子どもが人と関わる力を育てていくため，子ども自らが周囲の子どもや大人と関わっていくことができる環境を整えること。

4　保育所の社会的責任

(1) 保育所は，子どもの人権に十分配慮するとともに，子ども一人一人の人格を尊重して保育を行わなければならない。

(2) 保育所は，地域社会との交流や連携を図り，保護者や地域社会に，当該保育所が行う保育の内容を適切に説明するよう努めなければならない。

(3) 保育所は，入所する子ども等の個人情報を適切に取り扱うとともに，保護者の苦情などに対し，その解決を図るよう努めなければならない。

（略）

第3章　保育の内容

保育の内容は，「ねらい」及び「内容」で構成される。「ねらい」は，第1章（総則）に示された保育の目標をより具体化したものであり，子どもが保育所において，安定した生活を送り，充実した活動ができるように，保育士等が行わなければならない事項及び子どもが身に付けることが望まれる心情，意欲，態度などの事項を示したものである。また，「内容」は，「ねらい」を達成するために，子どもの生活やその状況に応じて保育士等が適切に行う事項と，保育士等が援助して子どもが環境に関わって経験する事項を示したものである。

保育士等が，「ねらい」及び「内容」を具体的に把握するための視点として，「養護に関わるねらい及び内容」と「教育に関わるねらい及び内容」との両面から示しているが，実際の保育においては，養護と教育が一体となって展開されることに留意することが必要である。

ここにいう「養護」とは，子どもの生命の保持及び情緒の安定を図るために保育士等が行う援助や関わりである。また，「教育」とは，子どもが健やかに成長し，その活動がより豊かに展開されるための発達の援助であり，「健康」，「人間関係」，「環境」，「言葉」及び「表現」の五領域から構成される。この五領域並びに「生命の保持」及び「情緒の安定」に関わる保育の内容は，子どもの生活や遊びを通して相互に関連を持ちながら，総合的に展開されるものである。

（略）

第4章　保育の計画及び評価

　保育所は，第1章（総則）に示された保育の目標を達成するために，保育の基本となる「保育課程」を編成するとともに，これを具体化した「指導計画」を作成しなければならない。

　保育課程及び指導計画（以下「保育の計画」という。）は，すべての子どもが，入所している間，安定した生活を送り，充実した活動ができるように，柔軟で発展的なものとし，また，一貫性のあるものとなるよう配慮することが重要である。

　また，保育所は，保育の計画に基づいて保育し，保育の内容の評価及びこれに基づく改善に努め，保育の質の向上を図るとともに，その社会的責任を果たさなければならない。

1　保育の計画

(1) 保育課程

　ア　保育課程は，各保育所の保育の方針や目標に基づき，第2章（子どもの発達）に示された子どもの発達過程を踏まえ，前章（保育の内容）に示されたねらい及び内容が保育所生活の全体を通して，総合的に展開されるよう，編成されなければならない。

　イ　保育課程は，地域の実態，子どもや家庭の状況，保育時間などを考慮し，子どもの育ちに関する長期的見通しを持って適切に編成されなければならない。

　ウ　保育課程は，子どもの生活の連続性や発達の連続性に留意し，各保育所が創意工夫して保育できるよう，編成されなければならない。

(2) 指導計画

　ア　指導計画の作成

　　指導計画の作成に当たっては，次の事項に留意しなければならない。

　　(ア) 保育課程に基づき，子どもの生活や発達を見通した長期的な指導計画と，それに関連しながら，より具体的な子どもの日々の生活に即した短期的な指導計画を作成して，保育が適切に展開されるようにすること。

　　(イ) 子ども一人一人の発達過程や状況を十分に踏まえること。

　　(ウ) 保育所の生活における子どもの発達過程を見通し，生活の連続性，季節の変化などを考慮し，子どもの実態に即した具体的なねらい及び内容を設定すること。

　　(エ) 具体的なねらいが達成されるよう，子どもの生活する姿や発想を大切にして適切な環境を構成し，子どもが主体的に活動できるようにすること。

　イ　指導計画の展開

　　指導計画に基づく保育の実施に当たっては，次の事項に留意しなければならない。

　　(ア) 施設長，保育士などすべての職員による適切な役割分担と協力体制を整えること。

　　(イ) 子どもが行う具体的な活動は，生活の中で様々に変化することに留意して，子どもが望ましい方向に向かって自ら活動を展開できるよう必要な援助を行うこと。

　　(ウ) 子どもの主体的な活動を促すためには，保育士等が多様な関わりを持つことが重要であることを踏まえ，子どもの情緒の安定や発達に必要な豊かな体験が得られるよう援助すること。

　　(エ) 保育士等は，子どもの実態や子どもを取り巻く状況の変化などに即して保育の過程を記録するとともに，これらを踏まえ，指導計画に基づく保育の内容の見直しを行い，改善を図ること。

(3) 指導計画の作成上，特に留意すべき事項

　指導計画の作成に当たっては，第2章（子どもの発達），前章（保育の内容）及びその他の関連する章に示された事項を踏まえ，特に次の事項に留意しなければならない。

　ア　発達過程に応じた保育

　　(ア) 3歳未満児については，一人一人の子どもの生育歴，心身の発達，活動の実態等に即して，個別的な計画を作成すること。

　　(イ) 3歳以上児については，個の成長と，子ども相互の関係や協同的な活動が促されるよう配慮すること。

　　(ウ) 異年齢で構成される組やグループでの保育においては，一人一人の子どもの生活や経験，発達過程などを把握し，適切な援助や環境構成ができるよう配慮すること。

● 資料編

　イ　長時間にわたる保育

　　長時間にわたる保育については，子どもの発達過程，生活のリズム及び心身の状態に十分配慮して，保育の内容や方法，職員の協力体制，家庭との連携などを指導計画に位置付けること。

　ウ　障害のある子どもの保育

　　(ア)　障害のある子どもの保育については，一人一人の子どもの発達過程や障害の状態を把握し，適切な環境の下で，障害のある子どもが他の子どもとの生活を通して共に成長できるよう，指導計画の中に位置付けること。また，子どもの状況に応じた保育を実施する観点から，家庭や関係機関と連携した支援のための計画を個別に作成するなど適切な対応を図ること。

　　(イ)　保育の展開に当たっては，その子どもの発達の状況や日々の状態によっては，指導計画にとらわれず，柔軟に保育したり，職員の連携体制の中で個別の関わりが十分行えるようにすること。

　　(ウ)　家庭との連携を密にし，保護者との相互理解を図りながら，適切に対応すること。

　　(エ)　専門機関との連携を図り，必要に応じて助言等を得ること。

　エ　小学校との連携

　　(ア)　子どもの生活や発達の連続性を踏まえ，保育の内容の工夫を図るとともに，就学に向けて，保育所の子どもと小学校の児童との交流，職員同士の交流，情報共有や相互理解など小学校との積極的な連携を図るよう配慮すること。

　　(イ)　子どもに関する情報共有に関して，保育所に入所している子どもの就学に際し，市町村の支援の下に，子どもの育ちを支えるための資料が保育所から小学校へ送付されるようにすること。

　オ　家庭及び地域社会との連携

　　子どもの生活の連続性を踏まえ，家庭及び地域社会と連携して保育が展開されるよう配慮すること。その際，家庭や地域の機関及び団体の協力を得て，地域の自然，人材，行事，施設等の資源を積極的に活用し，豊かな生活体験を始め保育内容の充実が図られるよう配慮すること。

２　保育の内容等の自己評価

　(1)　保育士等の自己評価

　　ア　保育士等は，保育の計画や保育の記録を通して，自らの保育実践を振り返り，自己評価することを通して，その専門性の向上や保育実践の改善に努めなければならない。

　　イ　保育士等による自己評価に当たっては，次の事項に留意しなければならない。

　　　(ア)　子どもの活動内容やその結果だけでなく，子どもの心の育ちや意欲，取り組む過程などに十分配慮すること。

　　　(イ)　自らの保育実践の振り返りや職員相互の話し合い等を通じて，専門性の向上及び保育の質の向上のための課題を明確にするとともに，保育所全体の保育の内容に関する認識を深めること。

　(2)　保育所の自己評価

　　ア　保育所は，保育の質の向上を図るため，保育の計画の展開や保育士等の自己評価を踏まえ，当該保育所の保育の内容等について，自ら評価を行い，その結果を公表するよう努めなければならない。

　　イ　保育所の自己評価を行うに当たっては，次の事項に留意しなければならない。

　　　(ア)　地域の実情や保育所の実態に即して，適切に評価の観点や項目等を設定し，全職員による共通理解を持って取り組むとともに，評価の結果を踏まえ，当該保育所の保育の内容等の改善を図ること。

　　　(イ)　児童福祉施設最低基準第36条の趣旨を踏まえ，保育の内容等の評価に関し，保護者及び地域住民等の意見を聴くことが望ましいこと。

第５章　健康及び安全

　子どもの健康及び安全は，子どもの生命の保持と健やかな生活の基本であり，保育所においては，一人一人の子どもの健康の保持及び増進並びに安全の確保とともに，保育所の子ども集団全体の健康及び安全の確保に努めなければならない。

また，子どもが，自らの体や健康に関心を持ち，心身の機能を高めていくことが大切である。このため，保育所は，第1章（総則），第3章（保育の内容）等の関連する事項に留意し，次に示す事項を踏まえ，保育しなければならない。

（略）

第6章　保護者に対する支援

保育所における保護者への支援は，保育士等の業務であり，その専門性を生かした子育て支援の役割は，特に重要なものである。保育所は，第1章（総則）に示されているように，その特性を生かし，保育所に入所する子どもの保護者に対する支援及び地域の子育て家庭への支援について，職員間の連携を図りながら，次の事項に留意して，積極的に取り組むことが求められる。

1　保育所における保護者に対する支援の基本
　（1）子どもの最善の利益を考慮し，子どもの福祉を重視すること。
　（2）保護者とともに，子どもの成長の喜びを共有すること。
　（3）保育に関する知識や技術などの保育士の専門性や，子どもの集団が常に存在する環境など，保育所の特性を生かすこと。
　（4）一人一人の保護者の状況を踏まえ，子どもと保護者の安定した関係に配慮して，保護者の養育力の向上に資するよう，適切に支援すること。
　（5）子育て等に関する相談や助言に当たっては，保護者の気持ちを受け止め，相互の信頼関係を基本に，保護者一人一人の自己決定を尊重すること。
　（6）子どもの利益に反しない限りにおいて，保護者や子どものプライバシーの保護，知り得た事柄の秘密保持に留意すること。
　（7）地域の子育て支援に関する資源を積極的に活用するとともに，子育て支援に関する地域の関係機関，団体等との連携及び協力を図ること。

2　保育所に入所している子どもの保護者に対する支援
　（1）保育所に入所している子どもの保護者に対する支援は，子どもの保育との密接な関連の中で，子どもの送迎時の対応，相談や助言，連絡や通信，会合や行事など様々な機会を活用して行うこと。
　（2）保護者に対し，保育所における子どもの様子や日々の保育の意図などを説明し，保護者との相互理解を図るよう努めること。
　（3）保育所において，保護者の仕事と子育ての両立等を支援するため，通常の保育に加えて，保育時間の延長，休日，夜間の保育，病児・病後児に対する保育など多様な保育を実施する場合には，保護者の状況に配慮するとともに，子どもの福祉が尊重されるよう努めること。
　（4）子どもに障害や発達上の課題が見られる場合には，市町村や関係機関と連携及び協力を図りつつ，保護者に対する個別の支援を行うよう努めること。
　（5）保護者に育児不安等が見られる場合には，保護者の希望に応じて個別の支援を行うよう努めること。
　（6）保護者に不適切な養育等が疑われる場合には，市町村や関係機関と連携し，要保護児童対策地域協議会で検討するなど適切な対応を図ること。また，虐待が疑われる場合には，速やかに市町村又は児童相談所に通告し，適切な対応を図ること。

3　地域における子育て支援
　（1）保育所は，児童福祉法第48条の3の規定に基づき，その行う保育に支障がない限りにおいて，地域の実情や当該保育所の体制等を踏まえ，次に掲げるような地域の保護者等に対する子育て支援を積極的に行うよう努めること。
　　ア　地域の子育ての拠点としての機能
　　　(ｱ)　子育て家庭への保育所機能の開放（施設及び設備の開放，体験保育等）
　　　(ｲ)　子育て等に関する相談や援助の実施
　　　(ｳ)　子育て家庭の交流の場の提供及び交流の促進
　　　(ｴ)　地域の子育て支援に関する情報の提供
　　イ　一時保育
　（2）市町村の支援を得て，地域の関係機関，団体等との積極的な連携及び協力を図るとともに，子育て支援に関わる地域の人材の積極的な活用を図るよう努めること。
　（3）地域の要保護児童への対応など，地域の子どもをめぐる諸課題に対し，要保護児童対策地域協議会など関係機

● 資料編

関等と連携，協力して取り組むよう努めること。

第7章　職員の資質向上

第1章（総則）から前章（保護者に対する支援）までに示された事項を踏まえ，保育所は，質の高い保育を展開するため，絶えず，一人一人の職員についての資質向上及び職員全体の専門性の向上を図るよう努めなければならない。

1　職員の資質向上に関する基本的事項

職員の資質向上に関しては，次の事項に留意して取り組むよう努めなければならない。

(1) 子どもの最善の利益を考慮し，人権に配慮した保育を行うためには，職員一人一人の倫理観，人間性並びに保育所職員としての職務及び責任の理解と自覚が基盤となること。

(2) 保育所全体の保育の質の向上を図るため，職員一人一人が，保育実践や研修などを通じて保育の専門性などを高めるとともに，保育実践や保育の内容に関する職員の共通理解を図り，協働性を高めていくこと。

(3) 職員同士の信頼関係とともに，職員と子ども及び職員と保護者との信頼関係を形成していく中で，常に自己研鑽に努め，喜びや意欲を持って保育に当たること。

2　施設長の責務

施設長は，保育の質及び職員の資質の向上のため，次の事項に留意するとともに，必要な環境の確保に努めなければならない。

(1) 施設長は，保育所の役割や社会的責任を遂行するために，法令等を遵守し，保育所を取り巻く社会情勢などを踏まえ，その専門性等の向上に努めること。

(2) 第4章（保育の計画及び評価）の2の(1)（保育士等の自己評価）及び(2)（保育所の自己評価）等を踏まえ，職員が保育所の課題について共通理解を深め，協力して改善に努めることができる体制を作ること。

(3) 職員及び保育所の課題を踏まえた保育所内外の研修を体系的，計画的に実施するとともに，職員の自己研鑽に対する援助や助言に努めること。

3　職員の研修等

(1) 職員は，子どもの保育及び保護者に対する保育に関する指導が適切に行われるように，自己評価に基づく課題等を踏まえ，保育所内外の研修等を通じて，必要な知識及び技術の修得，維持及び向上に努めなければならない。

(2) 職員一人一人が課題を持って主体的に学ぶとともに，他の職員や地域の関係機関など，様々な人や場との関わりの中で共に学び合う環境を醸成していくことにより，保育所の活性化を図っていくことが求められる。

引用・参考文献

1章1節
- 川原佐公編著『乳児保育総論』保育出版社，1997.
- 下川耿史編著『近代明治・大正編子ども史年表』河出書房新社，2002.
- 下川耿史編著『近代昭和・平成編子ども史年表』河出書房新社，2002.
- 丹治恭子「幼稚園・保育所の機能拡大と幼保一元化」『保育学研究』第44巻第2号，2006.
- 山崎晃・樟本千里・上田七生・中川美和・若林紀乃・芝崎良典・倉盛美穂子・鳥光美緒子・七木田敦「幼保一元化・一体化をめぐる諸問題」『保育学研究』第42巻第2号，2004.
- 厚生労働省『保育所保育指針解説書』2008.
- 文部科学省『幼稚園教育要領』2008.
- 野田亜悠子「幼保一体化議論の経緯と制度設計における課題～子ども・子育て新システムの基本制度案要綱を踏まえて～」参議院内閣委員会調査室『立法と調査』No311, 2010年12月
- 大橋喜美子・三宅茂夫「保育士・幼稚園教諭からみた保育所・幼稚園のイメージと計画性」日本保育学会第65回大会論文集，2012.
- 大橋喜美子編著『保育のこれからを考える保育・教育課程論』保育出版社，2012.
- 内閣府政策統括官，文部科学省初等中等教育局長，厚生労働省雇用均等・児童家庭局長より各都道府県知事，教育委員会，各指定都市・指定都市市長，中核市教育委員会，附属幼稚園を置く各国立大学法人の長宛に出された通知（府政共生第678号24文科初第616号雇児発0831第1号平成24年8月31日）
- 厚生労働省雇用均等・児童家庭局保育課「保育所関連情報取りまとめについて（平成24年4月1日）」平成24年9月28日
- 内閣府・文部科学省・厚生労働省「子ども・子育て関連3法について」平成25年4月
- 秋田喜代美・佐川早季子「保育の質に関する縦断研究の展望」『東京大学大学院教育学研究科紀要』第51巻，2012.
- 厚生労働省雇用均等・児童家庭局保育課「保育行政の動向と課題」平成26年度全国保育士養成協議会「総会」行政説明資料，平成26年6月7日
- 藤永保『幼稚園と保育所は一つになるのか――就学前教育・保育の課程と子どもの発達保障―』萌文書林，2013.
- 大宮勇雄「保育制度・政策の原理と動向」『保育白書2014』ひとなる書房，2014.
- 小田豊『幼保一体化の変遷』北大路書房，2014.
- 『保育白書2015』ひとなる書房，2015.
- 厚生労働省雇用均等・児童家庭局保育課「保育行政の動向と課題について」平成27年度全国保育士養成セミナー行政説明資料，平成27年9月21日
- 大橋喜美子「子ども・子育て新制度における保育の質と課題」荒木穂積教授・櫻谷眞理子教授・佐藤春吉教授・峰島厚教授・門田幸太郎教授退職記念号『立命館産業社会論集』第51巻第1号（通関165号）2015年6月

1章2節
- 厚生労働省『保育所保育指針』2008.
- 厚生労働省『保育所保育指針解説』フレーベル館，2008.
- 文部科学省『幼稚園教育要領』2008.
- 文部科学省『幼稚園教育要領解説』フレーベル館，2008.
- 民秋言編『幼稚園教育要領・保育所保育指針の変遷と幼保連携型認定こども園教育・保育要領の成立』萌文書林，2014.
- 内閣府・文部科学省・厚生労働省『幼保連携型認定こども園教育・保育要領』フレーベル館，2015.

2章1節
(1) 子安増生「発達心理学とは」無藤隆・子安増生編『発達心理学Ⅰ』東京大学出版会，pp.1-37, 2011.

(2) 氏家達夫「レジリエンス」日本発達心理学会編『発達心理学事典』丸善出版，pp.440-441，2013．
(3) 前川あさ美「災害にあった子どもの発達支援」日本発達心理学会編『発達心理学事典』丸善出版，pp.354-355，2013．
(4) 子安増生「成長」中島義明ほか編『心理学辞典』有斐閣，p.499，1999．
(5) 秋山道彦「発達の規定因」髙橋惠子・湯川良三・安藤寿康・秋山弘子編『発達科学入門１　理論と方法』東京大学出版会，pp.21-44，2012．
(6) 髙橋惠子「発達とは」髙橋惠子・湯川良三・安藤寿康・秋山弘子編『発達科学入門１　理論と方法』東京大学出版会，pp.3-19，2012．
(7) 加用文男編著『光る泥だんご』ひとなる書房，2001．
(8) 加用文男監修『光れ！泥だんご』講談社，2001．

２章２節
(1) 心理科学研究会編『育ちあう乳幼児心理学―21世紀に保育実践とともに歩む』有斐閣，2000．
(2) 厚生労働省『保育所保育指針解説書』フレーベル館，2008．

２章３節
(1) 厚生労働省『保育所保育指針解説書』フレーベル館，2008．
- 神田英雄『０歳から３歳　保育・子育てと発達研究をむすぶ〈乳児編〉』草土文化，1997．
- 神田英雄『３歳から６歳　保育・子育てと発達研究をむすぶ〈幼児編〉』ひとなる書房，2004．
- 松田千尋「発達を知る―子どもの気持ちに寄り添うために」大橋喜美子編著『はじめての保育・教育実習』朱鷺書房，2003．
- 心理科学研究会編『育ちあう乳幼児心理学―21世紀に保育実践とともに歩む』有斐閣，2000．

３章
(1) 花王メリーズ『おむつ替えまるわかりガイド』　http://www.kao.co.jp/merries/guide/（2016年２月18日）
(2) 和田攻ほか編『看護大辞典　第２版』医学書院，2010．
- 厚生労働省『2012年改訂版　保育所における感染症対策ガイドライン』pp.17-19，pp.23-29．2012．
- 厚生労働省「平成25年人口動態統計」2014．
- 厚生労働省『保育所保育指針解説書』2008．
- 厚生労働省『保育所保育指針』平成20年改訂
- 巷野悟郎編『子どもの保健　第５版』診断と治療社，2015．
- 上山和子・木下照子・谷野宏美編著『子どもの保健演習ノート』ふくろう出版，2015．
- 竹内義博・大矢紀昭編『よくわかる子どもの保健　第２版』ミネルヴァ書房，2014．
- 『保育士 科目別保育実習理論』U-CAN，2014．
- 高野陽・加藤忠明・松橋有子・加藤則子編著『小児保健［新版］』北大路書房，2011．
- 加藤忠明・岩田力編『図表で学ぶ小児保健』建帛社，2009．
- 松村明編『大辞林　第三版』三省堂，2006．
- 藤島一郎『脳卒中の摂食・嚥下障害　第２版』医歯薬出版，pp.47-48，2000．
- 公益社団法人日本食品衛生協会『手洗いマニュアル』http://n-shokuei.jp/eisei/sfs_tearai.html（閲覧：2015年９月25日）
- 日本ユニセフ協会「手洗い白書2012」http://handwashing.jp/dl/hakusyo.pdf（閲覧：2015年９月25日）
- 株式会社明治「正しいうがい・手洗い」http://www.meiji.co.jp/drug/isodine/learn/basic（閲覧：2015年９月25日）
- サラヤ株式会社「うがい」http://pro.saraya.com/kansen-yobo/influenza/ugai.html（閲覧：2015年９月25日）

４章
- 厚生労働省『保育所保育指針』2008．

- 厚生労働省『保育所保育指針解説書』フレーベル館，2008．
- 文部科学省『幼稚園教育要領』2008．
- 文部科学省『幼稚園教育要領解説』フレーベル館，2008．
- 森元眞紀子・川上道子「保育内容に関する研究Ⅲ」『中国学園紀要』第9号，2010．
- 民秋言・狐塚和江・佐藤直之編著『保育内容総論』北大路書房，2009．
- 内閣府・文部科学省・厚生労働省『幼保連携型認定こども園教育・保育要領』フレーベル館，2015．

5章1節
- 大橋喜美子編著『保育のこれからを考える保育・教育課程論』保育出版社，2012．
- 北野幸子編著『保育課程論』北大路書房，2011．
- 小田豊・神長美津子編著『教育課程総論』北大路書房，2009．
- 松村和子・近藤幹生・椛島香代『教育課程・保育課程を学ぶ 子どもの幸せをめざす保育実践のために』ななみ書房，2012．
- 森上史朗・柏女霊峰編『保育用語辞典 第6版』ミネルヴァ書房，2010．
- 中央教育審議会答申「我が国の高等教育の将来像」2005．
- 日本ユネスコ国内委員会「持続可能な開発のための教育（ESD：Education for Sustainable Development）」2013．

5章2節
- 厚生労働省『保育所保育指針解説書』2008．
- 文部科学省『幼稚園教育要領解説』2008．
- 小田豊・神長美津子編著『教育課程総論』北大路書房，2009．
- 大橋喜美子編著『保育のこれからを考える保育・教育課程論』保育出版社，2012．
- 島田ミチコ監修・上中修編『最新保育原理～わかりやすく保育の本質に迫る～』保育出版社，2012．
- 日本保育協会石川県支部『幼保連携型認定こども園教育・保育要領を読み解く（石川県版）～保育所からの発信～平成26年度成果報告書～』2015．
- 社会福祉法人ミドリ保育園ミドリ第二保育園「平成27年度 保育課程」2015．
- 社会福祉法人若松福祉会認可保育所未来のひろば「年間指導計画」「月間指導計画」2015．
- 学校法人稲置学園金沢星稜大学附属星稜幼稚園「月間指導計画」2015．

5章3節
- 厚生労働省『保育所保育指針解説書』2008．
- 文部科学省『幼稚園教育要領解説』2008．
- 大橋喜美子編著『保育のこれからを考える保育・教育課程論』保育出版社，2012．
- 日本保育協会石川県支部『幼保連携型認定こども園教育・保育要領を読み解く（石川県版）～保育所からの発信～平成26年度成果報告書～』2015．
- 学校法人稲置学園金沢星稜大学附属星稜幼稚園「週日案」2015．
- 社会福祉法人富山国際学園福祉会にながわ保育園「デイリープログラム」2015．

6章1節
(1) 浜口順子「『評価』って何だ？」『乳児の教育』Vol.114，No.1，pp.8-9，2015．
(2) マーガレット・カー（大宮勇雄・鈴木佐喜子訳）『保育の場で子どもの学びをアセスメントする』ひとなる書房，2013．
- 若林身歌「個人内評価」田中耕治編『よくわかる教育評価 第2版』ミネルヴァ書房，pp.20-21，2010．
- 厚生労働省『保育所保育指針解説書』フレーベル館，2008．

・文部科学省『幼稚園教育要領解説』フレーベル館，2008．

6章2節
・増田まゆみ編著『新保育ライブラリ保育の内容・方法を知る　乳児保育［新版］』北大路書房，2014．
・河邉貴子『保育記録の機能と役割―保育構想につながる「保育マップ型記録」の提言』聖公会出版，2013．

6章3節
・大豆生田啓友・三谷大紀編『最新保育資料集2011』ミネルヴァ書房，2011．
・森上史朗・大豆生田啓友編『よくわかる保育原理　第4版』ミネルヴァ書房，2015．
・文部科学省『幼児理解と評価』ぎょうせい，2010．
・厚生労働省『保育所保育指針解説書』フレーベル館，pp.154-168，2008．
・文部科学省『幼稚園教育要領解説』フレーベル館，2008．
・内閣府・文部科学省・厚生労働省『幼保連携型認定こども園教育・保育要領解説』フレーベル館，2015．
・私立木の花幼稚園「育ちのノート」（引き継ぎ記録書式の参考例）

7章1節
(1) 鎌田久子ほか『日本人の子産み・子育て』勁草書房，1990．
(2) 中江克己『江戸の躾と子育て』祥伝社新書，2007．
(3) 牧野カツコ「乳幼児をもつ母親の生活と〈育児不安〉」『家庭教育研究所紀要』第3号，1982．
(4) 厚生労働省「子育て支援策等に関する調査研究報告書（平成15年度）」2003．
(5) 国立社会保障・人口問題研究所「第14回出生動向基本調査　結婚と出産に関する全国調査」2011．
(6) 厚生労働省『保育所保育指針』フレーベル館，2008．

7章2節
・前田正子『みんなでつくる　子ども・子育て支援新制度』ミネルヴァ書房，2014．
・山﨑順子・髙玉和子・和田上貴昭編著『新版　児童家庭福祉論』一藝社，2015．
・内閣府「平成27年度　少子化社会対策白書」2015．

7章3節
・小川清実『子どもに伝えたい伝承あそび　起源・魅力とその遊び方』萌文書林，2001．
・川北典子編著『子どもの育ちを支える　児童文化』あいり出版，2015．
・仙田満『子どもとあそび―環境建築家の眼』岩波新書，1992．
・藤本浩之輔『子どもの遊び空間』NHKブックス，日本放送出版協会，1974．
・全国保育団体連絡会・保育研究所編『2015　保育白書』ひとなる書房，2015．

7章4節
・遊びの価値と安全を考える会編『もっと自由な遊び場を』大月書店，1998．
・羽根木プレーパークの会編『冒険遊び場がやってきた』晶文社，1987．

8章
(1) 日名子太郎『保育学序説』福村書店，1966．
・内閣府・文部科学省・厚生労働省『子ども・子育て支援新制度　なるほどBOOK』平成27年10月改訂版．

10章
- コメニウス

  荘司雅子『幼児教育の源流』明治図書，1977.

  堀内守『コメニウスとその時代』玉川大学出版部，1984.
- ルソー

  大場幸夫ほか『保育原理』教育出版，1992.

  岩崎次男ほか編『西洋教育思想史』明治図書，1987.

  荘司雅子『幼児教育の源流』明治図書，1977.
- ペスタロッチ

  岩崎次男編著『近代幼児教育史』明治図書，1979.

  岩崎次男ほか編『西洋教育思想史』明治図書，1987.

  田中未来・萩吉康『教育原理』福村出版，1983.
- フレーベル

  荘司雅子『フレーベルの生涯と思想』玉川大学出版部，1975.

  荘司雅子『幼児教育の源流』明治図書，1977.
- コンディヤック

  コンディヤック（古茂田宏訳）『人間認識起源論』（上）（下）岩波書店，1994.

  コンディヤック（加藤周一ほか訳）『感覚論（上）』創元社，1948.
- イタール

  上野恭裕編著『おもしろく簡潔に学ぶ保育原理』保育出版社，2005.

  中島義明ほか編『心理学辞典』有斐閣，1999.
- セガン

  上野恭裕編著『おもしろく簡潔に学ぶ保育原理』保育出版社，2005.

  川口幸宏『知的障害（イディオ）教育の開拓者セガン―孤立から社会化への探究』新日本出版社，2010.
- 石井亮一

  徳岡博巳編著『社会的養護』あいり出版，2012.

  日本聖公会社会事業連盟『現代社会福祉の源流』聖公会出版，1988.
- モンテッソーリ

  荘司雅子『幼児教育の源流』明治図書，1977.

  ㈶才能開発教育研究財団「モンテッソーリ教育について」http://sainou.or.jp/montessori/about-montessori/about.php（2015年9月2日閲覧）

  田中未来・萩吉康『教育原理』福村出版，1983.
- デューイ

  ジョン・デューイ（市村尚久訳）『経験と教育』講談社学術文庫，2004.

  荘司雅子『幼児教育の源流』明治図書，1977.
- キルパトリック

  佐藤学『米国カリキュラム改造史研究―単元学習の創造』東京大学出版会，1990.
- 関信三

  岩崎次男編著『近代幼児教育史』明治図書，1979.

  森上史朗ほか編『保育原理』ミネルヴァ書房，2009.
- 倉橋惣三

  倉橋惣三『倉橋惣三選集第2巻（幼稚園雑草）』フレーベル館，1965.

児玉衣子『倉橋惣三の保育論』現代図書，2003.
- 橋詰良一

　橋詰良一『家なき幼稚園の主張と実際』東洋図書，1928.

　「室町幼稚園の歩みと沿革」http://www.muromachi.ed.jp/history/（2015年9月2日閲覧）
- ディック・ブルーナ

　森本俊司『ディック・ブルーナ　ミッフィーと歩いた60年』ブルーシープ，2015.
- ジェローム・シーモア・ブルーナー

　中島義明ほか編『心理学辞典』有斐閣，1999.

　黒田実郎『乳幼児教育論：心理学の立場から』創元社，1979.

　三嶋唯義『ピアジェとブルーナー』誠文堂新光社，1976.
- ヴィゴツキー

　中島義明ほか編『心理学辞典』有斐閣，1999.

　黒田実郎『幼児心理学（幼児教育学講座）』柳原書店，1987.

　Veritas心理教育相談室「ヴィゴツキーの『発達の最近接領域』について」http://veritas.life.coocan.jp/news-38.html（2016年2月22日閲覧）
- フレネ

　エリーズ・フレネ（名和道子訳）『フレネ教育の誕生』現代書館，1985.

　若狭蔵之助『生活に向かって学校を開く』青木書店，1994.

　フレネ自由教育フリースクール「フレネ自由教育とは？」　http://www.jfreinet.com/educat/free002.html（2015年9月2日閲覧）

INDEX

【あ行】

愛着　25
あそびは学び　48
あそびを通して　47
安全管理　39
安全保育　95
異年齢　111
異年齢集団　4
異物による事故　38
意欲　14
インフルエンザ　33
うがい　34
衛生管理　34
疫病　96
園内研修　88
嘔吐　32
オムツ交換　36

【か行】

外傷　38
学習　19
学籍に関する記録　90
仮想空間　112
学校関係者評価　75
カリキュラム　52
感覚運動期　3
「環境」　46
環境構成　14
環境図　84
環境を構成　48
環境を通して行う　48
環境を通して行う教育　14
感染症　33
感染性胃腸炎（ロタウイルス感染症，ノロウイルス感染症）　33
管理上の記録　82
危機管理　95
季節託児所　6
基本的生活習慣　108
虐待の連鎖　7
救急処置　37

「教育」　11
教育・保育課程と指導計画　58
協働　88
月間指導計画　64
下痢　32
検温　95
「健康」　46
語彙　27
合計結婚出生率　105
呼吸困難　33
個人記録　93
個人内評価　76
個人の記録　83
ごっこあそび　27
こと：事象　48
「言葉」　46
子ども・子育て関連3法案　8
子ども子育て支援新制度　106
子どもの最善の利益　74
個別支援計画　93
5領域　42, 46

【さ行】

災害への備えと避難訓練　96
自己評価　74
「事故防止マニュアル」　95
視診　95
姿勢　25
持続可能な社会づくりの担い手を育むための教育（ESD）　52
指導計画　58
指導に関する記録　90
指導要録　79
社会福祉法人　75
週案　67
出血　38
象徴機能　3, 26
心情　13
人的環境　13
水痘（水ぼうそう）　33
成熟　19

成長　18
生長　18
性別役割分担　109
説明責任　75
戦時託児所　5
相対評価　75

【た行】

待機児童　8
第三者評価　75
態度　14
地域子育て支援拠点事業　113
知識基盤社会　52
対の世界　3
手洗い　34
デイリープログラム　69
デューイ　52
伝承あそび　111
ドキュメンテーション　89

【な行】

「内容」　11, 43
日案　67
乳児保育　95
乳幼児突然死症候群　96, 37
「人間関係」　46
認定こども園　75
熱傷　38
「ねらい」　11, 42

【は行】

バイタルサイン　32
麻疹（はしか）　33
発疹　32
「発達」　18
発達過程　23
発達段階　23
発熱　32
非正規雇用　109
人：人的環境　48
評価　74

INDEX　179

「表現」　46
風疹　33
物的環境　13
不慮の事故　36
プレーリーダー　114
保育課程の保育内容　44
保育経過記録　83
保育実践上の記録　82
保育所児童保育要録　91
保育所における保護者に対する支援の基本　103
保育所保育指針　9, 22
保育日誌　83
「保育の環境」　13
保育の質　2
保育の内容　11
保育の方法　13
保育の量や質の確保　8
保育要領　9
『保育要領―幼児教育の手びき―』　47
冒険あそび場（プレーパーク）　113
方向目標　76
「保護者支援」　74

【ま行】

学びの物語　77, 89
「見える化」　88
未婚率　105
メディア　112
もの：物的環境　48

【や行】

夜間保育所　4
「養護」　11
「養護」と「教育」　11
養護と教育が一体　46
幼稚園教育要領　9
幼稚園教育要領解説　45
幼稚園と保育所の関係　42
幼稚園保育及設備規定　5
幼稚園幼児指導要録　90
幼稚園令施行規則　5
幼保一体化　2

保育における環境　48
幼保連携型認定こども園教育　9
要録　90

【ら行】

流行性耳下腺炎（おたふくかぜ，ムンプス）　33
「領域」　45
レジリエンス　18
レッジョ・エミリア　89
連絡帳　84

【わ行】

ワーク・ライフ・バランス　106

【A－Z】

PDCAサイクル　80
PDCAサイクルの実施　6

あとがき──保育現場で『保育原理』をどう生かすか

　「保育原理」で学習する事柄は，保育現場で「即効性」のあるものばかりではありません。逆に学び手の学生からは，「これが保育者として何の役に立つの？」と疑問に思う内容が多いはずです。

　学生さん達は学年が進むにつれて，保育士資格，幼稚園教諭免許取得のために定められた実習を消化しなければなりません。「座学と現場体験」を繰り返しながら，自己の職場適性や保育者としての自覚・責任感等が醸成されていきます。そして，卒業後，数多くの学生が幼稚園・保育所等の保育現場で働くことになります。

　実習をはじめ，現場で初めて子どもと接する時，同時に他の保育者が援助・介入をする時，保育者として個々の疑問を感じたり，感心したり，悩んだりする事態に陥ることでしょう。

　その時に学生時代に学んだ「保育原理」のテキストやノートを眺めて下さい。その時，あなたは気づくはずです。今までの「学び」には，深い意味があったことに。「学び」の中には，必ず意味があります。その意味を見つけるために，働くといっても過言ではありません。

　「学び」と「実践」を行き来し，その都度フィードバックすることで，子どもたち，保護者，地域の人々から信頼され，慕われる保育者になることを期待しています。

　平成28年2月

園田学園女子大学人間教育学部学部長

教授　上野　恭裕

編者・執筆者一覧　（所属は執筆時）

【編 者】

上野 恭裕　園田学園女子大学

大橋 喜美子　神戸女子大学

【著 者】（五十音順）

上野 恭裕	園田学園女子大学	8章, 9章
大井 佳子	北陸学院大学	6章1節1〜2, 4〜5, 6章3節1, 3
大橋 喜美子	神戸女子大学	1章1節
大森 弘子	佛教大学	7章1節, 10章
川北 典子	平安女学院大学短期大学部	7章2〜4節
熊田 凡子	北陸学院大学	6章1節3, 6章2節, 6章3節2, 4
坂井 としえ	大阪市立大学	3章
塩田 寿美江	さち・子どもの家	コラム「現場からみた保育原理」
原子 はるみ	函館短期大学	1章2節, 4章
開 仁志	金沢星稜大学	5章
松田 千都	京都聖母女学院短期大学	2章

● 写真提供

- 講談社　2章1節
- 学校法人木の花幼稚園　6章3節
- アマナイメージズ　10章1〜6, 9, 10, 15〜17
- 社会福祉法人滝乃川学園石井亮一・筆子記念館　10章8
- お茶の水女子大学歴史資料館　10章13
- 学校法人室町学園 室町幼稚園　10章14

● 資料提供

- 公益社団法人日本食品衛生協会　3章1節
- 健康保険組合連合会／サンライフ企画　3章1節
- 日本保育協会石川県支部　5章2節, 3節
- 社会福祉法人ミドリ保育園ミドリ第二保育園　5章2節
- 社会福祉法人若松福祉会認可保育所未来のひろば　5章2節
- 学校法人稲置学園金沢星陵大学附属星陵幼稚園　5章2節, 3節
- 社会福祉法人富山国際学園福祉会にながわ保育園　5章3節
- 学校法人木の花幼稚園　6章3節
- 内閣府子ども・子育て本部　資料編

現場の視点で学ぶ保育原理

2016年3月30日　初版第1刷発行	
編　者	上野　恭裕
	大橋喜美子
発行者	小林　一光
発行所	教育出版株式会社

〒101-0051　東京都千代田区神田神保町2-10
電話 03-3238-6965　振替 00190-1-107340

©Y. Ueno / K. Ohashi 2016　　組版　ピーアンドエー
Printed in Japan　　　　　　　印刷　神谷印刷
落丁・乱丁はお取替いたします。　製本　上島製本

ISBN978-4-316-80409-5 C3037